사회복지실천론

THEORIES OF SOCIAL WORK PRATICE

사회복지 실천론

김용환 · 김승돈 · 박선태
박지유 · 안외자 · 이덕희
공저

dm 동문사

머리말

모든 학문이 추구하는 바는 궁극적으로 인간 삶의 질 향상과 복지 증진에 있다고 하겠다. 따라서 학문의 쓰임새는 이론에만 머물러 있는 것이 아니라 실천을 지향해야 한다. 다른 학문 분야에 비해서 사회복지학이 추구하는 바는 다양한 학문 분야의 연구 성과를 받아들여 이를 종합, 응용하여 인간의 복지 증진에 기여하는 데 있다. 따라서 사회복지학은 다양한 학문의 경계를 가로질러 '인간과 사회환경'을 이해하는 데 초점이 맞춰져야 한다. 그러므로 사회복지사들은 다양한 학문 분야의 연구 성과를 적극적으로 수용할 뿐만 아니라 사회복지학 관련 과목들을 종합하여 자신이 일하는 사회복지실천 현장의 특성과 서비스 이용자들이 직면한 문제의 성격에 따라 다양한 이론 및 기법을 활용할 줄 알아야 한다.

이 책을 쓴 저자들은 각기 장애인복지, 아동복지, 노인복지, 여성복지 현장에서 근무한 경험이 있으며, 대학에서 오랜 기간 사회복지실천론을 강의한 경험을 공유하고 있다. 따라서 사회복지실천 현장이나 서비스 이용자들이 지닌 문제들이 너무나 다양하고 광범위하기 때문에 어디에 초점을 맞춰야 할지 고민하면서 여러 차례 집필 모임을 가졌고 다양한 의견을 나누면서 얻은 결론은 각자 자신의 실천 현장의 특성과 학생들을 가르친 강의 경험을 살리되 한국사회복지교육협의회가 제시한 사회복지학 교과목지침서(2020)에서 명시하고 있는 사회복지실천론 교과목 기준을 충실하게 반영하여 집필하기로 하였다.

예전에는 사회복지실천론과 사회복지실천기술론의 집필 기준이 중복되는 내용이 많았으나 2020년에 새로 제시된 교과목 지침에는 사회복지실천론과 사회복지실천기술론이 다루어야 할 내용이 분명하게 나누어져 있고, 그동안 다루지 않았던 '사회복지실천에서의 다양성에 대한 이해'라는 장이 추가되었다.

한국사회복지교육협의회가 제시한 사회복지실천론 교과목 개요를 살펴보면, "전문적인 사회복지실천에 필요한 기본적인 개념과 역사적 배경을 살펴보고, 사회복지실천의 이념, 철학 및 기본 이론을 이해한다. 다양한 사회복지실천 현장에 대한 이해와 아울러 현장에서 활동하는 사회복지사의 역할과 기본적 가치 및 윤리를 살펴본다. 또한 사회복지실천 과정을 단계별로 나누어 각 단계에 필요한 지식과 기술의 습득을 통해 통합적 접근 및 사례관리 실천 방법을 이해한다."고 되어 있다.

그리고 교과목 목표로는 사회복지실천의 개념과 목적에 대한 이해, 사회복지실천의 역사적 발달 과정에 대한 이해, 사회복지실천의 가치와 윤리에 대한 이해, 사회복지실천 현장과 사회복지사의 역할에 대한 이해, 사회복지실천의 이론적 기반과 통합적 접근 및 사례관리에 대한 이해, 사회복지실천 과정에 대한 이해 등을 제시하고 있다.

집필자들은 위의 내용을 충실하게 반영하는 것을 원칙으로 하되, 각자 맡은 부분에 대해서 자율성과 창의성을 지니고 집필하였고 최종적으로 원고를 완성한 뒤에 중복되는 부분이나 미진한 부분을 수정, 보완하는 과정을 거쳤다. 집필자들은 이 교재가 학생들이 다양한 사회복지 현장에서 사회복지사로서 실천 활동을 하는 데 필요한 기초적인 지식과 가치, 이론을 학습하고 전문성을 향상함으로써 역량을 강화하는 데 조금이나마 기여할 수 있기를 소망해 본다.

사회복지학을 전공하는 학생들에게 당부하고 싶은 말이 있다. 論語에 "學而不思則罔, 思而不學則殆"라는 말이 있다. 즉, "배우고서 생각하지 않으면 어둡고, 생각하고 배우지 않는다면 위태롭다."는 뜻이다. 사회복지사는 자기 자신을 실천의 도구로 활용하는 사람들이다. 따라서 이미 정립된 이론을 열심히 배우고 잘 익히되 단순히 암기하고 답습하는 수준에 머물 것이 아니라 왜 그런가를 깊이 생각하는 습관을 갖기 바란다. 그리고 자신의 경험이나 창의적인 생각도 소중하지만 전문가들이 제시한 이론들을 잘 이해하고 습득하여 자신의 것으로 만드는 작업 또한 중요하다는 점을 잊지 않기를 바란다.

이 책의 구성은 다음과 같다. 제1부 1장에서는 사회복지실천의 이론적 이해로서 사회복지실천의 정의와 목적, 이념과 철학을 다루었고 2장은 사회복지사의 전문성과 성찰적 실천을 이해하기 위해서 전문직의 개념과 기준 및 사회복지실천의 전문적 기반을 다루었다. 3장은 사회복지실천의 역사적 발달 과정을 살펴보기 위해서 서양과 한국의 사회복지실천의 발달 과정을 연대기 순으로 다루었다. 4장은 사회정의와 사회복지실천의 가치 및 사회복지실천 현장에서 사회복지사들이 직면하게 되는 가치 갈등과 윤리적 딜레마 상황에 잘 대처할 수 있도록 의사결정 기술을 다루었다. 5장은 사회복지실천에서의 다양성 이해와 다문화실천을 위한 사회복지사의 문화적 유능성 증진 방안과 다문화사회복지실천의 과정을 다루었다. 6장에서는 사회복지실천의 다양한 관점을 종합해서 통합적 접근 방법을 살펴보았고 7장에서는 다양한 사회복지실천 현장에 대한 이해를 위해서 사회복지실천 현장의 이슈와 문제 및 사회복지사의 역할을 살펴보았다.

제2부는 사회복지실천 과정에 대한 이해를 다루고 있는데, 8장에서는 사회복지실천의 과정을 개괄적으로 제시하였고, 9~13장까지는 실천 과정을 단계적으로 나눠 다루고 있는데, 9장은 사례 발굴, 접수와 면접 기술, 자료수집 방법을 살펴보았다. 10장은 사정의 정의와 목적, 특성 그리고 사정도구인 가계도, 생태도, 사회도, 사회적 지지망 등을 살펴보았다. 11장은 계획수립 단계와 목표 설정, 계약 단계에서 해야 할 과제들을 살펴보았다. 12장은 개입에 대한 이해로 직접 개입과 간접 개입으로 나눠 사회복지사의 개입역할 및 다양한 체계와의 개입방법과 점검에 대해서 살펴보았다. 13장은 종결 단계의 과업과 유형, 종결에 따른 반응, 변화된 결과의 강화 및 유지 방안, 사후관리와 평가에 대해서 살펴보았다. 14장은 사례관리의 등장 배경과 철학, 목적 및 과정을 살펴보았다.

이 책에서 드러난 아쉽고 부족한 부분들에 대해서 독자 여러분들의 격려어린 조언과 비판을 주신다면 지속적으로 수정하고 보완할 것을 약속드린다. 끝으로 이 책이 출판될 수 있도록 많은 도움을 주신 동문사의 사장님과 편집 담당자님께 깊은 감사를 드린다.

2022년 8월

저자 일동

차례

↠ 머리말 / 5

PART I 사회복지실천의 이론적 이해

Chapter 01 사회복지실천의 이론적 이해 —— 17

제1절 사회복지실천의 정의와 목적 / 18

1. 사회복지실천의 개념 / 18
2. 사회복지실천의 목적과 목표 / 20

제2절 사회복지실천의 이념과 철학 / 23

1. 인도주의(humanitarianism) / 24
2. 사회 진화론(social darwinism) / 24
3. 민주주의(democracy) / 25
4. 개인주의(individualism) / 25
5. 다양성(diversitism) / 26

Chapter 02 사회복지사의 전문성과 성찰적 실천 —— 27

제1절 전문직에 대한 이해 / 28

1. 전문직의 개념 / 28
2. 전문직의 특징 및 기준 / 29
3. 사회복지 분야의 전문직 기준 / 32

제2절 사회복지실천의 정체성과 전문적 기반 / 34

1. 사회복지실천의 정체성 / 34
2. 사회복지실천의 전문적 기반 / 39

제3절 성찰적 실천 / 46

1. 성찰적 실천의 필요성 / 46
2. 성찰적 실천의 개념 / 47
3. 성찰을 위한 사회복지사의 자기이해 / 49

Chapter 03 사회복지실천의 발달 과정 — 55

제1절 사회복지실천의 역사적 발달 과정 / 56
1. 전문적 사회복지실천의 태동기(19세기 말~20세기 초) / 56
2. 사회복지실천 전문직 확립기 / 60
3. 사회복지실천의 정착기 / 63
4. 최근의 사회복지실천 변화 추세 / 69

제2절 한국 사회복지실천의 발달 과정 / 70
1. 현대적 의미의 사회복지실천 도입 / 70
2. 사회복지실천의 정착기 / 72
3. 사회복지실천의 발전기 / 74
4. 한국 사회복지실천 현장의 과제 / 76

Chapter 04 사회정의와 사회복지실천의 가치 — 79

제1절 사회정의와 인권, 사회행동 / 80
1. 사회정의와 사회복지 / 80
2. 인권과 사회복지 / 82
3. 사회행동과 옹호 / 85

제2절 사회복지 전문직의 가치와 윤리 / 87
1. 가치와 윤리의 개념 / 87
2. 윤리가 중요시된 역사적 배경 / 90
3. 사회복지실천과 가치 / 91
4. 토착적인 사회복지 가치 / 93

제3절 사회복지실천 현장의 윤리와 가치 갈등 / 95
1. 점검해 보아야 할 가치 / 95
2. 사회복지실천 현장에서의 가치 딜레마 / 96
3. 사회복지사의 윤리와 실천원칙 / 97

제4절 윤리적 딜레마와 윤리적 의사결정 / 103
1. 윤리적 딜레마의 개념 / 103
2. 윤리적 의사결정 특성과 지침 / 103
3. 윤리적 딜레마 해결을 위한 준거 틀 / 105

Chapter 05 사회복지실천에서의 다양성에 대한 이해 — 113

제1절 사회복지실천과 다양성 / 114
1. 다양성의 개념 / 114
2. 미국의 다문화사회복지 교육에서의 다양성 증진 / 115

제2절 다문화실천을 위한 사회복지사의 문화적 유능성 훈련 / 119
1. 문화적 유능성 훈련 / 119
2. 문화적 유능성을 갖춘 사회복지사의 특징 / 123
3. 민감성 향상을 위한 실천적 접근 / 126
4. 다문화 유능성 강화를 위한 실천 방안 / 131
제3절 다문화사회복지실천 과정 / 131
1. 만남 / 133
2. 정보 수집과 사정 / 134
3. 개입 / 135
4. 평가 및 종결 / 136

Chapter 06 사회복지실천의 관점 : 통합적 접근 —— 137
제1절 사회복지실천의 지식 기반 / 138
1. 행동심리 이론 / 138
제2절 인간과 환경을 이해하는 개념적 틀과 체계론적 사고 / 145
1. 통합적 접근의 필요성과 등장 배경 / 145
2. 통합적 접근의 개념 및 특징 / 146
3. 통합적 접근 사회복지실천의 주요 이론 및 관점 / 147
제3절 사회복지실천에 대한 통합적 접근의 적용 / 157
1. 4체계 모델 / 158
2. 생활모델 / 160
3. 문제해결 모델 / 160
4. 권한부여(empowerment) 모델 / 162
5. 통합적 관점의 실천적 함의 / 164

Chapter 07 사회복지실천 현장에 대한 이해 —— 165
제1절 사회복지실천의 장 / 166
1. 사회복지실천 현장의 개념 / 166
2. 사회복지실천 현장의 분류 / 166
제2절 우리나라 사회복지실천 현장 / 168
1. 지역사회복지관 / 171
2. 아동복지시설 / 171
3. 청소년복지시설 / 173
4. 장애인복지시설 / 174
5. 노인복지시설 / 176
6. 가족·여성복지시설 / 177
7. 정신보건시설 / 179
8. 노숙인 등 복지시설 / 180
9. 지역자활센터 / 181
10. 학교 현장 / 181

11. 교정기관과 시설 / 182 12. 의료사회복지 / 183
13. 사회복지전담공무원 / 184 14. 군사회복지 / 185

제3절 사회복지실천 현장의 이슈와 문제 / 187

1. 사회복지실천 현장의 문제들 / 187

제4절 사회복지실천 현장의 문제와 사회복지사의 역할 / 189

1. 직접 서비스 제공자 / 189
2. 체계와 연결하는 역할 / 189
3. 체계 유지 및 강화 역할 / 191
4. 연구와 조사 활용자(researcher) / 193
5. 체계 개발 역할(system development) / 193

PART II 사회복지실천 과정에 대한 이해

Chapter 08 사회복지실천의 과정 —— 197

제1절 사회복지실천의 과정 / 198

1. 사회복지실천 과정의 개념 / 198
2. 사회복지실천 과정의 구성 / 198

Chapter 09 사회복지실천의 과정 : 접수 및 자료 수집 —— 201

제1절 사례 발굴 및 접수 / 202

1. 사례 발굴 및 접수 과정 / 202
2. 접수 / 203
3. 면접기술 / 204

제2절 자료 수집 / 205

1. 자료 수집 / 205
2. 자료 수집 방법 / 207

Chapter 10 사회복지실천의 과정 : 사정 —— 211

제1절 사정이란 무엇인가? / 212

1. 사정의 정의 / 212
2. 사정의 목적 / 213
3. 정보의 출처 / 213

제2절 사정의 특성과 내용 / 216

1. 사정의 특성 / 216

2. 사정의 내용 / 217

제3절 사정의 도구 / 222

1. 가계도 / 222
2. 생태도 / 225
3. 사회도 / 227
4. 사회적 지지망 / 228

Chapter 11 사회복지실천의 과정 : 계획 ——— 231

제1절 계획 수립에 대한 이해 / 232

1. 계획 수립의 단계 / 232
2. 목표 설정 / 234

제2절 계약 단계 / 239

1. 계약 단계 / 239
2. 계약의 내용과 형식 / 240

Chapter 12 사회복지실천의 과정 : 개입 ——— 243

제1절 개입에 대한 이해 / 244

1. 개입 단계의 개념 / 244
2. 사회복지사의 행동 결정 원칙 / 245
3. 사회복지사의 개입 역할 / 246

제2절 직접적 개입 / 248

1. 개인체계의 개입 방법 / 248
2. 가족 수준의 개입 방법 / 261
3. 집단체계의 개입 방법 / 272

제3절 간접적 개입 / 276

1. 환경 조정 / 277
2. 영향력 있는 사람들과의 연계 활동 / 278
3. 서비스 조정 / 278
4. 프로그램 자원의 개발 / 279
5. 조직체 내부 변화를 위한 활동 / 279
6. 옹호활동 / 280

제4절 점검 / 280

1. 점검의 목적 / 281
2. 점검 방법 / 281
3. 점검 내용 / 281

Chapter 13 사회복지실천의 과정 : 종결 및 평가 — 285

제1절 종결에 대한 이해 / 286

1. 종결 단계의 과업 / 286
2. 종결의 유형 / 287
3. 종결에 따른 반응 / 290
4. 변화된 결과의 강화 및 유지 / 292
5. 사후 관리 / 292

제2절 평가에 대한 이해 / 293

1. 사회복지실천 평가 / 293
2. 평가 유형 / 294
3. 사회복지실천에서 활용하는 주요 평가 방법 / 296
4. 기타 평가 방법들 / 301

Chapter 14 사례관리 — 303

제1절 사례관리의 철학 및 개념 / 304

1. 사례관리의 기본적 가치 / 304
2. 사례관리의 등장 배경 / 305
3. 사례관리의 개념 및 목적 / 309
4. 사례관리의 구성 요소 / 312

제2절 사례관리의 과정 / 313

1. 초기 단계 / 315
2. 사정 단계 / 317
3. 계획 수립 단계 / 319
4. 실행 단계 / 321
5. 평가 및 종결 단계 / 324

참고문헌 / 327

PART 01

사회복지실천의 이론적 이해

제1장 사회복지실천의 이론적 이해

제2장 사회복지사의 전문성과 성찰적 실천

제3장 사회복지실천의 발달 과정

제4장 사회정의와 사회복지실천의 가치

제5장 사회복지실천에서의 다양성에 대한 이해

제6장 사회복지실천의 관점 : 통합적 접근

제7장 사회복지실천 현장에 대한 이해

CHAPTER

01

사회복지실천의 이론적 이해

사회복지실천은 사회복지사가 개입을 필요로 하는 사람들을 직접 만나 전문적인 서비스를 제공하는 활동이다. 사회복지 전문직이 여러 전문직과 다른 독특한 점은 사람들의 사회적 기능 향상에 초점을 두고, 그 사람들이 처한 환경을 함께 고려해서 이 두 가지 모두를 강조함으로써 효과적으로 사람들을 원조하는 데 있다. 사회복지실천을 이해하기 위해서는 무엇보다도 사회복지라는 맥락 속에서 사회복지실천을 이해하는 작업이 선행되어야 한다. 따라서 사회복지실천은 인간의 삶의 질을 향상시키려는 사회복지의 목적을 위해서 사회복지의 이념과 철학, 가치를 토대로 사회복지실천가인 사회복지사가 제공하는 다양하고 전문적인 실천 활동으로 볼 수 있다. 사회복지실천은 사회복지의 고유한 목적과 가치를 공유하면서도 독립적인 학문으로서의 지식체계와 전문적인 실천 기술을 중요시하며, 나아가 사회적으로 승인된 자격증 제도나 인가 제도에 의한 사회복지사의 역할을 강조하는 전문직의 개념을 포함하고 있다.

제 1 절 사회복지실천의 정의와 목적

사회복지실천은 사회복지사가 사회복지서비스가 필요한 클라이언트들의 사회적 안녕 상태를 위해 필요한 구체적 서비스들을 그 서비스가 요구되는 현장에서 실천에 옮기는 중요한 활동으로 볼 수 있다. 사회복지실천의 정의와 목적은 역사적 배경이나 사회적 상황에 따라 서로 다른 개념과 용어로 정의될 수 있는데 오늘날까지 지속적으로 변화되어 온다는 가정을 염두에 두고 실천의 개념과 목적을 살펴보고자 한다.

1. 사회복지실천의 개념

사회복지실천이란 용어는 영어로는 'social work practice'이며, 실천적인 의미가 강조되면서도 사회복지의 틀 안에서 사회복지실천을 설명하고 있다. 사회복지실천은 지금까지의 전통적 분류인 개별 사회사업(social casework), 집단 사회사업(social group work), 지역사회 조직(community organization)의 사회사업 방법론을 하나로 통합하는 것으로서 지역사회의 배경이 강조된 방법론이며, 사람의 삶의 질 향상을 위해 개인, 소집단, 가족 또는 지역사회의 문제 및 욕구에 임파워먼트적 문제해결 접근 방법(empowering problem- solving method)을 사용하는 종합적 모델(generic model)이라고 볼 수 있다(양옥경, 2001).

일반적으로 사회복지실천은 인간과 사회환경 간의 관계를 촉진시켜서 모든 사람들의 삶의 질을 향상시키기 위한 구체적인 실천방법으로서 사회복지실천의 개념은 사회복지가 발전해 온 과정을 통해서 매우 다양하고 광범위하게 규정하여 개념을 정의할 수 있으며, 또한 전문적인 사회복지실천을 중심으로 다소 미시적인 관점에서 개념을 규정할 수도 있다.

사회복지실천의 개념을 어떻게 정의 내리든 약간의 한계를 가지며, 사회복지실천을 독립된 영역으로 자세하고 쉽게 정의하기란 어렵다고 할 수 있다. 사회복지실천에 대한 개념이 시대적으로 어떻게 정의되었는지 살펴보면 다음과 같다.

> 사회복지실천이란 개인에 대해 그리고 개인과 그 사회환경 사이에 개별적인 의식적 조정을 통해서 그 사람의 인격발달을 이루어 가는 과정이다(Richmond, 1922).
>
> 사회복지실천은 개인(즉, 한 명 또는 개인들 집단)의 사회기능을 향상시키는 것으로서 사회기능은 개인과 그 상호작용을 이루는 사회관계의 활동으로 정의하고 있다(Bohem, 1959). 이 정의에서는 최초로 사회집단 구성원으로서 개인의 사회기능 개념을 소개하였고, 개인이 혼자서나 집단에서나 환경과의 사회적 관계를 맺는 것에 초점을 두었다.
>
> 사회복지실천은 사람과 환경 사이에 존재하는 체계들 사이의 상호작용에 초점을 두며, 사회복지실천이란 생활상 필요한 제반 서비스를 받기 위해 체계에 의존하고 있는 개인을 돕는 일이라고 강조하고 있다(Anne Minahan & Allen Pincus, 1973).

미국사회사업가협회(NASW)에서는 사회복지실천은 개인, 집단 또는 지역사회로 하여금 사회적 기능에 대해 그들의 능력을 강화 또는 회복시키고, 그들의 목표에 바람직한 사회적 기능을 창출하도록 돕는 전문적 활동으로 규정하고 있다(Barker, 1995).

사회복지실천은 모든 사람들이 개인적인 능력의 신장이나 환경과의 보다 나은 상호작용을 통하여 만족을 경험할 수 있도록 개인, 가족, 집단, 지역사회를 도와주는 전문적인 활동이나 서비스이다(김기태 외 2007).

엄명용과 동료들(2011)은 사회복지실천이란 사회복지사가 사회적 안녕 상태를 이루기 위해 필요한 구체적 서비스들을 그 서비스가 요구되는 현장에서 실천에 옮기는 작업으로 보았고 사회복지실천은 다양한 사회복지실천 현장에서 사회복지사가 어떤 활동을 어떻게 해야 할 것인가에 대한 내용, 즉 사회복지실천 방법에 관해 상세히 살펴보는 분야라고 정의하였다.

최옥채(2008)는 사회복지실천을 정부의 제도 안에서 개인, 집단, 지역사회를 대상으로 이들의 욕구와 문제를 해결하기 위해 펼치는 전문적 활동이라고 보면서 확대된 사회복지실천의 개념을 클라이언트의 욕구나 문제를 직접 해결하는 데뿐만 아니라 잘못된 사회현상의 변화를 위해서도 개입해야 한다고 보았다.

사회복지실천의 정의는 다양하게 제시될 수 있지만, 각 정의에 나타난 공통적인 개념들을 종합해 보면 사회복지실천은 첫째, 인간과 사회환경 간의 상호작용에서 나타나는 욕구와 문제를 해결하는 구체적인 실천 활동을 강조하고 있다. 둘째, 사회복지실천의 대상자는 개인, 가족, 조직, 지역사회라고 볼 수 있다. 셋째, 사회복지실천의 목적으로 개인의 사회적인 기능 향상과 사회정의 실현을 규정하고 있다. 사회복지실천에 대해 종합해서 정리해 보면, 사회복지실천은 모든 사람들이 개인적인 능력의 성장이나 환경과의 보다 나은 상호작용을 통하여 만족을 경험할 수 있도록 개인, 가족, 집단, 지역사회를 도와주는 전문적인 활동이나 서비스라고 볼 수 있다.

이상에서 사회복지실천에 대한 여러 개념 정의를 살펴보았지만, 이러한 개념들이 일률적으로 통용되면서 적용되는 것이 아니라 각 나라들이 처한 시대적, 역사적, 사회적, 경제적, 문화적, 복지적 환경에 따라 상대적으로 다소 조정될 수 있다는 사실을 염두에 두어야 한다.

2. 사회복지실천의 목적과 목표

사회복지실천은 뚜렷한 목적을 가지고 있으며, 동시에 구체적인 목표를 가진 활동이자 실천 개념이라고 할 수 있다(김기태 외, 2002). 그리고 사회복지실천의 목적(purpose)과 목표(goal)는 사회복지실천의 지향점이라고 볼 수 있다. 사회복지실천 목적은 사회복지실천이 가지는 궁극적이면서도 다소 추상적이며, 관념적, 이상적인 측면으로서 포괄적인 서비스의 사명에 대한 의도적인 표현이며, 이념적인 틀을 제시한다. 그리고 사회복지실천의 목적은 그 사회에서 사람들 모두가 공감하는 내용을 담고 있어야 한다. 즉, 사회복지실천의 개입을 통해 사회가 달성하고자 하는 목표가 무엇인지에 대한 사회에서 동의하는 내용을 반영하고 있어야 한다. 이에 비해 사회복지실천의 목표는 이념적인 목적을 달성하기 위해 사회복지실천 과정에서 구체적으로 지향하는 행동 지침이라고 할 수 있다(도광조, 2006).

사회복지실천의 목적과 목표는 매우 중요한데 첫째, 사회복지실천의 방향을 올바로 가져야 할 필요가 있기 때문이다. 이는 사회복지실천이 무엇이며, 사회복지실천이 무엇을 추구해야 하는가에 대한 물음에 응답해야 하기 때문이며, 사회복지 전문직의 정체성과 위상이 정립될 수 있기 때문이다. 둘째는 사회복지실천이 올바르게 수행되고 있는지에 대한 효과성 및 효율성 논의를 분명히 하기 위해서이다. 지향점과 지향 지침이 분명할 때, 사회복지실천에서 서비스 및 프로그램의 효과성을 측정할 수 있을 것이다.

1) 사회복지실천의 목적

사회복지실천의 목적을 정의하려는 노력은 사회복지실천의 출현 이래로 계속되어 왔다. 이러한 노력이 구체화되기 시작한 것은 1929년의 미국에서 열린 밀포드(Milford) 회의였다. 특히, 1960년대를 거치면서 미국 사회에서는 정신분석 모델에 대한 비판과 사회불안이 대두됨에 따라 사회복지 전문직에 대한 성찰과 정체성에 대한 재도전이 이루어지게 되었다. 사회복지실천의 목적이 무엇인가를 정의하기 위해 구체적으로 드러난 노력이 1979년 미국 사회복지사협회(NASW)의 주관 하에 시카고에서 이루어진 사회복지 전문인 전국 회의였다(엄명용 외, 2008). 가장 최근에 이루어진 노력은 1992년에 이루어진 미국사회복지교육협의회(CSWE : Counsel on Social Welfare Education)였다.

미국사회복지사협회는 시카고 회의(1979)에서 공식적인 사회복지실천의 목적에 대한 실질 성명을 처음으로 발표했으며, 실질 성명에서는 사회복지실천의 목적은 모든 사람의 삶의 질 향상을 위해 개인과 사회 간 서로 유익한 상호작용을 촉진 또는 회복시키는 것으로 정의하고 있다. 이 성명에 내포된 두 가지 요소들을 살펴보면 첫째, 모든 사람의 삶의 질을 향상시키는 데 사회복지실천의 목적을 두고 있다. 둘째, 사회복지실천은 사회 구성원과 사회체계 사이의 유익한 상호작용을 회복 또는 촉진시키기 위해 노력한다.

Pincus와 Minahan(1973, 김기태 외 2001: 21 재인용)은 사회복지실천의 목적을 첫째, 개인의 문제해결 및 대처능력의 향상, 둘째, 개인에게 지역사회 자원과 서비스 및 기회를 제공해 주는 것, 셋째, 이러한 체계들이 효과적이고 인도적으로 운영되도록 장려하고 촉진시키는 일, 넷째, 사회정책을 개발하거나 발전시키는 데 이바지하는 것 등으로 설명하고 있다.

미국사회복지교육협의회(CSWE, 1994)에서도 사회복지실천의 목적을 기존에 언급된 목적에 비해서 보다 광범위하고 포괄적인 내용을 포함하며, 그 핵심적인 것은 네 가지로 설명할 수 있다. 첫째, 개인, 가족, 집단, 조직 및 지역사회가 목적을 달성하고 고통을 완화시키며 사회자원을 활용할 수 있도록 도와줌으로써 이들의 사회적 기능을 회복, 유지, 촉진, 신장시키는 것이다.

둘째, 인간의 기본 욕구를 충족시키고 개인이 가지고 있는 잠재력 및 가능성의 개발을 돕는 데 필요한 서비스나 자원 및 프로그램을 계획하고 조직하며 시행하는 것이다.

셋째, 어려움에 직면한 집단에게 힘을 실어 주고, 사회적·경제적 정의를 실현하기 위해서 조직적이고 행정적인 옹호와 사회정치적 운동을 통해 정책, 서비스, 자원 및 프로그램을 추구하는 것이다.

넷째, 이들 목적과 관련된 모든 전문적인 지식과 기술을 개발하고 검증하는 것이다.

2) 사회복지실천의 목표

Zastrow(1995)는 미국사회복지사협회(1982)에서 규정한 사회복지실천의 목표와 미국사회복지교육협의회(CSWE)에서 제시한 내용을 종합하여 검토한 후 사회복지실천의 목표를 여섯 가지로 요약하여 제시하였다.

- 사회복지실천의 목표는 사람들의 문제해결, 그리고 발달적인 능력을 신장시켜야 한다. 즉, 클라이언트로 하여금 자신의 역량을 강화하고 문제해결과 대처능력을 높일 수 있도록 돕는 데 있다.
- 사회복지실천의 목표는 사람들을 그들에게 자원과 서비스와 기회를 제공해 주는 체계와 연결시켜 주며, 각종 자원을 확보할 수 있도록 도와야 한다. 사회복지사는 유형, 무형의 서비스들을 클라이언트에게 직접 제공하거나 그러한 서비스들을 제공받을 수 있도록 클라이언트를 돕는 역할을 담당한다.
- 사람들에게 자원과 서비스를 제공해 주는 체계의 작용을 효과적이고 인간적이 되도록 해주는 것이다. 즉, 사회복지 조직이 클라이언트의 욕구에 반응하는지 감시한다. 클라이언트에게 서비스를 제공하는 기관들이 클라이언트의 인간적 존엄성을 존중하면서 적절한 절차와 기준에 의해 시의 적절하게 서비스를 제공하는지 유심히 살피고 경우에 따라서는 시정을 요구하는 활동을 말한다.
- 사회복지정책을 개발하고 개선한다. 클라이언트는 사회복지의 문제를 이슈화하고 논리적인 자기주장을 하는 것이 어렵기 때문에 사회복지사는 사회복지정책이 잘 집행되는지 점검하고 또한 정책 입안이나 결정

과정에 개입하고, 사회복지정책을 이끌어 낼 수 있도록 주장하고 시정을 요구하는 실천 활동을 담당할 수 있다.

- 위험에 처한 집단을 임파워먼트하고 사회적, 경제적 정의를 증진시킨다. 노인, 장애인, 여성, 신체적·정신적 장애를 가진 사람이나 빈곤한 사람 등 위기에 직면한 집단 또는 개인에게 권리에 대한 의식과 사회적 정의를 실현해 가는 것을 포함한다. 이러한 사람들에게 권리의식과 권리를 누릴 수 있는 능력을 학습함으로써 스스로 주인으로서 살아갈 수 있도록 돕고, 보다 더 나아가서는 전체적 차원에서 사회정의를 실천해 나가는 것을 포함한다.
- 전문적인 지식과 기술을 개발하고 검증해야 한다. 사회복지실천에 있어서 사회복지사는 보다 사회복지실천 분야의 전문성을 확보하고 전문적인 서비스를 제공하기 위해서 전문적 기법과 기술 그리고 프로그램 개발과 효과성에 대한 지식과 기술의 발전에 기여해야 한다.

제 2 절 사회복지실천의 이념과 철학

이념이란 어떤 시대나 사회 또는 계급에 독특하게 나타나는 관념, 믿음, 주의(主義) 따위를 통틀어 이르는 용어라고 볼 수 있다. 사회복지실천에 있어서 바탕이 되는 이념과 철학적 배경은 사회복지 발달사와 함께 매우 다양하게 발달해 왔음을 알 수 있고 여러 이념들이 배경이 될 수 있다. 표면상으로는 인도주의와 이타주의의 이념으로부터 시작한 것으로 보이지만 근본적으로는 사회진화론에 영향을 많이 받았고, 다른 한편으로는 그 영향에서 탈피하고자 하는 노력도 보여 왔다(양옥경 외, 2004).

사회복지 이념은 크게 두 가지 정도로 나눌 수 있는데, 개인과 자유를 강조하는 자유주의형과 국가 사회와 평등을 강조하는 사회주의형으로 나눌 수 있다(류종훈 외, 2011). 이러한 이념과 철학에 근거해서 사회복지서비스와 프로그램이 개발되었다고 볼 수 있는데, 사회복지실천의 역사 속에서 살펴볼 수 있는 이념과 철학적 배경에 대해서 핵심적인 내용을 중심으로 살펴보면 다음과 같다.

1. 인도주의(humanitarianism)

사회복지실천에서 최초의 이념은 자선조직협회(Charity Organization Society)의 우애방문원(friendly visitor)들의 철학이었던 인도주의 또는 박애사상이라고 볼 수 있다. 인도주의란 인간의 인격과 인간성을 존중하고, 평등사상에 입각하여 인종, 종교, 관습, 국적 등을 초월한 인간애를 말한다.

박애사상은 모든 사람을 평등하게 사랑함을 뜻한다. 우애방문원들은 기독교사상을 실천하고자 하는 중산층 이상의 사람들로써 가난한 사람을 대상으로 인도주의적인 구호를 제공하였다. 이후에 우애방문원의 철학적 이념은 모든 사람을 차별이 없이 평등하게 사랑하고 봉사한다는 의미로서 사회복지실천의 기본 정신인 이타주의에 근거를 두면서 사회복지실천의 기본적인 사상이 되었다.

초기의 자선조직협회의 우애방문원들이 주로 클라이언트를 위한 무조건적인 봉사를 제공하였다고 본다면, 현대의 사회복지사들은 클라이언트에 대한 전문적이고 선별적인 접근을 실시하고 있다고 볼 수 있다(양옥경 외, 2004).

2. 사회 진화론(social darwinism)

다윈(Charles Darwin)의 자연과학적 개념이 사회과학적 요소에 첨가되어 파생된 것이라 볼 수 있는데, 자연법칙의 진화론을 사회법칙의 진화론에 적용시킨 것으로 볼 수 있다. 사회복지 측면에서 사회진화론을 적용한다면, 부자는 그들이 우월해서 부유층으로 살아남은 것이고, 반면에 빈곤한 사람은 게으르고 비도덕적인 열등인간이기 때문에 가난하게 살 수밖에 없다는 것이다. 이렇게 사람을 계층 지우는 것은 동식물 생태계의 적자생존의 법칙과 유사하다는 것이다. 그러므로 사회에 적합한 계층은 살아남고 그렇지 못한 사회적으로 부적합한 계층은 사라져야 한다는 관점이다.

자선조직협회의 우애방문원들은 극빈자와 장애인들을 방문하여 자신이 믿는 기독교적 도덕과 생활을 강요하였고, 그에 맞추어 생활하도록 유도하였다. 따라서 클라이언트 각자가 가지고 있는 도덕관이나 가치관을 무시하고, 새로운 도덕 및 윤리를 따르도록 강요하였다. 만약 따르지 않은 경우 최소한의 도움만으로 겨우 생존할 수 있는 수준의 도움을 주는 데 그쳤다.

3. 민주주의(democracy)

민주주의 이념은 기본적 인권, 자유권, 평등권, 다수결의 원리, 법치주의 따위를 기본 원리로 한다. 사회진화론과는 달리 모든 인간은 평등하다는 것을 인정하고 있고 따라서 클라이언트도 대우받을 권리가 있고 본다. 이러한 민주주의의 등장과 함께 클라이언트에 대한 무조건적인 봉사정신이 약화되고 선택적 봉사철학이 강화되었다.

앞선 인도주의와 사회진화론의 이념에 따라, 소위 우월한 중산층 봉사자가 열등한 사람인 클라이언트에게 제공한 무조건적인 봉사와 원조에서 벗어나 베푸는 자와 수혜자 간의 동등한 권리를 인정함으로써 수혜자인 클라이언트가 시혜의 여부를 결정하는 데 참여하도록 하는 사회적 움직임이 나타났다. 이는 후에 클라이언트의 자기 결정권에 많은 영향을 미쳤다.

이러한 민주주의의 영향은 빈곤계층에도 나름의 가치관이 있으며 동등한 처우를 받을 권리와 빈곤에서 탈피할 동등한 기회를 제공받아야 한다는 인보관운동의 기본 이념이 되고 사회개혁으로 이어졌다. 또한 사회복지실천에는 빈곤에 대한 책임을 전적으로 클라이언트의 책임에 돌렸던 시각에서 벗어나 권리를 보장해 주지 못한 사회에 있고, 빈곤문제는 사회 변화를 통해서 개선이 가능하다는 시각으로 전환을 가져다주었다.

4. 개인주의(individualism)

자유방임주의와 함께 등장한 개인주의는 경제뿐만 아니라 사회복지 분야에서도 자유시장의 경쟁원칙에 맡기는 자유방임주의적 정책이 전개되었다. 개인주의는 개인 권리존중과 함께 수혜자격 축소에 영향을 주었다. 즉, 개인의 권리와 의무를 강조하면서도 빈곤문제는 개인의 책임이라고 여겨 최소한 수혜자격 원칙을 만들었다. 이러한 개인주의는 사회복지실천에서 클라이언트마다 개별적 특성을 고려하여 원리와 방법을 다르게 적용해야 한다는 개별화를 중시하는 데 영향을 주었다.

5. 다양성(diversitism)

다양성(多樣性)은 많은 양의 또는 여러 가지의 성질을 가리키며(위키백과, 2012), 사회복지사와 클라이언트 사이에 존재하는 문화적, 민족적, 인종적, 성적 경향성, 성별차이에 대해 민감하게 반응하는 것을 포함한다. 사회복지사는 실천 현장에서 만나는 다양한 클라이언트집단들의 행동, 태도 및 정서적으로 중요한 차이점에 대해 잘 알고 있어야 하며, 그에 대해 민감해야 한다. 사회복지사는 성공적인 결과를 성취하기 위해서 반드시 기본적인 틀을 초월하여 독특한 개인들을 원조할 때에 인종, 성별, 나이, 종교, 성적 취향, 교육 및 다른 배경적인 특성들을 모두 고려해야 한다(배태순 외, 2009: 5).

현대의 국제사회는 디지털 문화의 발달과 세계화(globalization)의 영향으로 전 세계가 바로 이웃 같은 심리적 거리가 가까워졌다. 따라서 지구촌 어디든 생물학적인 다양성(biodiversity)[1]뿐만 아니라 문화적인 다양성(cultural diversity)[2], 다문화주의(multiculturalism)[3]에 대한 수용이 높아짐을 알 수 있다. 그러므로 사회복지실천에서도 다양한 계층에 대한 수용, 다양한 문제 및 접근 방식에 대한 허용, 그러면서도 독특성을 인정하는 개별화를 동시에 추구하는 실천의 방법을 따라야 할 것이다.

1) 지구 각지의 자연계에 존재하는 생물의 다양성을 말한다.

2) 언어나 의상, 전통, 사회를 형성하는 방법, 도덕과 종교에 대한 관념, 주변과의 상호작용 등 사람들 사이의 문화적 차이를 포괄한다.

3) 세계화에 따라 다양한 문화를 서로 인정하고 교류하기 위해 여러 문화를 존중하고자 하는 이론이다.

CHAPTER

02

사회복지사의 전문성과 성찰적 실천

이 장에서는 전문직이란 무엇인가를 이해하기 위해서 여러 학자들이 제시한 전문직의 개념, 전문직의 특성 및 기준을 살펴보고 사회복지 분야에서 전문직 기준을 어떻게 이해하는지를 이해하기 위해서 Greenwood와 Flexner가 제시한 전문직의 속성과 기준에 대해서 다룰 것이다. 그리고 사회복지실천의 정체성과 전문직 기반을 기초 지식과 전문지식, 성찰적 실천에 대해서 다룰 것이다. 사회복지실천의 지식 기반에는 과학적 기반과 예술적 기반이 있는데, 이 두 가지가 사회복지사의 실천 과정에서 조화를 이루어야 한다. 그리고 사회복지사가 향상시켜야 할 능력에 대해서 살펴볼 것이다.

제 1 절 전문직에 대한 이해

1. 전문직의 개념

전문직을 뜻하는 'Profession'이라는 단어의 뿌리는 'profess'이며, 그 어원은 라틴어인 'profiteor'이다. pro는 무엇 무엇을 공개적으로 '인정하다'라는 뜻이고, fess는 '경의와 찬양'을 표하는 의미이다. profess라는 것은 가톨릭에서 견진성사를 베풀고 엄숙히 서약하며 스스로에게 의무를 지우고 사제에게 죄를 고하고 참회하는 등 다양한 의미로 쓰이고 있다.

전문직은 일반적인 다른 직업들과는 구분되는 일련의 직업 범주로 전통적으로 신학, 법학, 의학과 같이 높은 수준의 전문적인 지식이나 기술을 요구하는 직업에 사용되어 오다가 산업화 과정에서 많은 직업이 출현했을 뿐 아니라 기존의 직업들이 분화되고 전문화하는 경향이 나타났다. 이러한 전문화의 경향과 함께 어떤 직업을 전문직으로 볼 것인가에 대해 여러 관점과 기준이 제시되었다.

Flexner(1915)는 전문직에 대해서 신체적이라기보다 지적인 활동에 기초하며, 고도의 책임이 요구되고, 이론적 지식체계와 연구를 기초로 활동하며, 이론적이면서도 실체적인 업무수행을 하는 직업이라고 언급하고 있고, Bixlers(1959)는 고도의 학습을 통해 습득될 수 있는 잘 정의되고 조직된 전문 지식에 기초한 실무, 전문 지식을 인간적이며 사회복지에 필수적인 실무 서비스에 적용, 개인적 이득보다 서비스를 고귀하게 인식하는 지적이며 개인적인 자질을 지닌 개인이 평생직으로 인식하도록 이끌며, 행위의 자유, 지속적인 성장의 기회, 경제적 안정을 통한 보상을 들고 있다.

Kelly(1981)는 인간성과 사회복지에 필수적인 서비스 제공, 연구를 통해 지속적으로 확장되는 전문 지식체계, 고등교육기관을 통한 실무자 교육, 실무자의 결정과 행위의 지침이 되는 윤리강령을 제시하였으며, 이영복(1970)은 이론적인 체계와 더불어 실체적인 활동, 강한 책임감과 윤리적 요소, 궁극적인 목적이 이타적이며 대중의 복지지향, 기본 교육을 받은 후 일정한 전문 교육과정을 거침, 계속적으로 배우면서 새로운 내용과 방법을 위한 연구, 자율적이며 자치적인 조직적 활동과 참여의식, 사회적 요구에 대한 계속적인 대비와 전문적 능숙성, 일시적인 봉사가 아닌 평생직으로서의 긍지, 정당한 보수에 의한 안정성과 지속성 유지를 들고 있다.

따라서 전문직이란 성직자, 의사, 법률가 등과 같이 사회적 지위가 높고 장기간의 교육 훈련 과정을 거쳐서 자격을 획득하고 직업적 권위와 자립성이 높으며, 직업윤리가 요구될 뿐만 아니라 전문적인 직능 단체가 조직되어 있는 직업이며, 일반적으로 자율성, 권한, 책임감의 특징을 갖추고 합리성에 근거하여 업무를 수행하며, 고도의 지식 및 기술적 차원의 능력을 갖춘 전문인들이 인류와 사회에 봉사하는 직업이라고 정의할 수 있다. 그러나 전문직을 한마디로 정의하기는 어려우며, 이러한 개념 자체도 시대적 상황이나 학자에 따라 변화되어 왔다고 볼 수 있다.

2. 전문직의 특징 및 기준

전문직의 특징 및 기준을 좀 더 구체적으로 살펴보면 다음과 같다. Howsam 등은 전문직의 특징을 열두 가지로 제시하고 있는데, ① 사회봉사 기능과의 연관성, ② 요구나 기능에 관심, ③ 일반인이 갖지 못한 특수한 지식과 기술, ④ 구성원들이 결정에 참여, ⑤ 뒷받침되는 이론의 존재, ⑥ 자율권을 갖는 전문가 협회 결성, ⑦ 분명한 자격기준, ⑧ 대학 수준의 준비기간, ⑨ 일반인들로부터의 높은 신뢰, ⑩ 구성원들의 강한 봉사 동기와 수행 능력, ⑪ 권위와 책무성, ⑫ 계속적인 지도로부터의 자유 등을 들고 있다.

Hall(1968: 박종우, 1994 재인용)은 전문직의 속성을 구조적, 태도적, 조직적 측면으로 나누어 분석하였는데, 특히 전문직의 태도적 속성을 중요하게 고려하였다. 전문직의 태도적 속성으로는 첫째, 행동의 준거로서 전문 조직을 활용한다. 이는 전문가가 일을 할 때, 사고와 판단의 중요한 원천으로 공식 조직과 비공식 동료집단 모두를 고려하는 것을 말한다. 둘째, 공공을 위한 서비스에 대한 신념이다. 이것은 전문직이 필수 불가결하다는 점과 전문직이 수행하는 일이 곧 공공과 실천가 양자에게 도움이 된다는 점을 포함한다. 셋째, 자체 규제에 대한 신념이다. 전문가의 일을 가장 잘 판단할 적임자는 동료 전문가이며, 이는 바람직하고 실질적인 태도가 된다. 넷째, 소명 의식으로 전문가 자신의 헌신과 외부적 보상이 충분치 않더라도 그 일을 하고 싶어 한다는 느낌을 말한다. 다섯째, 자율성에 대한 신념이다. 클라이언트나 전문직이 아닌 사람, 고용 조직으로부터의 외부적 압력이 없이 전문가 스스로 자율적으로 결정을 내리는 것을 말한다.

또한 Houle는 전문직의 특징을 개념적 특징, 실천적 특징, 전체적 특징으로 범주화한 뒤, 각 범주별로 세부적인 특징을 제시하고 있다.

첫째, 개념적 특징으로는, 직업의 기능에 대한 명료화로서 전문직에서는 전문적 업무가 명료화되어 있어야 한다. 둘째, 실천적 특징으로는, 이론적 지식의 습득으로 전문가는 전문직의 지적 기초를 다질 수 있는 지식, 정보, 기술 등을 완벽하게 습득해야 하며, 문제해결 능력을 지녀야 한다. 그리고 전문직은 지적 기초를 토대로 임상의 문제에 적절히 대처할 수 있어야 하며, 전문직을 지속적으로 발전시킬 수 있는 효과적인 실천 기술을 개발하고 수행해야 하며, 자기 성장을 위해서 지속적으로 발전할 수 있어야 한다. 셋째, 전체적 특징에는 여러 가지 요소가 있는데, 그 내용은 다음과 같다.

- **정규 교육** : 전문직 활동을 시작하기 전에 반드시 체계적인 교육이 이루어져야 한다.
- **자격 수여** : 각 개인의 능력을 평가한 뒤 자격을 부여할 수 있는 적절한 방법이 마련되어 있어야 한다.
- **하위문화 창조** : 전문직에서는 각각의 독특한 전통을 가지고 그들 나름의 용어를 사용하는 하위문화를 만들어 내야 한다.
- **법적 기준** : 전문직은 자신의 권리를 보호받기 위해 법적인 도움을 받아야 한다.
- **대중의 인정** : 전문가라면 대중과 좋은 관계를 유지하고 질 높은 단체를 만들고 독특한 교육 프로그램을 만드는 등 대중의 인식을 높일 수 있어야 한다.
- **윤리적 실천** : 도덕적 행동과 윤리적 실천을 위해 어떠한 기준이 마련되어 있어야 한다.
- **벌점** : 자질이 없거나 윤리기준에 어긋날 경우 제재를 받아야 한다.
- **다른 직업과의 관계** : 관련 분야의 다른 직종과 밀접한 연관성을 가져야 한다.

- **클라이언트와의 관계** : 전문가와 클라이언트 간에 적절한 관계를 맺기 위해서 분명한 지침이 제시되어야 한다.

Katz는 전문직에 대해 연구하는 학자들이 대부분 여덟 가지 범주를 전문직 분류 기준으로 채택하는 데 동의하고 있다고 보았는데, 그 내용은 다음과 같다.

- **사회적 필요성** : 전문직의 활동은 사회에 필수적인 것으로서 이러한 지식과 기술이 없으면 사회가 약화된다.
- **이타주의** : 전문적인 활동의 동기는 이타적이다. 이상적인 전문가란 사회의 이익을 위해서라면 개인적 안락을 포기할 수 있고 시간을 초과하여 근무할 수 있을 정도로 헌신적으로 일을 할 수 있어야 한다.
- **자율성** : 전문직은 대상자와 고용주로부터 자율권을 인정받아야 하며, 자율적으로 판단하고 행동할 수 있어야 한다.
- **윤리강령** : 전문직에는 실천에 기준이 되는 윤리강령이 있어야 하며, 구성원들이 위반할 경우 제재를 가할 수 있는 제도가 마련되어 있다.
- **대상자들과 거리 유지** : 객관성 유지 및 객관적인 판단을 하며, 개인적 충동을 억제하기 위해서도 전문직은 대상자와 관계에서 적절한 거리 유지를 필요로 한다.
- **실천 기준** : 전문직은 세 가지 실천 기준을 채택하는데, 그 첫째는 누구나 따라야 할 정도의 낮은 기준을 채택해야 한다. 그 이상은 각자의 자유재량에 따라 결정하게 함으로써 누구나 항상 그 기준에 따라야 한다는 것과는 의미가 다르다. 둘째, 그 기준은 모든 구성원들에게 일반적인 문제에 대하여 진술되어야 한다. 셋째, 특수한 개인에게 초점을 두는 것이 아니라 보편적인 내용이어야 한다.
- **지속적인 훈련** : 전문직에는 지속적인 훈련이 요구되는데, 훈련 과정은 첫째, 세분화되어야 하고, 둘째, 어렵고 지적 긴장을 야기하는 선별 과정이 되어야 하며, 셋째, 보다 많은 지식을 습득할 수 있게 되어야 한다. 넷째, 인가받은 기준에서 훈련받고 자격증이 부여되어야 하고 다섯째, 핵심적인 지식과 기술이 제시되어야 하며, 마지막으로 체계적이고 정규

적인 교육이 이루어져야 한다.

- **전문화된 지식** : 전문직은 전문적인 지식을 기초로 한다. 첫째, 구체적이기보다는 추상적이고, 둘째, 실천 과정에서 일반화되어질 수 있는 원리로 구성되어 있으며, 셋째, 체계적인 원리로 조직된다. 넷째, 지식과 원리는 실천적이어야 하며, 다섯째, 전문가들만이 알 수 있도록 난해하거나 배타적이며, 마지막으로 전문가들이 함께 모여 토론을 거쳐 실제에 관련된 새로운 지식이 전파된다.

이상에서 살펴본 바와 같이 전문직 집단의 특징은 여러 가지로 표현되고 있으나 요약하면 다음과 같다.

- 전문인이 되기 위해서 일정 수준 갖고 있어야 되는 지식과 기술, 태도가 있어야 하며 이를 위한 기준을 갖고 있다.
- 전문직 집단에 편입하기 위한 까다로운 절차와 제도를 가지고 있고 이를 위한 장기간 고도의 교육과 훈련이 필요하다.
- 모범적이고 표준적인 활동과 윤리성 강화를 위한 자체적인 행동 강령을 갖고 있다.
- 자기 스스로를 조절할 수 있고 정화할 수 있는 자율권과 장치를 갖고 있다.
- 사회에서 꼭 필요한 공익성의 직무에 종사하고 사회적으로 인정될 만한 위치가 있다.
- 자신이 행한 행동에 대한 도덕적 판단에 대한 책임이 있다.

3. 사회복지 분야의 전문직 기준

사회복지 분야에서는 Greenwood(1980)와 Flexner(1915)가 전문직의 속성과 기준에 대해서 언급하고 있는데, 그 내용을 살펴보면 다음과 같다. Greenwood는 사회복지직의 필수 속성으로 체계적 지식, 사회적 재가, 윤리 강령이 있어야 하며, 파생적 속성으로 전문적 권위, 전문적 문화를 들고 있다.

Flexner(1915)는 전국 자선 및 교정 회의에서 "사회사업은 전문직인가?"라는 강연을 통해서 사회사업이 진정으로 전문직이 되려면, 의학, 공학, 교육학 등과 같은 전문직에 준하는 기준에 부합되어야 한다는 논리를 전개하면서, 여섯 가지 전문직 기준을 제시하였는데, 그 내용은 다음과 같다.

- 전문직은 본질적으로 커다란 개인적 책임이 수반되는 지적 활동을 포함한다.
- 전문직은 과학과 학습에서 원재료를 이끌어 낸다.
- 전문직은 이 재료를 실천적이며, 분명한 목적으로 발전시켜 나간다.
- 전문직은 교육적으로 의사소통 가능한 기술을 가진다.
- 전문직은 자기를 조직(self-organization)하는 경향이 있다.
- 전문직은 동기가 점차 이타적이 되어 간다.

플렉스너는 사회사업은 이상의 기준을 충족하고 있는가를 검토하면서, 실망스럽게도 사회사업 직업은 법학, 의학과는 달리 전문직이라고 주장할 수 없다고 선언하였다. 사회사업의 활동이 지적인 것은 분명하지만, 그 책임성에 있어서는 독자적이라기보다는 매개인 역할을 한다(첫 번째 기준). 그리고 사회사업의 목적은 분명하고 구체적이어야 한다는 기준을 충족시키지 못하고 있다(세 번째 기준). 사회사업은 여러 분야에서 이루어지고 있어서 하나의 분명한 분야라기보다는 여러 분야에서 수행되는 한 가지 업무라는 양상을 보인다. 목적에서의 구체성 결여는 사회사업 교육에도 문제를 가져온다. 즉, 사회복지사의 직업 분야는 너무 많고 다양하여 의도적으로 조직된 교육적 훈육이 불가능하다(네 번째 기준).

그러나 사회사업이 그 내용을 과학과 학습에서 이끌어 온다는 것(두 번째 기준), 전문적 자아의식이 급속하게 발전하고 있다는 것(다섯 번째 기준), 그리고 그 동기가 이타적이라는 것(여섯 번째 기준)은 전문직의 기준을 충족시키고 있다고 보았다. 그럼에도 플렉스너는 사회사업이 전문직으로서의 자격을 갖추지 못하고 있다고 결론을 내리면서, 사회복지사들이 때로 지나치게 자만하며, 아직 전문학술지를 갖추지 못하고 있다고 비판하였다(Flexner, 1915: 152-165; 이원숙, 2008: 54-55 재인용). 이러한 Flexner의 평가는 사회복지직으로 하여금 전문성 향상을 위해 노력하도록 만드는 계기가 되었다.

제 2 절 사회복지실천의 정체성과 전문적 기반

1. 사회복지실천의 정체성

사회복지직의 전문화와 정체성 확립을 향한 노력과 사회적 인가에도 불구하고, 사회복지학의 내적 정체성은 뚜렷하지 않다. 사회복지의 본질적 기능과의 역동적 관계를 정립하지 못한 실천 분야들은 분야별 전문가로서의 역할과 정체성을 가지고 각자의 발전을 추구해 왔다. 실천 분야들 간의 이질적인 특성들을 수용하면서 독자적인 전문화 과정을 겪는 다양한 실천 영역의 사회복지사들이 사회복지 전문가로서 공유하는 정체성의 실체는 모호하다.

전문성의 일반적인 의미로는 특정 분야에서 지식과 기술, 기타 조건을 갖춘 것으로 인가받은 전문가집단의 활동 수준으로 이해가 되지만, 사회복지실천의 전문성이란 모든 전문직에 공통적으로 적용되는 기능론적 속성보다는 사회복지실천의 목적과 가치를 반영하며, 사회복지직이 사회 속에서 담당하는 역할 속에서 명확해진다고 볼 수 있다.

학문의 내적 정체성과 전문성, 사회적 인가를 동시에 얻기 위해서는 첫째, 전문직에 부여된 고유의 사명을 달성하기 위한 명확한 목적이 필요하다. 둘째, 기본적인 목적이나 가치에 관한 전문직 내의 합의를 이끌어 내고 실천현장의 문제를 이해할 수 있는 공통된 인식 틀을 갖추어야 한다. 셋째, 개인과 환경 사이에 상호작용적 측면에 관심을 갖고 사회환경 및 다양한 사회체계와 관련된 이론과 지식들을 포괄적으로 습득하고 이를 통합된 접근 방법 내에서 선택적으로 활용할 수 있는 접근 방법이 개발되어야 한다. 사회복지사는 사회복지를 실천할 때에 그에 적합한 지식을 가지고 상황에 따른 적절한 실천기술을 사용해야 할 것이다. 정체성의 사전적 의미로는 본래의 참모습을 나타낸다는 말이다. 개인의 정체성이란 인간 개인이 가지는 참모습을 나타내는 말인데, 사회복지 전문직의 정체성은 사회복지 전문직의 참된 모습을 나타내는 말이 된다.

사회복지사의 정체성은 그가 갖고 있는 직업의 본질에서 찾아야 한다. 사회복지사는 사회복지 전문직에 종사하고 있는 전문가이다. 따라서 이 전문직이 얼마나 전문직다운가를 살펴보아야 한다.

사회복지 전문직의 기원은 19세기 말의 자선조직협회와 인보관운동에서 시작되었다. 특별히 자선 조직가 협회는 빈민 가정을 돕기 위해서 초기 자원봉사 수준인 우애방문원을 파견하였으나 전문적인 서비스 활동을 위해서 유급 직원으로 전환하면서 전문적인 지식과 실천을 구비한 전문가 양성을 위한 교육의 필요성을 느끼게 되었고 다양한 교육제도를 운영하게 되었다.

초기 사회사업 교육에서는 '사회사업은 무엇인가?', 그리고 '무엇을 가르쳐야 하는가?'에 대한 사회사업의 정체성 규명은 초기 사회사업 교육이 당면한 주요한 과제였다. 교과과정에는 경제학과 사회학뿐 아니라 사회윤리에 대한 개인적 및 종교적 논의, 가족 구조 사업, 시설 운영, 그리고 아동복지 사업의 실천, 노동과 주택법안과 같은 개혁 지향적인 과목, 심지어는 수도관 수선까지 포함되었다. 이에 대하여 1909년 보스턴학교의 브리켓은 사회사업의 의미가 부정확하여, 미국 대중은 '사회사업, 사회학, 그리고 사회주의'를 구분할 수 없다고 사회사업의 불명확한 정체성에 대하여 비판하였다(Shoemaker, 1998; 이원숙, 2008: 50 재인용).

이 당시 사회사업 교육자들이 직면했던 가장 시급한 질문 중 하나는 무엇을 가르치고 어디에서 가르치는가 하는 문제였으며, 이는 사회사업의 정체성과 직결된다는 점에서 매우 중요한 문제였다. 이는 사회복지 전문직의 지식 기반이 무엇인가? 그리고 대학교와 기관 중 어디에 소속되어야 하는가? 하는 질문이었다.

1987년 Richmond는 너무 학문적이거나 이론 지향적인 교육이 양성 중인 실무자에게 부정적인 영향을 줄까 우려하여, 대학교와의 연계에 반대하는 의견을 표명하였다. 그러나 다른 한편에서는 튼튼한 사회과학 교육과정을 가진 대학교만이 사회복지사들을 전문가의 길로 갈 수 있도록 준비시켜 줄 것이라고 주장하였다. 1907년 경제학 및 사회학 교수이면서 사회과학 및 사회정책과 연계된 사회사업에 대한 비전을 가졌던 뉴욕학교의 린제이는 사회복지직 교육과정에 사회학 및 정치 지향적인 교육을 강조하였다. 이에 대해 뉴욕학교의 박애교육위원회가 반발하였다. 위원회 소속의 Glenn은 "필수 과목이 경제학과 사회경제에 대한 강좌로만 구성되어 있다고 반박하면서 사회복지사의 훈련에는……테크니컬한 기술중심 교육이 가장 필요하다고 주장하였다. 이런 문제들은 초기 사회사업 정체성 형성을 둘러싼 고민을 보여준다.

Flexner(1915)는 전국 자선 및 교정회의에서, "사회사업은 전문직인가?(Is Social Work profession?)"라는 강연을 통해서 사회사업은 전문직이 아니라고 평가하였다. 이러한 사회복지 전문직에 대한 플렉스너의 도전은 사회사업에 지대한 영향을 미쳤으며, 이로 인해서 사회사업 분야에서는 전문적인 정체성 확립을 위해 노력하게 되었는데, 그 내용을 살펴보면 다음과 같다.

- **통일된 전문직에 대한 추구** : 1920년대부터 여러 전문 조직체가 결성되었으며, 1955년 미국사회복지사협회(NASW)를 결성하여 통일된 전문 조직체를 형성하였고 그 후에도 통일된 조직체의 유지는 NASW의 가장 중요한 이슈였다.
- **개념적 틀과 고유한 방법의 추구** : 1929년 밀포트 회의에서 케이스워크에 대한 포괄적인 '일반적' 정의를 형성하고자 하는 시도도 이런 노력을 반영하며, 이는 후에도 지속되어 왔다.
- **과학적 이론의 추구** : 프로이트의 역동적 심리학 이론은 실험적 방법으로 검증할 수 없다는 단점, 그리고 현실적으로 사회사업실천 현장에서 정신 분석학적 치료 기법의 유용성이 극히 제한됨에도 불구하고, 사회사업의 과학적 이론 추구에 대한 욕구를 충족시켰기 때문에 적극적으로 도입되었다.
- **조사에서의 과학적 기반 추구** : 사회사업에서 조사에 대한 접근, 박사과정 교육의 발전, 그리고 대학 내에서 사회사업의 학문적 위치 확보에 기여하였다(이원숙, 2008: 55).

사회복지 분야에서 전문 직업적 정체성은 전문직으로서의 특성, 즉 사회복지 학문의 지식과 기술, 문화, 역할을 소유하고 활용하며, 전문직의 가치와 윤리를 따라 실천함으로써 확립되는 전문성의 사회화 과정으로 볼 수 있다.

전문직의 형성 과정을 Wilensky(1964)는 첫째, 많은 사람들이 전임(full- time)으로 어떤 활동을 시작한다. 둘째, 훈련 학교가 설립된다. 셋째, 전문가 협회가 결성된다. 넷째, 집단의 자체 방어를 위한 법적 지지를 얻기 위해 정치활동에 참여한다. 다섯째, 윤리강령의 제정이라고 설명했다.

이와 같은 속성들과 과정들을 실제로 갖추고 거쳐야 전문직이 될 수 있다고 한다면, 현재 우리나라의 사회복지 전문직은 갖출 것과 거칠 것을 대부분 갖추었고 거쳤다고 볼 수 있다. 문제는 그 속성들의 내용이 얼마나 견실한 것인가 하는 것과 그 과정 단계들을 얼마나 확고하게 딛고 넘어왔는가 하는 것이다.

먼저 전문직의 필수 속성으로서의 체계적 지식부터 살펴보면, 사회복지사가 사용하는 지식은 종합과학이며 응용과학인데, 이 지식체계에는 현실 이해를 위한 지식과 현실 극복을 위한 지식이 있다. 전자의 대표적인 과목이 인간행동과 사회환경이고, 후자의 대표적인 과목이 방법론 또는 접근법이다. 중요한 것은 전자의 지식 패러다임이 무엇이냐에 따라 후자의 지식이 영향을 받는다는 것이다. 최근의 체계론적 패러다임, 즉 환경 속의 인간(person in environment) 패러다임이 현실 이해와 극복의 지식체계에 일관성 있고 고유한 정체성을 주고 있는 경향이다.

이와 같은 지식이 체계적이기 위해서는 응용학문으로서의 사회복지학의 정체성 확립이 요구된다. 한국 사회복지학은 초기 미국의 사회사업학을 받아들여 학문의 기초를 형성하였으나, 1980년대 들어 사회 과학계의 지적 분위기 변화와 유럽 대륙의 학문적 접근 방법이 접목되어 혼재함으로써 정체성의 혼돈을 일으키고 있다고 할 수 있다. 영미의 학문 전통에서는 사회복지학이 독자적인 학문 영역으로 존재하면서 실용성을 강조하고 있으나, 유럽 대륙의 학문 전통에서는 인접 사회과학의 다수 분과 학문 내에 산재하여 존재하고 있다.

이러한 상황 속에서도 한국의 사회복지학이 다른 학문과 구분되는 고유한 정체성을 가지고 있는가에 대해서는 좀 더 치열한 논쟁이 있어야 하겠지만 대체로 응용학문, 종합학문으로서의 사회복지학의 독립 학문성을 인정하는 분위기라고 할 수 있다. 따라서 사회복지학을 다른 학문을 포섭하면서도 고유 영역을 갖춘 학문, 그리고 우리나라의 현실에 적합하고 시의성이 있는 학문으로 발전시켜 나가야 한다.

사회복지사가 이와 같은 과학적 지식체계를 갖추었다고 하더라도 전문직의 기본 속성인 행동화된 가치 또는 구체화된 가치로서의 전문직 윤리를 갖추지 않으면, 전문가로 인정받을 수 없다. 전문직의 윤리를 근본적으로 이해하기 위해서는 그 전문직이 몸담고 있는 사회제도의 가치, 즉 우리의 경우 사회복지 제도의 가치를 알아야 한다.

Romanyshyn은 사회복지의 가치를 보장(security), 평등, 인도주의로 설명한 바 있다. 그렇다면 사회복지 전문직의 가치는 무엇인가? 사회복지사가 갖추어야 할 가치는 말할 것도 없이 사회복지 제도의 가치에서 도출되어야 하는데 그 까닭은 사회복지 전문직이 이 제도의 중추적 전문직이요, 사회복지사가 핵심적인 전문 인력이기 때문이다.

최근 Zastrow는 사회사업의 가치를 몇 가지로 제시했는데 시사하는 바가 크다. 개인의 존엄성과 고유성 존경, 클라이언트의 자기 결정권, 비밀보장, 피억압자를 위한 옹호와 사회행동, 책무성(accountability), 제도적 오리엔테이션(institutional orientation), 타인의 영적, 종교적 신앙의 존경 등의 가치를 근거로 윤리강령이 제정되었다. 윤리강령은 ① 윤리적 딜레마에 대한 일반 지침 제공, ② 외부 규제로부터 전문직 보호, ③ 전문직의 사명에 관한 규범 수립, ④ 부정행위 주장 판결의 기준 제공과 같은 기능을 갖고 있다. 우리나라는 1988년에 처음으로 윤리강령을 제정 공포(전문과 8개 조항)했으며 1992년에 개정(전문과 10개 조항)한바 있다. 미국의 것은 전문과 72개 조항으로 구성되어 있음으로 상당히 구체적이고 포섭적이다. 따라서 현장 실무자들이 일반 지침으로 활용하기가 좋게 되어 있는 데 비해 우리의 것은 선언적 의미를 크게 벗어나지 못하고 있다.

또 하나의 전문직의 필수 속성인 사회적 재가는 우리나라의 사회복지사에게는 비교적 쉽게 부여되었다. 1983년 사회복지사업법이 개정되면서 사회복지사를 1, 2, 3급의 자격으로 규정하고 국가(보건복지부 장관)가 해당 자격증을 발급하게 되었다. 이때 한국사회복지협의회가 사회복지법인으로 동 법에 법정단체로 규정됨으로써 자격증 발급 사무가 협의회에 위탁되었다. 그러나 1997년 동 법의 개정 시 한국사회복지사협회가 법정 단체로 규정됨으로써 1999년부터 본 협회가 자격증 발급 사무를 위탁받게 되었고 2003년부터 사회복지사 1급을 취득하기 위해서는 동법 시행령에 규정한 필수 10과목과 선택 4과목(대학원은 필수 6과목과 선택 2과목)을 이수한 후 국가시험에 합격해야 하게 되었다. 이와 같은 뚜렷한 제도적 재가에도 불구하고 클라이언트의 재가가 불충분하다면 전문직으로서의 충분조건을 갖추지 못하게 된다. 따라서 국민들의 인식 개선과 제고를 위한 노력은 물론 사회복지사 자신들의 전문성 향상을 위한 끊임없는 교육과 훈련 참여 및 자기 수양이 필요하다.

파생 속성으로서의 전문적 권위와 전문적 문화는 기본 속성을 충분히 갖추었을 때 생성될 수 있는 속성들로서 권위는 클라이언트로부터(사회적 재가), 문화는 사회복지사들로부터(윤리강령) 나온다는 것을 명심할 필요가 있다.

2. 사회복지실천의 전문적 기반

1) 사회복지실천의 지식 기반

Bartlett(1970)은 '사회복지실천의 공통 기반(The base of social Work)'에서 사회복지 활동은 확고한 지식을 기반으로 이루어져야 하며, 지식이 실천을 이끌어 나가야 한다고 주장하였다. 바틀렛은 모든 사회복지실천의 공통 기반은 개인과 환경에 대한 이중 초점이라고 하여 사회복지사는 개인에 대한 환경적 요구와 개인이 가지고 있는 대처능력 사이의 균형을 이루어 주기 위해 노력해야 한다고 하였다.

미국사회복지사협회(NASW, 1981)의 실천 헌장에도 '사회복지실천의 목적은 모든 사람들의 삶의 질을 향상시키기 위해 개인과 사회 사이의 상호 유익한 상호작용을 증진시키거나 회복시키는 것'이라고 강조하고 있다. 이와 같이 사회복지실천에서 중요하게 초점을 두는 기본 시작이자 공통 기반은 '환경 속의 인간(person in environment)' 개념과 관련되며, 사회복지실천 활동은 이러한 인간과 사회환경의 상호작용과 교류에 초점을 두고 이 관계를 개선하기 위한 활동에 주력하는 것이라 할 수 있다. 이를 위해서는 실천 활동을 뒷받침할 수 있는 사회복지실천 지식을 갖추고 구체적인 실천 방법과 기술들을 익히고 훈련하는 것이 필요하다. 따라서 사회복지실천을 위한 기반으로서의 지식은 '환경 속의 인간'을 이해하기 위해 인간과 환경에 대한 이해, 이들 사이의 관계와 교류를 개선할 수 있는 실천 방법에 관한 내용을 아울러야 할 것이다(김혜영 외, 2010: 62-63).

사회복지실천의 지식 기반은 매우 다양할 뿐만 아니라 깊이 있는 내용들로 구성되어 있다. 이는 사회복지사가 개입해야 할 클라이언트의 삶의 내용이 다양하고 그들의 문제가 복잡하기 때문이다. 그러므로 사회복지사는 다양한 지식을 갖추어야 하지만 그것이 클라이언트가 경험하는 모든 문제들에 있어서 숙련된 전문가를 의미하는 것은 아니다(Morales & Sheafor, 2001: 29).

사회복지사가 전문적인 실천 능력을 갖추기 위해서는 사회복지실천에 관한 관점이나 이론적 이해를 돕는 기초적인 지식과 사회복지실천 과정에 직접적으로 도움이 되는 전문적인 실천 지식을 갖추어야 한다. 그 내용을 살펴보면 다음과 같다(김혜란 외, 2008: 24-25).

2) 기초 지식

개인으로부터 환경에 이르는 폭넓은 삶의 문제를 다루는 학문의 특성상 사회복지실천 분야에서 활용되는 지식은 대부분의 사회과학 및 인접 학문의 지식을 포함한다. 미국사회복지사협회는 사회복지실천의 맥락과 대상자를 이해하는 데 도움이 되는 교과 내용에 사회, 문화, 과학, 역사, 예술, 철학 등의 기초 교양과목을 폭넓게 포함시키고 있다. 특별히 사회의 소외 계층이 겪는 문제가 발생하는 사회적 맥락과 바람직한 사회 변화에 관한 다양한 관점과 시각을 기르기 위해서는 심리학을 비롯한 사회학, 정치학, 경제학, 인류학 등 기초 사회과학으로부터 얻어지는 지식이 포괄적으로 요구된다.

3) 전문 지식

사회복지사에게 필요한 전문 지식은 사회복지 대상자에 관한 이해로부터 실천 과정, 사회 정책에 이르기까지 다양하다. 이를 구체적으로 살펴보면 다음과 같다(Johnson, 1997).

(1) 인간행동과 발달에 관한 지식

전인적인 인간관에 근거하여 인간행동의 특징을 이해하고 인간은 각자가 속한 사회적, 경제적, 문화적 환경과의 부단한 상호작용에 의해 행동을 결정하므로 환경의 상호적 영향력을 파악하기 위해서는 인간이 어떻게 신체와 정신이 발달하며 주위 사회체계와 거래하는 사회적 기능이 어떻게 발달하는가에 대한 지식을 습득해야 한다.

(2) 인간관계와 상호작용에 관한 지식

개인, 가족, 집단, 지역사회, 조직이나 기관들 간의 관계와 상호작용을 촉진시키며, 효과적인 의사소통에 필요한 지식을 말한다. 인간은 의사소통을 할 때, 언어적 및 비언어적 방법들을 동원하는데, 특히 이러한 외적인 표현의 기저에 깔린 내적 감정상태를 이해하는 것이 중요하다. 클라이언트와 의사소통이 원활하게 되기 위해서는 의사소통 같은 예술적 지식이 필요하다.

(3) 실천이론과 모델에 관한 지식

다양한 실천 상황에 적합한 전문적인 원조 관계와 실천 과정의 개입 방법과 전략 등을 선택하는 데 필요한 지식이다.

(4) 특정 분야나 대상집단에 대한 지식

클라이언트집단이나 실천 상황, 기관 등에 관한 지식은 사회복지사가 특정한 대상자나 실천 상황의 실무에 도움이 된다.

(5) 사회정책과 서비스에 대한 지식

도움이 필요한 대상자에게 서비스를 제공하는 전문가와 기관을 포함하여 전달체계에 관한 지식이 필요하다. 또한 사회정책이 변화해 온 역사적 맥락과 개인의 기능에 대한 사회정책의 영향, 사회정책을 발전시키기 위한 사회복지사의 역할 등에 관한 지식도 필요하다.

(6) 사회복지사 자신에 관한 지식

사회복지실천은 사회복지사 자신을 도구로 활용해서 남을 돕는 활동이므로 자신이 지닌 성격상의 강점과 약점을 객관적으로 파악하기 위해서 노력해야 한다. 이로서 실천에 영향을 미치는 전문가의 감정이나 가치, 태도, 행동 등을 올바로 인식하고 책임감을 갖도록 돕는다.

미국사회복지사협회(NASW, 1981)는 효과적 사회복지실천을 위한 전문적인 지식을 다음과 같이 요구하고 있다.

- 개별 사회사업 실천과 집단 사회사업 실천의 이론과 기법에 관한 지식

- 지역사회 자원과 서비스에 관한 지식
- 연방 정부와 주정부의 기본적 사회복지서비스 프로그램과 목적에 관한 지식
- 지역사회조직 이론과 보건 및 복지서비스의 개발에 관한 지식
- 기본적 사회·경제·정치 이론에 관한 지식
- 사회의 다양한 인종, 민족, 문화집단의 가치와 삶의 방식, 그리고 현재의 삶과 관련한 쟁점에 관한 지식
- 실천에 적절한 전문적·과학적 조사 연구에 관한 지식
- 사회계획의 개념과 기법에 관한 지식
- 슈퍼비전의 개념과 이론을 포함하는 지식
- 인사관리의 개념과 이론에 관한 지식
- 사회학 및 심리학의 통계 연구 방법과 다양한 연구 방법과 기법에 관한 지식
- 조직 및 사회체계의 이론과 행동 및 변화를 촉진하는 방법에 관한 지식
- 지역사회 조직의 이론과 기법에 관한 지식
- 인간의 성장과 발달, 가족과 사회의 상호작용 이론에 관한 지식
- 소집단이론과 행동역학에 관한 지식
- 집단 상호작용과 치료적 개입 이론에 관한 지식
- 위기개입 이론과 기법에 관한 지식
- 옹호이론과 기법에 관한 지식
- 전문 사회사업의 윤리적 기준과 실천에 관한 지식
- 교육 및 훈련에 관한 이론과 기법에 관한 지식
- 사회복지의 경향과 정책에 관한 지식
- 사회 서비스 및 보건 서비스에 영향을 미치는 연방 정부, 주 정부, 지방 정부의 법률과 규제에 관한 지식

또한 미국대학사회사업교육협의회는 사회복지실천의 학부과정에 필요한 지식 기반을 다음과 같이 제시하고 있다(미국대학사회사업교육협의회, 1999; 김기태 외, 2002 재인용).

- 전문적 사회복지실천의 맥락에서 비평적 사고 기술을 지녀야 한다. 이는 개인과 환경의 맥락과 사회복지실천의 전체적 구도를 이해하는 데 매우 중요하다.
- 사회복지 전문직의 가치와 윤리의 범위 내에서 실천하며 다양성에 대한 긍정적인 가치를 이해하고 존중한다.
- 사회복지사 자신이 전문적 도구로 활용된다는 것을 나타내 보인다.
- 억압과 차별의 형태 및 기제, 그리고 사회경제적 정의를 증진시키는 변화 전략 등을 이해한다.
- 사회복지 전문직의 역사, 현행 구조 및 사안들을 이해한다.
- 모든 규모의 체계들을 중심으로 업무를 수행할 경우 일반주의 사회복지 실천지식과 기술을 적용한다.
- 개인의 발달과 행동에 영향을 미치는 생물심리사회적 변수에 관한 지식을 적용하고 개인들 간 및 개인과 사회체계 간의 상호작용을 이해하기 위한 이론적인 틀을 활용한다.
- 클라이언트체계, 사회복지사 및 기관 등에 미치는 사회정책들의 영향력을 분석한다.
- 조사 연구들을 평가하고 연구들의 결과를 실천에 응용하며, 슈퍼비전 하에서 자신의 실천적 개입과 관련 체계들을 평가한다.
- 클라이언트집단, 동료들, 그리고 지역사회 구성원들의 다양성에 따라 의사소통 기술들을 상이하게 사용한다.
- 일반주의 실천에 적합한 슈퍼비전을 활용한다.
- 조직 및 서비스 전달체계의 구조 안에서 기능하며, 슈퍼비전에 필요한 조직적 변화를 추구한다.

4) 사회복지실천의 과학 및 예술적 기반의 조화

(1) 사회복지실천의 과학적 기반

사회복지실천의 과학적 기반은 효과적인 개입 활동을 통한 사회적 기능 향상과 사회정의 실현을 위해서 사회 현상이나 사회적 조건 및 문제, 사회 정책과 프로그램, 다양한 실천이론과 관련된 지식을 실천에 적절히 적용, 활용하는 것을 의미한다. 즉, 과학적인 방법은 사회 현상을 연구하고 지식을 형성하기 위한 구체적인 접근 방법으로서 과학성에 기반을 둔 사회복지실천은 편견이나 주관성으로 인한 판단상의 오류를 줄여 주고 사회복지실천이 보다 더 효과적이고 효율적인 결과를 낳을 수 있게 한다.

사회복지실천의 과학적 기반이 적용되는 상황은 다음과 같다. 첫째, 사람들의 사회적 기능을 나타내는 자료를 수집, 조직화하고 분석한다. 둘째, 새로운 기법과 실천 지침을 만들고 새로운 프로그램과 정책을 개발하기 위해 관찰, 경험, 공식적 연구를 활용한다. 셋째, 사회복지 개입을 안내하는 계획과 준거 틀을 만들기 위한 기초가 되는 자료를 활용한다. 넷째, 전문직에서 다른 사람들이 설명하는 이론, 연구 결과, 그리고 실천 방법을 교환하고 비판적으로 평가한다.

사회복지실천에서 과학적 기반을 사용하는 예로는, 조사 방법론을 활용한 서비스 제공 후 클라이언트집단에 대한 효과성 평가, 경험적 사실의 수집, 실험적 조사, 이론적 설명, 객관적 관찰, 사회문제에 대한 사회적 관심 등이 있다.

(2) 사회복지실천의 예술적 기반

예술이란 능숙한 수행을 하는 데 필요한 특수한 기술로서 학습만으로는 배울 수 없는 직관적인 능력을 발휘해야 하는 것으로 정의할 수 있다. 사회복지실천에서의 예술적 기반, 혹은 예술성은 사회복지사의 개인적인 특성이나 예술적, 혹은 직관적 능력 등을 적절히 활용하는 능력을 말한다. 즉, 클라이언트의 정서적 측면에 개입하는 사회복지사의 심리적 특성 또는 능력, 다양한 활동이나 개입이 효과적이기 위해서 기본적인 지식과 이론, 기술 등을 상황이나 클라이언트의 개별적 특성에 맞게 적절히 선택하여 적용해야 한다. 이때 클라이언트를 충분히 이해하고 공감하며, 전문적인 원조 관계를 형성하고 유지하며, 변화 과정에 수반되는 저항이나 양가감정을 적절히 다룰 수 있어야 한다.

이를 위해서는 클라이언트에 대한 감정 이입적인 의사소통, 진실성, 창의적 사고, 직관적 능력, 건전한 판단력, 인간의 고통에 직면할 수 있는 용기, 의미 있는 상생적인 원조 관계 수립 능력, 변화에 대한 장애물을 극복하는 창의성, 변화 과정에 희망적 기대와 에너지를 불어넣는 능력, 효과적인 전문가 스타일 형성 등이 이에 해당한다.

(3) 과학성과 예술성의 조화

사회복지실천이 효과적으로 이루어지기 위해서는 과학적 기반과 예술적 기반이 조화를 이루어야 한다. 클라이언트와 관계를 형성하고, 창의적 사고를 하고, 동정과 용기, 건전한 판단력의 사용, 적합한 가치에 헌신하는 것들을 포함하는 예술적 요인과 전문적 지식, 과학적 기반이 융합되어야 한다.

이렇게 사회복지사로서 업무를 수행하기 위해서 필요한 지식과 이론은 매우 광범위하고 다양하게 구성되어 있으므로 사회복지사가 되기 위해서는 이러한 지식체계들의 학습이 요구된다. 그러나 광범위한 지식체계를 심층적으로 습득한다는 것은 현실적으로 한계가 있다. 따라서 미국에서는 사회복지실천가들을 일반주의 사회복지사와 전문 사회복지사, 혹은 임상 사회복지사 등으로 구분하는 경향을 보인다. 이러한 측면에서 우리나라에서도 기본적인 지식 기반을 공동으로 학습하되, 각 실천 분야별로 좀 더 심화된 전문적인 지식 교육이 필요할 것이다.

사회복지사는 클라이언트들의 문제해결과 삶의 질 향상을 돕기 위해서 이상에서 언급한 사회복지실천의 다양한 전문적 지식 기반을 통합하여 자신의 능력을 향상시키기 위해 노력해야 한다. 사회복지사가 향상시켜야 할 능력에는 다음과 같은 것들이 있다.

- 명확하게 말하고 쓰는 능력
- 다른 사람을 교육할 수 있는 능력
- 정서적 괴로움이나 위기상황에서도 지지적으로 반응하는 능력
- 전문적 관계에서 역할 모델이 되는 능력
- 복합적인 심리 사회적 현상을 해석하는 능력
- 주어진 책임을 완수할 수 있게 자신의 업무량을 조직적으로 관리하는 능력
- 타인을 돕는 데 필요한 자원을 확인하고 동원하는 능력
- 인간의 행동이나 감정을 사정하고 도움이나 자문을 줄 수 있는 능력

- 스트레스 상황에서도 제대로 기능하는 능력
- 집단 활동에 참여하고 이끌어 나갈 수 있는 능력
- 갈등 상황이나 논쟁적 사람을 잘 다루는 능력
- 사회적·심리적 이론을 실천의 현장에 적용하는 능력
- 문제해결에 필요한 정보를 파악하는 능력
- 기관과 자신의 서비스나 실천을 조사 연구하는 능력

제 3 절 성찰적 실천

사회복지사들은 휴먼서비스업에 종사하는 사람으로서 날마다 많은 사람들과 소통하면서 실망하고 피곤함을 느끼기도 하지만, 인간에 대한 새로운 경험을 하게 되고 세상의 변화를 꿈꾸며 실천하면서 많은 것을 얻기도 한다. 그리고 그때 얻는 것은 일하는 것의 첫 번째 의미인 '타자로부터의 배려'의 일종일 것이다. 지위나 명예, 물질도 필요하지만, 가장 소중한 가치는 타자를 배려하고 타자로부터 배려 받는 행위일 것이다. 따라서 우리는 사회복지사로서 자기 정체성과 자부심을 지니고, 타자들의 삶의 질 향상과 웰빙 증진을 위해 바른 가치관 형성과 윤리적 실천을 위해 고민하면서 자기 성찰적인 삶을 살아야 한다. 따라서 이 절에서는 성찰적 실천에 대해서 살펴본다.

1. 성찰적 실천의 필요성

사회복지실천 영역이 세분화되면서 전문성을 강조하는 경향이 강해지고 있으며, 사회복지실천 현장에서는 표준화된 매뉴얼 개발, 기관평가 실시, 정책이나 실천의 지침에 대한 사회적 감시체계 강화로 대변되는 관리주의가 강화되어 사회복지실천성은 오히려 약화되는 경향을 보이고 있다(유영준·최옥채·용호중, 2017). 이런 양상들은 전통적인 사회복지실천의 범주나 유형에 포함되지 않는 새로운 실천영역을 등장시키고 있으며, 복잡하고 혼란스러운 사회환경들은 기존의 사회복지실천 이론이나 관점으로 급변하는 사회복지실천 현장을 명확하게 설명하기 어렵게 하고 있다.

이같이 급변화하며 다원화되는 사회복지실천 현장에서 위기상황에 노출된 서비스이용자와 직접적인 상호작용을 통해 원조활동에 참여하고 있는 사회복지사는 전문가로서의 만족감뿐만 아니라 무력감이나 실패감을 경험할 수 있다. 특히 사회복지사는 서비스이용자의 긍정적인 변화라는 목표달성을 위해 서비스이용자와 함께 개입전략과 계획을 수립하지만, 어떤 경우 실천활동의 성과는 의도한 바와 다른 결과를 가져오기도 하며, 상황이 악화되기도 한다. 사회복지사는 실수나 오류를 범할 수 있다. 사회복지사의 실수, 잘못된 판단은 본인이나 서비스이용자와 가족에게 어려움을 줄 수 있다.

사회복지실천 현장에서 사회복지사가 오류나 실수를 피할 수 없는 상황이라면, 사회복지사는 동료의 피드백이나 상사의 슈퍼비전 그리고 성찰적 실천을 통해 전문가적 실수와 관련된 잠재적인 위기상황을 인지하고 주의함으로써 실수를 어느 정도 예방할 수 있다.

사회복지사의 성찰적 실천은 실천과정에서 사회복지사의 책임성을 확보하고 위험을 최소화할 수 있다. 사회복지현장에서 사회복지사가 안전하고 효과적인 실천과 복잡한 결정 과정에서 더 나은 역량을 발휘하기 위해서, Munro(2010)는 적응적 체계로서 사회복지서비스가 재개념화되어야 하며, 사회복지조직 차원의 학습과 개인의 전문성 발달에 용이한 성찰의 새로운 문화가 개발되어야 한다고 주장하였다. 전문가의 성찰적 실천은 오류나 실수를 최소화하고 개인적 차원 및 전문적 차원의 역량강화와 직무 만족도에 도움이 된다(이현지·유영준·김민수, 2019).

2. 성찰적 실천의 개념

성찰적 실천(reflective practice)은 인간을 대상으로 하는 다양한 실천분야에서 전문가의 성장과 관련하여 자주 등장하는 개념으로 실천가들이 자신의 실천과정을 스스로 재점검하고, 이를 통해 실천현장에 대한 이해의 폭을 넓히는 기회를 제공한다. 또한 성찰적 실천은 실천현장에서 활용할 수 있는 다양한 지식을 스스로 체득해 나갈 수 있도록 독려한다. 따라서 사회복지사의 성찰적 실천은 자기-슈퍼비전을 통해 자신과 실천현장을 이해하게 되는 방안을 제공할 수 있다.

성찰적 실천은 교육철학자 Dewey(1933)가 제시한 성찰적 사고(reflective thinking)에서 시작되었다. Dewey는 성찰적 사고를 "어떤 상호작용이나 실재로부터 의미를 창출하고, 이해에 도달하려는 문제중심의 유목적적인 사고"로 정의하였다. 그는 성찰적 사고가 인식주체가 직접 체험한 경험에서 느끼는 의심과 혼란을 해결하는 원동력이라고 보았고, 개인의 과거 경험에서 나온 추론들이 미래의 행위를 선택하는 기반이 될 수 있다고 믿었다. 이에 따르면 성찰적 사고는 인식주체의 일상적 사고와 달리 문제해결을 위한 의도적인 인지활동이라고 할 수 있다.

Dewey의 성찰적 사고는 인식주체의 경험을 스스로 탐구하고 신념체계를 형성하도록 이끌어 가기 때문에 성찰하는 이에게 새로운 앎과 지식을 창출하도록 돕는 기능을 수행한다고 보았다.

성찰적 사고에 대한 논의는 1980년대에 Dewey의 이론을 현대적 의미로 재구성한 Schŏn(1983)에 의해 성찰적 실천이라는 개념으로 재해석되었다. 그가 제시한 성찰적 실천은 전문직 종사자가 자신의 실천경험을 깊이 사고하면서 자신의 지식과 실천을 연결하는 것이라고 보았다. 성찰적 실천은 현장의 실천가가 자신이 마주하고 있는 문제상황과 지속적인 대화를 수행하면서 문제상황을 해결해 가는 실천을 의미한다. 이는 성찰적 실천이 새로운 상황을 경험하는 실천가에게 자신의 실천에 영향을 미칠 수 있는 다양한 요인들을 바라보게 하고, 실천현장에 대한 통찰력을 얻을 수 있게 도울 수 있음을 시사하고 있다.

Schŏn은 전문직에 종사는 이들이 성찰적 실천가(reflective practitioner)가 되기를 제안하였다. 성찰적 실천가는 자신에게 주어진 실천현장에서 '상황과의 대화'를 통해 주어진 문제를 해결해 가는 실천가를 의미한다. 사회복지실천현장에서 성찰적 실천이 중요한 이유는 실천가로서 마주하는 문제 상황들이 독특한 경우가 많고, 불확실성이 상존하는 상황이 일상적이기 때문에 사회복지사는 자신이 수행한 실천이 제대로 수행되고 있는지, 올바르게 실천되었는지에 대해 끊임없이 되묻지 않을 수 없기 때문이다.

성찰적 실천은 실천현장의 '불확실성'과 '미결정성'이 내재되어 있는 상황으로 인식하는 사회복지사가 자신이 처한 실천상황에서 최선의 선택을 찾아

실천의 정당성과 의미를 발견하는 과정에서 드러난다.

3. 성찰을 위한 사회복지사의 자기이해

1) 사회복지사의 자기이해

사회복지실천은 사회복지사 자신을 실천의 도구(전문지식, 기술, 가치를 융화시켜)로 활용하여 서비스이용자의 문제해결을 돕는 활동이다. 따라서 사회복지사는 자신의 삶의 다양한 상황에 대해 어떤 태도와 마음가짐을 가지고 있는지를 점검해 볼 필요가 있다.

커노여(Cournoyer, 2000)는 사회복지사가 자신을 이해할 수 있는 방법으로 주위상황의 평가, 자존감 점검, 타인 수용정도, 책임 있는 자기주장, 자기통제의 정도, 원가족 분석을 통한 점검을 제안하였다. Brill(1997)은 휴먼서비스에 종사하는 전문가의 신체적, 정신적, 사회적, 영적, 지적 욕구를 중요시하며 <표 2-1>의 질문에 응답하면서 자기분석을 통한 자신의 장단점, 한계점, 극복해야 될 과제 등을 점검해 볼 수 있도록 하였다.

표 2-1 사회복지사의 자기이해를 위한 질문

① 자신에 대해 어떻게 생각하고 느끼고 있는가?
② 자신의 기본적 욕구(신체적, 정신적, 사회적, 영적, 지적 욕구)를 어떻게 다루고 있는가?
③ 나의 가치관은 무엇이며, 이것이 나의 행동 및 타인과의 관계에 어떤 영향을 미치는가?
④ 나의 생활양식은 어떠한가?
⑤ 나의 기본적인 가치관은 무엇인가?
⑥ 내가 상대하는 사람에게 나 자신을 어떻게 보여주고 있는가?

2) 사회복지사의 자기인식

사회복지사의 자기인식은 선입견, 편견, 자신의 경험을 이해하고 서비스이용자에게 서비스를 제공하는 데 자신이 어떤 방해가 되는지 알아야 한다. 자기인식은 사회복지사의 업무능력 향상과 필요 이상으로 개입을 예방하며, 전문적인 관계형성에 도움이 된다. 사회복지사의 주변상황 파악, 비차별적·

비심판적 행동과 태도, 자기통제, 직관력, 자기노출하기, 전문적인 경계선 유지는 자기인식을 위한 점검요소이다. <표 2-2>에서 Corey & Corey(1998)가 제시한 자기인식을 위한 질문을 살펴보자.

표 2-2 자기인식을 위한 질문

① 가치상의 심판 없이 서비스이용자와 솔직하게 상호작용이 가능한가?
② 서비스이용자가 사회복지사 자신의 신념과 가치를 받아들이기를 바라는가?
③ 자신에게 진솔하며, 서비스이용자가 당신의 가치관과 다른 가치를 가질 수 있도록 자유를 허용하는가?
④ 자신과 서비스이용자 사이에 일어난 가치갈등으로 인해 다른 전문가에게 의뢰를 해야 할지를 어떻게 결정지을 것인가?
⑤ 자신의 솔직한 관점을 서비스이용자에게 내보이는 것은 서비스이용자가 사회복지사의 가치관을 수용하도록 교묘하게 안내하는 것과는 어떻게 다른가?
⑥ 특정 사안(낙태, 아동학대, 동성애, 존엄사 등 가치수반적 문제)과 관련된 사회복지사의 입장은 무엇인가?
⑦ 사회복지사로서의 가치는 수정의 여지가 있는가?
⑧ 사회복지사 자신의 가치를 강요하지 않고 서비스이용자에게 어떤 식으로 의사전달을 할 것인가?
⑨ 사회복지사의 가치와 신념체계가 서비스이용자와 활동하는 데 어떤 방식으로 영향을 미치고 있는가?

(1) 사회복지사의 주변상황 파악

가족은 개인의 믿음, 가치, 행동에 가장 직접적인 영향을 미친다.

- 자신의 생각, 가치관, 행동에 영향을 준 주변 환경체계는 무엇이며, 어떤 방식으로 현재 모습에 영향을 주었는가?
- 어떤 경험이 사회복지사가 되는 데 영향을 미쳤는가?
- 자신의 삶을 힘겹게 혹은 수월하게 만든 주변 환경체계는 무엇인가?

(2) 타인수용

사회복지사는 특정 특성을 지닌 서비스이용자를 대할 때, 성격성향 중에서 장·단점이 될 만한 자신의 특성을 살펴보고 이런 경험이 전이와 역전이에 영향을 미칠 수 있음을 알아야 한다.

- 상대하기 편하거나 불편한 서비스이용자의 성격, 행동양식은 무엇인가?
- 서비스이용자와 상호교류 시 선호하는 것, 불편함에서 자유로워지기 위

해 노력할 수 있는 부분은?

(3) 비차별적·비심판적 행동과 태도

인간 존엄성의 가치를 인정하고 인격체로서 서비스이용자를 존중할 때, 문제해결을 위한 진정한 원조관계를 형성할 수 있다. 사회복지사는 어느 정도 편견, 차별적인 태도를 가지고 있는가? 편견의 대상은 무엇인가? 생각해 보므로 어떤 특성을 지닌 사람을 어떻게 차별하는지 살펴보고 수정해야 한다.

- 현재 자신이 갖고 있는 편견, 차별적 행동을 찾아본다.
- 편견, 차별행동이 심하게 발동하는 상황이나 대상을 확인해 보고 그 이유를 생각해 본다.

3) 성찰일지 작성

성찰일지(省察日誌)는 실천가들이 일상적 업무과정에서 경험하게 되는 반성적 실천의 과정과 내용들을 일기나 저널쓰기(Journal writing)의 형태로 기록하는 것이다. 성찰일지는 실천가들에게 가장 접하기 쉽고, 다양하게 활용할 수 있는 방법으로 사회복지사가 자신의 실천과정을 스스로 반성하면서 갖게 되는 소감이나 의견을 자신에게 표현하는 기록이다. 성찰일지는 일지 작성자가 자신이나 삶 속의 여러 문제들에 대해 깊이 있는 이해를 위해 내면의 생각과 느낌을 글로 자유롭게 표현한 기록이다. 성찰일지는 형식에 매이지 않고 개인의 생각이나 느낌과 의미 등을 기록할 수 있다. 실천현장에 종사하는 이들이 작성하는 성찰일지는 실천현장의 특성을 보여줄 수 있는 글쓰기라는 점에서 단순한 글쓰기와는 차이가 있다. 성찰일지는 작성자가 자신이 하고 있는 일이나 느낌을 선택해서 기록하고, 겉으로 포착하기 어려운 내면의 변화도 평가하는 자기평가의 일종으로 강력한 '교수 효과'를 기대할 수 있다.

Moon(1999)은 성찰일지를 통해 자신의 실천행위에 대한 비판적 사고능력을 증진시킬 수 있으며, 탐구하고자 하는 태도를 견지할 수 있음을 강조하였다. 성찰일지는 실천가 자신이 학습하는 과정을 이해할 수 있게 하고, 결과적으로 전문적 실천을 향상시키는 데 기여할 수 있는 유용한 도구이다 (Boud, 2001).

반성적 실천의 과정을 간략하게 제시하면 <표 2-3>과 같다(유영준, 2014).

표 2-3 성찰일지의 주요 단계별 핵심질문

반성적 실천단계	성찰일지의 핵심내용
기술	- 실천과정에서 어떤 일이 일어났는가?(장소, 관련된 인물, 실천 내용과 사건의 맥락, 실천 결과에 대한 상세한 기술) - 예상치 못한 사건들, 실천가들을 당혹스럽게 하는 예상치 못한 사건들
느낌들	- 이 사건에 대한 생각과 느낌은 어떠한가? - 무엇이 나로 하여금 이러한 감정들을 느끼게 했는가?(감정들의 목록) - 이 사건의 결과에 대해 나는 어떻게 느끼고 있는가?
평가	- 무엇을 성취하기 위해 시도하였나?(무엇을 의도하였는가?) - 실천과정에서 좋은 점과 나쁜 점은 무엇이었나?(의도한 것과 결과의 차이점) - 결과적으로 무엇이 잘 되었으며, 내가 성공적으로 한 일들은 무엇인가? - 실천가에게 가치 있는 것들 혹은 개선해야 될 점은 무엇인가?
분석	- 주어진 상황에서 어떤 의미를 찾을 수 있는가? - 성공여부에 기여한 점들이 무엇이었는가? - 어떤 경험을 통해 무엇을 배웠나? - 어떤 윤리적인 원칙이 관련되었나? - 의사결정을 내렸을 때 근거는 무엇이었는가?(의사결정의 경우 지식의 근거들)
결론	- 나의 행동은 어떤 결과를 가져왔는가? - 어떤 대안들이 가능했었는가?
계획	- 유사한 상황이 벌어지면 어떻게 하겠는가? - 앞으로 나의 실천에 어떻게 영향을 미칠 것 같은가?

출처: Moon, 2004; 유영준, 2014 재인용.

사회복지사는 성찰일지의 주제에 대해서 특별히 제한하지 않고 작성하는 것이 필요하며, 실천현장에서 경험하는 특정 사건들을 통해 새롭게 배운 것이 무엇인가에 초점을 두고 상세하게 기술하는 것에서부터 출발할 수 있다. 성찰일지는 현장에서 벌어지는 사건이나 사례를 중심으로 작성하고 동료나 슈퍼바이저로부터 성찰일지에 대한 간략한 평가와 몇 가지 추가 질문을 받아 작성할 수 있으며, 작성 이후 어떤 변화가 있었는가에 대해서도 점검할 필요가 있다. 성찰일지는 주 1회 작성할 수 있지만 월 1-2회 정도 작성하는 것도 좋다.

성찰일지 작성을 통해서 얻을 수 있는 긍정적인 성과들은 다음과 같다.

첫째, 자신의 경험을 비판적으로 되돌아보고 그 의미를 스스로 발견해 냄으로써 자신과 실천현장을 심도 있게 이해할 수 있는 기회를 얻을 수 있다. 둘째, 성찰일지를 기록하면서 이론과 실제의 간극을 좁힐 수 있고, 실천경험에 근거한 지식을 구성할 수 있는 전문가로 성장할 수 있다. 셋째, 성찰일지 작업을 통해서 자기 성찰을 하면 가치 갈등을 좀 더 분명하게 인식할 수 있고, 소속 기관에서 추구하는 여러 가지 가치가 서로 얼마나 조화되는지 알 수 있다. 넷째, 실수를 했을 때, 자기 성찰 기록을 통해서 실수를 인식하고 바로잡을 수 있으므로 같은 실수를 반복하지 않을 수 있다. 다섯째, 자기 성찰을 하면 자신의 가치를 유지하고, 사회복지사로서 성장하며, 언제나 견지해 온 진정성 있는 태도를 유지할 수 있다.

4) 사회복지사의 영성 민감형 실천

최근 사회복지분야에 영성에 대한 관심이 증대되고 있다. 영성 민감 사회복지(spiritually sensitive social work) 실천 모델을 개발한 Canda는 다양한 종교적, 비종교적 형태의 영성에 대한 존중이 매우 중요하다고 강조했다(Canda & Furman, 1999). 이 모델의 핵심은 최고 수준의 잠재성과 발달을 성취하는 것을 목적으로 한 서비스이용자의 의미체계와 지지에 초점을 맞춘 접근법이다(Rice, 2002).

Canda는 사회복지적 목적으로 영성을 개념 정의하면서 영성이란 어떤 하나의 구성요소(생물적, 심적, 사회적 또는 영성적)에 국한되지 않는 인간성(humanity)의 총체로 본다. 보다 넓게, 영성은 "의미와 목적에 대한 추구 및 자아, 다른 사람, 우주 및 궁극적 실제(ultimate reality)와의 도덕적으로 만족하는 관계성과 관련한 인간 경험의 보편적 측면"이라고 말하고 있다(Canda, Nakashima, Burgess, Russel, Barfield, 2003).

(1) 영성 민감형 실천의 자세

영성 민감형 실천을 하는 사회복지사의 자세로는 첫째, 단순한 증상감소

보다는 최고선을 지향한다. 둘째, 완벽하게 되기보다는 인간적인 자세가 중요하다. 서비스이용자는 인간적인 사회복지사와 가장 잘 일체감을 가질 수 있다. 사회복지사는 자신의 강점과 불완전함을 인식하고 받아들인다. 셋째, 오직 목표에 초점을 두기보다는 과정에 초점을 둔다. 사회복지사는 사람들을 자신의 경험에서 개인적으로 의미를 추구하고 만들어 가는 존재로 본다. 넷째, 단순한 기법보다는 존재를 강조한다. 서비스이용자와 지금-여기의 순간에 완전히 의식하려는 자신의 능력을 존중하고 실천한다. 다섯째, 깨어 있는 일상생활(Mindful daily living)을 중시한다. 습관적으로 반응하기보다는 각성상태에서 말과 행동을 한다.

(2) 영성 민감형 실천방법

영적으로 민감한 사회복지사가 되기 위해서 다음의 내용들을 이해하고 활용할 줄 알아야 한다.

① 명상과 기도, ② 적극적인 상상(imagination), ③ 예술, 음악, 춤, 시치료 활용, ④ 성직자, 종교적 공동체, 영성지지 집단들과 협력하기, ⑤ 의미와 의례의 가족적 유형들을 조사하기, ⑥ 성스런 이야기들, 상징들, 가르침들을 탐구하기, ⑦ 용서, ⑧ 호흡훈련, ⑨ 일지와 일기쓰기, ⑩ 정신집중 훈련, ⑪ 자연에 은거(隱居)하기, ⑫ 경전과 영감적인 자료들 읽기, ⑬ 종교적인 참여와 유익하거나 유해한 영향에 대해 성찰하기

CHAPTER

03

사회복지실천의 발달 과정

이 장에서는 사회복지실천의 기원과 역사적 발달 과정을 살펴봄으로서 사회복지 전공자들이 사회복지직에 헌신하기 위한 정체성을 확립하도록 하고 향후 사회복지 실천이 지향해야 할 방향을 살펴보고자 한다. 이를 위해서 사회복지실천이 처음 시작된 서구의 사회복지실천의 역사적 발달 과정과 우리나라의 사회복지실천의 발달 과정을 시기와 특성별로 살펴볼 것이다. 끝으로 한국 사회복지실천 현장의 과제를 다룰 것이다.

제 1 절 사회복지실천의 역사적 발달 과정

사회복지 전문직의 기원은 영국의 산업혁명으로 인한 사회구조가 급격하게 변동하기 시작한 시기라고 볼 수 있다. 봉건사회의 붕괴와 새로운 산업자본주의의 도래는 다양한 사회문제를 일으켰고 기존 사회제도만으로는 이에 대처하기가 어려웠다. 이 같은 시기에 민간 주도의 자선활동이 전개되기 시작하면서부터 사회복지 전문직의 발전을 가져오게 되었다.

사회복지실천의 초기에는 사회문제의 원인을 개인적인 요인과 사회·환경적 요인이라는 이중적인 관점(dualism)에 근거한 시각으로 바라보았다. 이 같은 점에서 Ehrenreich는 사회복지실천의 역사가 개인적 진단에 대한 초점과 사회개혁에 대한 초점이라는 양극 사이에서 흔들리는 진동 추와 같다고 묘사하였다. 그 후 사회복지실천은 전문직으로 자리 잡기 위한 노력과 더불어 사회경제적 환경의 변화에 영향을 받아 인간과 환경의 상호작용적인 요인에서 문제의 원인을 찾게 되었다. 이로써 사회복지실천은 클라이언트의 문제해결을 위해서 인간과 환경을 포괄하는 통합적인 관점과 방법을 활용하게 되었다(김혜영 외, 2010).

1. 전문적 사회복지실천의 태동기(19세기 말~20세기 初)

19세기 말에 영국에서 사회복지실천의 기원이라고 할 수 있는 두 가지 흐름인 과학적 자선사업과 사회개혁 운동이 시작되었다. 과학적 자선은 자선조직협회의 설립으로 시작되었으며, 빈민의 개인적 욕구 충족에 초점을 두었다. 그러나 인보관운동은 사회개혁 운동으로 빈민의 생활개선과 같은 사회 변화에 관심을 두었다. 이러한 두 운동이 사회복지 전문직의 발전을 가져오는 계기가 되었다.

사회복지적 성격을 띤 사회운동이 영국에서 일어나게 된 원인은 산업혁명으로 인한 도시화와 산업자본주의의 대두로 도시 빈민이 발생하였고 이로 인한 빈곤의 확산으로 사회문제가 발생했기 때문이다. 도시 빈민문제를 해결하기 위해 자연발생적으로 다양한 자선단체의 활동이 시작되었고 기독교적인 배경을 지닌 중산층 여성들과 대학생들 및 지식인들이 주축이 된 민간 차원의 사회복지실천 활동을 촉진시키는 계기가 되었다.

1) 자선조직가협회(COS : Charity Organization Societies)

사회복지실천의 태동은 1869년 영국에서 일어난 자선조직가협회 운동에 기반을 두고 있다. 초기에는 영국에서 민간 자선단체 활동이 산발적으로 시작되었으며, 자선단체들 간에 상호 협력이 부족하여 빈민층에 대한 서비스 제공이 중복되거나 누락되는 등 체계적이지 못했으므로 자선단체들 간에 연계와 조정을 통해 체계적이며, 과학적인 자선활동이 필요하게 되었다. 다양한 자선단체들이 연합하여 1869년 영국 런던에서 자선조직가협회가 설립되었다. 자선조직가협회의 활동은 주로 기독교사상을 지닌 중산층 여성들에 의한 사적 자선, 기부 및 자원봉사 활동 등으로 이루어졌으며, 우애방문원(friendly visiter)이라는 자원봉사자가 빈곤가정을 방문하여 가정생활, 아동교육, 빈곤 탈피를 위한 가계경제 등에 대해 조언, 도덕적 문제를 가진 빈민들에 대한 상담을 통하여 이들을 감화시키는 활동을 하였다.

자선조직가협회는 Darwin의 사회진화론 사상과 기독교적 도덕성에 근거하여 빈곤의 책임을 개인의 도덕적 결핍에 있다고 보았기 때문에 '가치 있는 빈민'과 '가치 없는 빈민'을 구분하여, '가치 있는 빈민'에 한정하여 원조활동을 하였는데, 전자는 저임금 노동자나 노인, 장애인, 연소 아동 등과 같이 어쩔 수 없이 빈곤에 처하게 된 사람들을 가리키며, 후자는 노동능력이 있으면서도 나태나 정신적 퇴폐 등의 도덕적 결함으로 인하여 가난하게 된 사람들을 일컫는다. 자선조직협회는 자격 있는 빈민들만을 구제 대상으로 삼았으며, 자격이 없는 빈민들은 억압적 구빈 행정에 의해 관리되도록 하였다.

또한 자선활동을 조정하고 환경을 조사하여 적절한 원조를 제공하였으며, 효율적인 구제활동을 위해 기관 간에 연락, 조정 기능을 강화하였고 구제 신청자에 대해 체계적인 조사를 하여 서비스의 중첩과 누락을 방지하기 위해 노력하였다. 이러한 활동은 우애방문원들의 활동이 빈곤 계층에 대한 중산층의 가치관을 주입시키려는 사회 통제적 성격이 강했으며, 빈곤문제를 빈민들의 도덕성 결여에서 비롯된다는 개인주의적 빈곤관을 지니므로 빈곤 발생의 사회적 측면을 경시하는 한계를 드러냈다. 그러나 자선조직가협회의 활동은 사회복지실천 방법론의 발전에 많은 기여를 하였다고 볼 수 있다. 즉, 가정을 방문하여 면담, 기록, 사례연구를 수행하므로 오늘날 개별 사회사업(social casework) 실천과 사회복지 조사, 지역사회실천으로 발전하는 계기가 되었다.

자선조직가협회에 대한 비판점으로는 자조(自助)의 개인주의적 윤리를 지나치게 강조하여 빈곤을 개인의 도덕적 결함으로만 간주함으로써 사회경제적 영향을 무시하였다는 점에서 보수적이며, 환경 조사는 빈민의 낙인을 수반한다는 점에서 비판받고 있다. 또한 이들의 활동은 구제 대상과 수준을 제한하려 했던 구빈 행정의 원칙과 조화를 이루는 가운데, 실질적으로는 빈민들을 사회적으로 통제하는 양상을 띠었다는 점이다. 그러나 자선조직가협회 운동의 중요한 결과는 무급(無給)으로 활동하던 우애방문원들이 자선조직가협회 설립 후에 유급 직원의 활동으로 대체되었는데, 이러한 점이 사회복지직 발전의 출발이 되었다는 점이다.

2) 인보관운동(settlement house movement)

산업혁명 이후 빈곤 심화 현상을 해결하기 위해 빈곤의 원인을 개인적인 도덕성 결여로만 돌리는 자선조직가협회의 활동이 한계에 직면하게 되어 인보관운동이 대두되었다. 인보관운동은 사회개혁으로 빈곤층 거주 지역에 들어가서 빈민들과 함께 생활하면서 지역사회 환경과 빈민들의 생활개선을 목표로 활동했으며, 이 운동에 참여한 사람들은 자신들을 사회개혁가로 여겼으며, 사후 치료보다도 사전 예방적인 접근을 중요시하였다.

1884년에 교구 목사였던 Barnett에 의해 토인비 홀(Toynbee Hall, 1884)이 설립되었는데, 이곳은 학생들의 주거지이자 사회봉사를 위한 장소로 이용되었으며, 이곳을 통해 런던의 빈곤한 노동자들의 삶이 일반 대중에게 알려지기 시작했다. 토인비 홀에서 거주하며 공부를 했던 Coit와 Adams가 고향에 돌아가 1886년에 뉴욕에 근린조합을, 1889년에 시카고에 헐하우스(Hull House)를 설립함으로써 미국의 인보관운동이 시작되었다. 인보관운동은 기관의 이름(settlement house)에서 알 수 있듯이 빈민들이 생활하는 지역사회 내에서 함께 살면서 주민들과 하나 되어 변화를 모색해 나가므로 빈민들의 요구와 희망하는 바를 충족시키기 위해 노력하였다.

인보관운동은 상류층에 의해 주도된 자선조직운동과는 달리 급진적이고 개혁을 주장하는 대학생들과 지식인들을 중심으로 이루어졌다. 대부분 자유주의자들로서 주택문제, 공공 위생문제, 고용주들의 고용착취 등에 관심을 갖고 사회개혁을 시도한 사람들이다. 이들은 빈곤의 원인을 '무직'이라고 생각하였으며, 실직하게 되는 것은 개인의 무지나 게으름과 같은 도덕성 결핍의 문제가 아니라 산업화로 인한 착취의 결과라고 주장하였다. 처음부터 강력한 사회개혁의 뜻을 가지고 있었으며, 활동가들이 직접 빈민지역에 뛰어들어 그들과 적극적으로 동조하는 가운데 빈곤층들이 필요로 하는 서비스를 제공할 뿐만 아니라, 사회를 개혁함으로써 빈곤문제를 해결하려는 노력을 병행하였다는 점에서 자선조직운동과 구분된다.

인보관운동은 3R로 요약된다. 거주(Residence), 연구조사(Research), 개혁(Reform)이 그것이다. 연구와 조사를 통해 사회제도를 개혁해야 한다는 기본 개념을 갖고 있었으며, 함께 살면서 생활을 같이하지 않으면 빈민을 이해할 수 없다고 생각하였다.

인보관에서는 근로 여성들을 위한 탁아 프로그램, 의료 서비스, 급식, 아동·청소년의 클럽활동, 레크리에이션, 댄스·드라마·예술·재봉 교실, 교양 강습 등을 제공하였고, 사회활동으로는 사회봉사를 통한 사회개혁과 다양한 계층, 계급 간의 거리 좁히기, 빈민의 조직화와 의식화 활동, 빈민보호를 위한 입법 활동 등의 정치 참여 활동이 중심이었다. 영국의 아동교육법(1906)과 무갹출 노령연금법(1908) 및 국민보험법(1911)의 제정 과정에 정치적 영향력을 행사하였던 일이 정치활동의 좋은 예가 된다.

인보관운동이 사회복지의 발전에 미친 영향은 각종 집단 서비스 프로그램이 후에 집단사회사업의 출발점이 되었다는 점이고, 빈민들의 조직화 활동이 지역사회조직의 발전에 기여했다는 점과 최근 사회복지실천 방법론으로 활용되고 있는 클라이언트 중심 역량강화 모델의 이념적 근원이 되었다는 점을 들 수 있다. 인보관운동의 청년들은 빈곤하거나 장애를 가진 소외 계층에 대한 역량 강화를 중요시했으며, 빈민들도 자신의 문제를 스스로 해결할 수 있다고 인정하고, 능력을 발휘할 수 있도록 힘을 북돋워 주는 역할을 하였다. 그러나 인보관운동은 1차 대전 이후, 빈곤 감소와 함께 대학생들의 참여 열기가 식으면서 쇠퇴하였다. 조직, 계획, 발전에 대한 지역사회 과업의 주요 모델은 인보관운동에서 진화되었고, 이는 비영리 부분에 있어서의 지역사회실천과 서비스에 대해 많은 영향을 미쳤다. 자선조직가협회와 인보관운동의 주 내용을 간략하게 정리하여 제시하면 <표 3-1>과 같다.

표 3-1 자선조직가협회와 인보관운동의 비교

내용	자선조직가협회	인보관운동
사회문제 원인	개인의 도덕성 결핍	사회환경적인 요소
참여자	중·상류층	지식인, 대학생
사상적 특성	사회 진화 사상(적자생존 원리) 인도주의적 기능, 빈민 통제	진보주의, 급진적 사회개혁 사상 기독교사회주의 계층별 도덕성의 차이점 강조
사회문제 접근 방법	빈민개조, 역기능적인 면 수정	빈민과 함께 거주, 사회개혁
역점 분야	기관 간 서비스 조정	서비스 제공(유치원, 오락, 학교 등)
성격	사회질서 유지 강조	사회개혁을 강조 참여 민주주의와 교육 강조
원조 형태	사회복지사 중심 조사, 서비스 조정, 연결	클라이언트 중심 주거·공공 위생문제, 고용 착취 개선 등 사회개혁 시도
영향	지역 사회사업, 개별 사회사업 사회복지 조사	집단 사회사업(지역사회복지관)

2. 사회복지실천 전문직 확립기

1) 전문직 발전을 위한 교육 훈련 제도 도입

자선조직가협회에서 유급 근무자였던 전문 인력은 도제제도 중심의 훈련에서 벗어나 정규교육과정을 통해 자원봉사자들인 우애방문원들을 위한 사회복지실천 교육의 필요성을 느끼고 정규교육과정을 만들게 되었다. 당시 볼티모어 자선조직가협회에서 일하던 Richmond는 1897년, '자선 및 교정학회'에 참여하여 전문교육을 담당할 교육기관의 필요성을 제시하였다. 이를 계기로 1898년 미국 최초의 사회복지 전문 인력 훈련 과정이 뉴욕 자선조직가협회에 의해 뉴욕자선학교의 후원을 받아 6주 과정으로 열렸다. 뉴욕

자선학교는 1904년에 1년 과정 프로그램을, 1910년에는 2년 과정의 교육 프로그램을 개설하였다. 뉴욕자선학교는 후에 뉴욕 사회복지 대학으로 발전했고, 1962년 이후부터, 컬럼비아대학교에 사회복지대학으로 발전하였다.

1907년에는 시카고대학교에 사회복지 교육과정이 개설되었으며, 1919년 당시 미국에는 17개의 사회복지 대학이 설립되었으며, 학생들은 주로 사회복지실천 현장에서 근무하면서 공부하는 시간제 등록 학생들이었다. 일하는 실천 분야별로 각기 다른 교과과정에 따라 공부하였으며, 현장 중심적 교육 형태였다. 1920년대에는 현장 중심 교육과 시간제 등록 학생에 대한 문제점이 제기되면서 연중 전일제 수업을 규정한 석사과정이 생겨나기 시작하였다(엄명용 외, 2011).

전문직 발전을 위한 초기 교육과정에서 대두된 문제는 사회사업의 불명확한 정체성에 대한 고민이었다. 사회사업 교육이 직면한 가장 시급한 문제는 사회복지 전문직의 지식 기반이 무엇인가의 문제로서 이는 사회사업의 정체성과 직결된다는 문제였다. 이에 대하여 전국 자선 및 교정 회의에서 Flexner는 "사회사업은 전문직인가?"라는 강연을 통해서 사회사업 직업은 법학이나 의학과는 달리 전문직이라고 주장할 수 없다고 선언하였다. 그에 따르면, 사회사업은 과학적 지식체계와 이론에 근거하지 않으므로 사회복지사는 전문직이 아니며, 독자적이라기보다는 매개적인 역할을 하고 있다고 보았다. 강연에서 플렉스너는 전문직의 여섯 가지 기준을 다음과 같이 제시하였다(이원숙, 2000).

- 전문직은 개인적 책임이 수반되는 지적 활동이다.
- 전문직은 과학과 학습에서 원 재료를 이끌어 낸다.
- 전문직은 이 재료를 실천적이며 분명한 목적으로 발전시켜 나간다.
- 전문직은 교육적으로 의사소통 가능한 테크닉을 가진다.
- 전문직은 자기를 조직(self-organization)하는 경향이 있다.
- 전문직은 동기가 점차 이타적이 되어 간다.

사회복지 전문직에 대한 플렉스너의 비판은 사회사업 분야에 큰 도전을 주게 되었다. 이로 인해서 사회복지계는 두 가지 반응을 보였는데, 첫째로는 교육 및 훈련을 담당하는 학교 설립, 저서 출판, 전문가협회 구성으로 전문직의 기본 틀에 맞는 환경을 조성하였으며, 둘째로는, 전문직으로 인정받을 수 있는 실천기술 습득에 대한 관심이 높아지면서 이후부터 통일된 전문직에 대한 추구와 과학적 이론 추구 및 조사에서의 과학적 기반을 중요시하는 방향으로 발전하기 시작하였다(이원숙, 2008; 최해경, 2010).

2) 실천이론 구축

전문직 발전을 위한 초기 단계에 사회복지실천의 이론적 기반을 마련하기 위해서 공헌한 사람은 리치몬드이다. 리치몬드는 프로이트의 정신분석 이론을 받아들여 사회복지실천에 관한 이론과 방법을 체계화한 『사회 진단(Social diagnosis, 1917)』이란 책에서 빈민들이 처한 상황을 진단하는 기술을 소개하였다. 리치몬드는 의료 모델에서 사용하는 진단이라는 용어를 사용하여 실천가가 문제의 원인을 진단하기 위해서는 클라이언트의 환경 조건에 관한 자료를 충분히 수집해야 한다고 보았다. 또한 1922년에 『개별실천이란 무엇인가(What is social case work?)』라는 책을 통해서 "케이스워크(casework)란 개인 대 개인, 인간과 환경 간의 적절한 조화와 조절을 통해서 개인의 인격 발달과 성장을 이루어 가는 과정"이라고 정의하였다. 오늘날 사회복지실천의 기본 개념인 '환경 속의 인간(person in environment)'은 리치먼드의 저술에서 비롯되었다고 볼 수 있다. 초기의 사회복지실천과 실천에 바탕을 둔 현장교육은 주로 의료사회사업, 정신의료사회사업, 아동복지 분야를 중심으로 이루어졌다. 의료사회사업과 정신의료사회사업은 의사들의 영향력 하에서 이루어졌으며, 사회복지사들이 주로 활동한 영역은 아동복지 분야였다(엄명용 외, 2011).

초기 실천이론 구축과 함께 1920년대에는 전문가협회가 설립되기 시작하였는데, 1918년에 미국병원사회사업협회, 1921년에는 미국사회복지사협회, 1924년에는 미국정신의학사회복지사협회가 설립되었다.

사회복지실천 전문직 확립기에는 전문적인 사회복지실천이론이 확립되었고, 사회복지 조직에서 오늘날 사회복지직의 초보 단계인 유급 직원을 채용하였으며, 이들에 대한 교육의 필요성으로 인해서 사회복지사 교육과정이 시작되었다. 또한 사회복지 관련 단체와 협회가 전국 규모로 조직되었고 사회복지 관련 전국 회의 등이 개최되면서 사회복지직이 전문직으로서 사회적 위상을 구축해 나가기 시작하였다.

3. 사회복지실천의 정착기

1) 3대 방법론의 분화

(1) 개별 사회사업(case work)

개별 사회사업 방법론을 바탕으로 사회복지실천이 이루어지면서 사회복지사는 개인적이고 사적인 영역인 아동상담소, 병원 등에서 전문적인 사회복지실천 활동을 전개해 나갔다.

(2) 집단 사회사업(group work)

1930년대 이후부터 집단 사회사업이 사회복지실천 방법으로 인식되기 시작하였다. 2차 세계대전 이후, 정신분석이론에 근거한 집단치료 방법을 활용하여 군대나 사회복지관에 집단 지도자가 배치되어 집단 사회사업이 발전하기 시작하였다. 집단 사회사업은 직접적인 리더십보다는 집단 구성원들 사이의 상호작용을 강조하였고 경쟁보다 협동에 초점을 두었다. 전문적이며, 이론적 기술이 필요해지면서 집단 사회사업에 대한 전문교육이 시작되었고, 미국 사회복지사 전국대회(1935)에 집단 사회사업 분과가 생겼고, 1946년 미국 사회복지회의에서 집단사회사업협회가 조직되면서부터 공식적으로 사회복지실천 기술로 인정하였다. 1945년 이후 정신병원과 진료소 등에서 집단 사회사업 활동이 급격히 증가하였으며, 아동상담소에서도 집단 사회사업을 활용하기 시작하였다.

1960년대에는 개별 사회사업가들이 가족 단위에 개입하여 가족기능을 향상시키기 위해 노력하는 과정에서 집단 형태의 가족 개입을 시작함으로써 개별 사회사업과 집단 사회사업이 통합되기 시작하였다(Briedand, 1995; 엄명용 외, 2011 재인용).

(3) 지역 조직론(community organization)

1920년대부터 주(州) 단위로 공공복지기관이 설치되면서부터 지역사회실천으로 전환하는 계기가 마련되었다. 경제 대공황으로 민간 사회사업은 한계를 드러냈고, 국가가 사회사업기관을 설립하면서 공공기관에서 활용하는 사회복지사의 수가 증가하였고, 지역사회실천이 발달하고 전문화되어, 지역사회조직이 사회복지실천 방법론의 한 분야로 정착하게 되었다.

2) 진단주의와 기능주의

1930년대에 프로이트의 정신분석 이론의 영향을 받아 개인의 과거 경험을 중심으로 개별적 접근을 시도하는 진단주의학파와 개인의 문제가 사회환경에 있다고 보는 기능주의학파 사이에 논쟁이 시작되었다. 사회복지실천 방법을 둘러싼 진단주의와 기능주의 논쟁은 1950년대까지 지속되었는데, 사회복지실천에 많은 영향을 주었다.

(1) 진단주의학파(diagnostic school)

Hollis와 Hamilton, Richmond 등이 발전시킨 이론으로 진단주의는 프로이트의 정신분석 이론의 영향을 받았으며, 인간은 무의식의 힘에 좌우되며, 초기 아동기에 내면화된 부모의 영향력을 벗어나지 못한다고 보는 결정론적인 시각을 지닌다. 문제를 지닌 클라이언트를 치료하기 위해 생육사(生育史)조사를 기반으로 진단이 강조된 정신분석 지향의 접근 방법에 기초하며, 무의식, 전이, 저항, 정신 결정론과 같은 개념을 중요하게 여겼다. 또한 사회복지 원조 활동은 변화의 중심문제를 진단, 치료 계획을 세우는 사회복지실천가에게 있다고 보았으며, 클라이언트의 성격에 있어서 자아(ego)의 힘을 강화하면 현실 적응력이 향상된다고 보았다.

진단주의학파는 클라이언트가 자신의 심리적 과거를 통찰하면 현재의 행동 양식에서 자유로워질 수 있다고 가정하고, 과거에서 현재까지의 생활을 통해 심리구조를 분석하고, 현재의 자아기능을 살펴보아 심리적 통찰을 발달시키고 자아능력 강화를 위해 지지를 제공하므로 사회환경에 대한 적응력을 향상시키고자 하였다. 따라서 진단주의를 '질병의 심리학'이라고 한다.

(2) 기능주의학파(functional school)

1930년대에 경제 대공황의 영향으로 발생한 다양한 문제들의 원인은 개인의 내적인 문제라고 보기에는 현실성이 없다는 인식을 하게 된 Robinson, Taft, Smalley 등이 중심이 되어 기능주의학파가 형성되었으며, 대표적인 학자는 Otto Rank이다.

기능주의학파는 Freud의 인간 이해에 이의를 제기하며, 인간은 창의적이고 의지적인 존재로서 과거의 산물이 아니라 스스로 창조하고 재창조할 수 있다는 인간에 대한 낙관론적 견해를 강조하였다. 인간 성격에 있어서 자아의 창조적 통합력을 인정하고 사회복지사 주도가 아니라 클라이언트 중심으로 접근하므로 클라이언트 스스로 자아를 전개하도록 원조하는 것을 중요시하였다.

진단주의는 기능주의의 진단적 조사, 생육사 파악, Freud의 이론을 무시하고 제한된 시간 안에 기관의 기능 범위에 속한 쟁점에 초점을 맞추는 전략을 강조하였으며, 클라이언트는 도움을 받는 기관의 제한된 기능 내에서 스스로 선택하고, 자신의 내부의 힘(self will)을 활용하여 자신의 성장을 위한 과제를 수행하되, 시간 제한적 범위 안에서 자신의 문제해결 과정에 참여하도록 하였다. 이들은 클라이언트를 병리적이거나 일탈한 존재라고 보지 않고 서비스가 필요한 사람들로 보았다.

진단주의 치료자들의 권위적인 태도를 비판하면서 사회복지사는 클라이언트의 성장할 수 있는 내적 힘에 대한 믿음을 지니고 실천 과정에서 클라이언트와 협력을 중요하게 여겼다. 또한 치료의 책임이 사회복지사가 아니라 클라이언트에게 있다고 주장했으며, 과거 진단이 아니라 현재의 문제에 초점을 두었다. 기능주의자들은 치료라는 용어를 거부하고 원조과정(helping process)이라는 표현을 사용하였으므로 '성장의 심리학'이라고 불렀다. 진단주의와 기능주의의 주요 내용을 간략하게 제시하면 <표 3-2>와 같다.

>> 표 3-2 진단주의와 기능주의 비교

내용	진단주의	기능주의
주요 인물	Freud 영향, Richmond, Hamilton, Austin, Garrett 등	Otto Rank, Robinson, Taft, Smally, pray 등
이론	클라이언트의 자아 강화, 환경 수정, 정신분석 이론에 근거(무의식, 전이, 저항, 결정론적 관점), 에릭슨의 심리 사회 이론	클라이언트의 현재 경험과 문제중심, Otto Rank의 의지(will)이론, Mead의 상호작용 이론
인간관	과거의 영향과 무의식의 영향 강조, 병리적, 기계적·결정론적 인간관 *질병의 심리학	창조적, 성장 잠재력, 낙관적 인간관 *성장의 심리학
전문가 개입	사회복지사 중심 진단, 지배적·전문적인 치료적 입장	클라이언트 중심, 사회복지사는 협력자, 치료보다 원조 과정 중시
특징	과거 중심적 성장력 진단	사회환경 중시 성장 가능성을 중시해 지금-여기 초점 인간과 환경의 관계를 중심으로 분석

위에서 살펴본 바와 같이 실천 방법을 둘러싼 진단주의와 기능주의 학파 간의 논쟁과 갈등은 상호 간에 영향을 미쳐 사회복지실천을 보다 정교하게 발전시키는 계기가 되었다.

3) 사회복지실천 초점의 변화

오랫동안 사회복지실천가들은 개인문제에 치중해 왔다. 그러나 1930년대 대공황은 실업과 빈곤문제를 해결하기 위한 사회복지실천의 새로운 시대를 열게 하였다. 민간기관 중심으로 이루어진 사회복지실천은 대공황 이후 점차 공공 영역으로 확대되었으며, 정부의 빈곤 해결을 위한 프로그램 지원으로 공공복지기관과 시설이 급격하게 증가하기 시작하였다. 이러한 현상은 1935년 제정된 '사회보장법'이 빈곤과 사회문제가 개인적인 문제나 결함이 아니라 경제적인 구조적 문제라는 사실을 인정한 결과이다.

대공황 이후 클라이언트집단에 전통적인 빈민뿐만 아니라 경제 불황으로 인해 실직과 빈곤을 경험하게 된 근로자와 중산층 가족들이 포함되면서 사회복지실천가들도 사회문제의 원인을 개인적인 결함에 근거해 접근하는 경향에서 사회구조적으로 의존성을 발생시키는 경제적·사회적 환경의 영향을 인정하게 되었다. 사회보장법 제정으로 공공 부문에서 공중보건과 아동복지 영역의 업무와 재정 지원을 도맡게 되었으며, 공공기관에 고용된 사회복지 인력이 급격하게 증가하였다. 사회보장법 제정 이후 민간사회복지기관들은 빈곤 관련 원조를 공공기관의 역할로 여기고 개인의 적응문제에 초점을 두기 시작하였다(최해경, 2010).

1940년대와 1950년대는 경제안정으로 다시 번영의 시대를 맞아 사회가 안정되기 시작하였다. 이 시기에는 빈곤이 더 이상 이슈가 되지 않았으며, 사회복지 분야에서는 전문화 교육에 관심이 집중되었다. 사회복지실천이 전문성과 목적을 분명하게 가진 전문직이 되기 시작하면서 기관의 실천 관련 업무를 표준화하였으며, 1952년 사회복지교육위원회(CSWE)의 형성과 1955년에 미국사회복지사협회(NASW)가 설립되었고 실천윤리강령의 개발은 공통의 목적과 가치에 기반을 둔 전문직의 통일성을 강화시켰다.

4) 빈곤의 재발견과 사회개혁에 대한 관심의 재등장

1960년대와 1970년대는 미국 사회에 큰 변화가 일기 시작하였다. 특별히 1960년대에는 빈곤의 심화로 인해서 구호 대상자가 폭발적으로 증가하면서 빈곤문제가 사회적·정치적 쟁점으로 다시 부각되었다. 이로 인해서 빈곤문제, 인종갈등, 시민운동, 반전운동이 전개되면서 사회정의와 시민참여에 대한 관심이 확산되기 시작하였다. 케네디 정부와 존슨 행정부는 뉴프론티어(New Frontier)와 위대한 사회를 제안하였고, 여기에서 빈민은 최우선적 공적 관심사로 등장하였다. 1964년 1월 존슨 대통령은 '빈곤과의 전쟁(War on poverty)'을 선언하였고, 7월에는 '경제기회법(the Economic Opportunity Act)', 혹은 '반빈곤법안'이 통과되었다. 이에 따라서 직업훈련 프로그램, 푸드 스탬프(Food Stamp) 프로그램 등 빈곤 프로그램들이 생겨나게 되었다(Trattner, 1989; 이원숙, 2008).

이 시기에 사회복지실천은 인권운동과 위대한 사회 프로그램의 영향으로 사회정책과 사회개혁에 보다 많은 관심을 나타내기도 하고, 혹은 개인 변화를 돕는 직접 서비스 전달에 충실한 기능을 수행하는 등 초점의 변동이 있었다. 1900년대의 진보주의 시대, 1930년대의 대공황, 1960년대와 같은 사회적 변혁 시대의 사회복지실천이 사회개혁에 관심을 가졌다면, 1920년대, 1950년대, 1980년대와 같은 보수적인 시대에는 개인의 변화와 적응에 더 초점을 둔 사회복지실천이 이루어졌다고 볼 수 있다(최해경, 2010).

5) 사회복지실천 방법의 통합기

1970년대부터 전통적인 사회복지실천 방법이 사회 변화로 인해서 클라이언트가 지닌 복잡한 문제와 상황에 반응하기 위해서 개별 사회사업, 집단 사회사업, 지역사회조직 방법론 간 통합의 필요성이 요구되었다. 이로 인해서 사회복지실천 관련 지식, 목적, 가치, 기법에 대한 통합적인 접근이 활발하게 이루어지기 시작하였다.

특별히 Meyer와 Bartlett이 통합적 관점에서 사회사업 개념화를 시도한 저서의 출판은 실천이론 발달의 전환점이 되었다. 이와 같은 사회복지실천의 통합을 위한 노력에서 일반주의 실천(generalist practice)이 이루어지게 되었다(최해경, 2010).

통합적 실천의 등장과 함께 사회체계이론과 생태학이론이 사회복지실천의 중요한 지식 기반으로 떠오르면서 사회복지실천에 있어서 환경에 대한 관심이 다시 높아지게 되었다. 통합적 방법은 사회복지사가 개인, 집단, 지역사회에서 제기되는 사회문제에 활용할 수 있는 공통된 하나의 원리나 개념을 제공하고자 하는 방법의 통합화, 즉 공통된 지식, 가치, 기술에 기반을 두는 것을 의미한다. 클라이언트의 유형화, 활용 방법, 개입 수준, 사회복지사의 주요 역할 등이 특정하게 정해져서 이루어지는 실천이 전문 사회복지사실천(specialist practice)이라면, 일반 사회복지사는 다양한 인구집단 및 실천 현장과 관련된 폭넓은 지식 기반과 기술들을 자유자재로 사용할 수 있도록 익혀야 한다.

이 시기에 등장한 통합 방법론의 모델로는 Pincus와 Minahan의 4체계 모델, Goldsein의 단일화 모델, Compton과 Galaway의 문제해결과정 모델, Germain과 Gitterman의 생활모델 등이 있다. 또한 클라이언트집단이 다양해지고 새로운 문제가 발생하므로 보다 구체적인 초점을 지닌 접근법이 등장하게 되는데, 행동주의 모델, 위기개입 모델, 과제중심 모델 등 새로운 사회복지실천 이론들이 나타나기 시작하였다(김혜영 외, 2010).

4. 최근의 사회복지실천 변화 추세

사회복지실천 이론의 발전과 실천 현장의 확장은 수많은 사람들의 노력과 헌신을 통해서 이루어져 왔다. 사회복지실천의 다양한 접근 방법이 발전하면서 사회복지실천가들은 어떤 한 이론이나 기법만을 활용하는 것이 아니라 다양한 지식과 기술을 절충하여 활용하고 있는 추세이다.

최근의 사회복지실천의 변화 추세를 살펴보면, 사회복지 분야별 전문화가 이루어지면서 서비스 공급 주체나 대상, 문제 영역의 분산으로 단편화된 서비스 전달방식에 문제가 제기되면서 사회복지실천 현장에서 사례관리(Case management)가 강조되고 있다. 사회복지실천에서 사례관리가 등장한 배경으로는 탈시설화와 복잡하고 분산된 서비스체계, 복합적인 문제와 욕구를 가진 클라이언트의 증가, 기존 서비스의 단편성, 서비스 비용 억제와 서비스 전달 효과의 극대화, 사회적 지원체계와 지원망의 중요성에 대한 인식 증가 등이 있다. 사례관리는 복합적인 욕구를 지닌 클라이언트의 기능 회복과 삶의 질 향상을 위해 공식적, 비공식적 지원 활동의 네트워크를 조직하고 조정, 유지하는 활동으로서 적절한 서비스나 기회를 확인하고 포괄적인 서비스 계획을 개발하며, 각종 서비스에 대한 클라이언트의 접근이 용이하도록 옹호를 제공하고 적절하게 효과적인 서비스를 전달하는 활동으로서 중요 실천방법으로 정착해 가고 있다.

이외에도 클라이언트를 바라보는 관점의 변화로서 병리적인 관점에서 강점관점이 중요시되고 있다. Saleebey는 강점관점을 “클라이언트가 갖고 있는 목적 및 꿈을 실현하게 하거나, 클라이언트 자신의 다양한 문제로부터 벗어나도록 돕는 사회복지실천 활동의 전 과정에서 사회복지사가 클라이언트의 강점과 자원을 발견하고 드러내어 묘사, 탐색, 활용하려는 총체적인 노력”이라고 정의하고 있다. 강점관점에서는 평등주의적이고 협력적인 관계를 통해 사회복지사와 클라이언트는 클라이언트가 원하는 삶을 향한 변화를 위해 공동으로 노력하는 실천방법을 말한다(엄명용 외, 2011).

최근 이주노동자들의 국가 간 이동의 확대와 결혼 이민으로 인한 다문화 가정의 급격한 증가로 사회복지실천에 있어서 다문화 관점이 중요시되고 있다. 또한 우리 사회는 여성의 사회활동 증가와 여권신장으로 인해서 남성

중심의 가부장적 지배구조를 벗어나 양성평등을 중요시하는 형태로 변화해 가고 있다. 이런 점에서 사회복지실천 현장에서도 문화적으로 민감한 실천을 위해서 다문화적 관점 수용과 성 평등 및 양성평등을 강조하는 성인지적 관점(gender-sensitive perspective)에 대한 연구와 실천이 강화되어야 할 것이다.

제 2 절 한국 사회복지실천의 발달 과정

1. 현대적 의미의 사회복지실천 도입

우리나라에서 전문적인 교육과 훈련을 받은 사회복지사에 의해 사회복지실천이 시작된 것은 1950년대 초라고 볼 수 있다. 1952년 4월에 정부는 사회부장관 통첩으로 '사회사업을 목적으로 하는 법인 설립 허가 신청에 관한 건'을 발표했는데, 재단법인을 설립하여 사회복지사업 실시에 필요한 설립 기준을 마련하였다. 같은 해 10월, 각종 시설들을 합리적으로 지도·감독하기 위해서 사회부장관 훈령으로 '후생시설 운영 요령'을 지방행정기관에 하달하였는데, 이는 당시 사회복지시설 설치, 운영을 위한 규준이 되었다(구자헌, 1984; 이원숙, 2008 재인용).

한국전쟁으로 인해 사회적 혼란과 빈곤이 만연된 상황에서 국제적인 지원이 시작되면서 외국 원조단체나 기관들이 들어와 활발한 구호활동과 자선사업을 펼치기 시작하였다. 이때 현대적 의미의 사회복지실천 활동을 시작한 외원 단체로는 세계기독교봉사회, 메노나이트 한국 지부, 캐나다 유니테리언 봉사회 등이 있다.

한국에 아직 사회복지 전문가나 행정체계가 없는 상태에서 많은 외원 구호단체들이 들어와 활동하다 보니 비조직적이며, 비체계적으로 서비스가 제공되어 구호 대상자의 중복이나 누락 등 효율적이지 못한 문제가 드러나기 시작했다. 이러한 문제를 예방하고 기관 간 협력과 정보교환, 조정 기능 강화를 위해 기관 연합의 필요성을 느끼게 되어 1952년 3월 부산에서 7개의 외원단체가 모여 한국외원단체협의회(Korea Association of Voluntary Agencies)를 결성하였으며, 1960년대에는 130개까지 증가하다가 1960년대 후반부터 한국을 떠나기 시작하였다. 외원단체에서 출발하여 현재까지 사회복지사업을 전개하고 있는 대표적인 기관은 <표 3-3>과 같다.

외원기관의 활동은 우리나라에 미국의 전문 사회사업실천방법을 전파하는 데 크게 기여했는데, 외원단체 활동이 한국의 사회사업 발전에 미친 영향은 다음과 같다(최원규, 1996).

첫째, 한국의 사회사업이 기독교와 밀접한 관련 하에 전개되게 하였다.

둘째, 한국에 전문 사회사업을 도입하였다.

셋째, 시설중심의 사회사업이 발전하게 된 계기를 만들었다.

넷째, 한국의 사회복지가 거시적인 사회정책보다는 미시적인 사회사업 위주로 발전하게 하였다.

다섯째, 사회사업을 구호사업 또는 자선사업과 같은 것으로 한국인들이 인식하게 하는 데 기여하였다.

여섯째, 외원단체의 철수에 따른 외원에 크게 의존하던 한국의 민간 사회사업 부문이 정부에 의존하게 되어 정부 통제 하에 편입되는 데 기여하였다.

또한 1950년대부터 사회복지관 운영, 의료사회사업 등이 일부 지역에서 시도되기 시작하였다. 우리나라 최초로 설립된 사회복지관은 태화여자관(태화기독교사회복지관)이며, 1952년 부산기독교사회관, 1956년에는 이화여자대학교 부속 사회관이 설립되었고, 1958년에는 군산기독교사회관이 개인이나 민간단체에 의해서 설립되었다.

1958년에는 한노병원, 1959년에는 국립중앙의료원, 원주기독교병원 등에서 의료사회사업가를 채용하여 의료사회사업을 시작하였다(김규수, 1994). 1973년에는 의료법 개정으로 종합병원에 사회사업가 채용 조항이 신설되면서 종합병원 단위의 의료기관에 사회복지사 의무 고용의 법적 근거가 마련되었다. 1950~1970년대까지는 외국의 원조에 따른 시설중심의 응급 구호 사업이 우리나라 사회복지실천의 주축이었으며, 사회복지서비스 전달체계가 전문적 사회복지실천을 실시하기에 미흡한 실정이었다(최해경, 2010).

▶▶ 표 3-3 사회복지사업을 전개하는 대표적인 외원 단체

단체명	주요 활동
기독교아동복리회 현재 어린이재단 (Christian Children's Fund)	• 전쟁 후 아동을 집중 지원, 불우 아동 결연 사업을 위탁받아 전개, 1992년부터 재가 노인, 장애인 등 불우이웃 결연사업 확대 • 1986년부터 어린이 찾아 주기 종합 센터 개설, 미아 찾아주기 사업 전개 • 1997년부터 KBS와 '사랑의 리퀘스트' 모금 방송 실시 • 전국 지부, 복지관, 장애인시설, 특수학교, 가정위탁지원센터, 실종아동전문기관 등 산하기관을 둔 국내 최대의 사회복지기관으로 세계 53개국 어린이와 가족을 위한 지역개발·의료 서비스·교육 사업, 긴급구호사업 수행
홀트아동복지회 (Holt Adoption Program)	• 1955년 미국인 홀트가 전쟁고아 12명을 입양하면서 시작, 1956년 해외 양자회 설립, 해외 입양을 시작하고 1957년부터 국내 입양 시작 • 가정 위탁 보호 사업, 의료 서비스, 혼혈인 지원 사업, 성년 입양인 모국 연수 및 방문 사업을 실시한 대표적 입양기관
양친회 현재 양친사회복지회 (Foster Parents' Plan)	• 비정치적, 비종파적, 초인종적인 인도주의에 입각해서 설립. 1953년에 국내 사업 시작 • 빈곤 가정 자조를 목적으로 현금, 물질 지원, 아버지 없고 3명 이상 자녀를 둔 형편이 어려운 가정에 교육비 보조. 의료사업, 장애인 재활사업, 노인복지사업 전개
선명회 현재 월드 비전 (World Vision of Korea)	• 1953년, 고아와 미망인 지원 위해 설립. 100여 개국에서 긴급 구호 및 개발 사업, 옹호 사업, 북한 사업을 전개 • 사랑의 빵 저금통 모금 운동, 아동 및 가정 결연 사업 • 세계에서 가장 규모가 큰 개신교 구호단체임
캐나다 유니테리언 봉사회 현재 한국 봉사회 (Unitarian Service Committee of Canada)	• 1952년 전쟁고아, 미망인과 결식아동 구호 활동 • 1958년 전문 사회사업가를 채용, 사회복지사업 전문화를 위해 공헌. 종합 사회복지관, 어린이집, 자활기관 운영하면서 다양한 사업을 전개하고 있음

2. 사회복지실천의 정착기

1980년대부터 1990년대 초반까지 사회복지시설과 기관의 설립이 증가하면서 민간 사회복지 분야와 행정기관에서 사회복지전담공무원 제도를 도입한 공공부문에서 사회복지실천 활동이 이루어지면서부터, 사회복지실천의

정착기를 맞게 된다. 정부는 사회복지사업법 개정(1983)을 통해 사회복지관의 설립 및 운영을 지원하기 위한 법적 근거를 마련하므로 사회복지사업을 안정적으로 운영할 수 있게 되어 저소득층을 위한 영구 임대아파트 단지 내에 사회복지관 설립이 의무화되면서 전국적으로 사회복지관 사업이 확대되어 나가기 시작하였다.

지역사회 내 사회복지관의 확대는 우리나라의 사회복지서비스가 그동안 생활시설 수용 정책에서 벗어나 지역사회를 기반으로 한 재가복지서비스 방향으로 발전하는 계기가 되었으며, 전문 사회복지실천 교육을 받은 사회복지사들의 배치를 통해서 빈곤으로 인해서 생활 부적응과 어려움을 겪고 있는 주민들을 대상으로 다양한 사회복지실천 프로그램을 개발, 실천할 수 있도록 하였다. 뿐만 아니라 공공 자원에만 의존하는 것이 아니라 지역사회 내의 민간의 인적, 재정적 자원을 적극적으로 개발할 수 있도록 하였으며, 지역사회 주민들로 하여금 사회복지 제도나 서비스의 중요성을 인식시키는 데 기여하게 되었다.

사회복지관의 확산과 함께 공공 사회복지 영역에서는 1987년 7월부터 도시 저소득층 밀집 지역 동사무소(현, 주민자치센터)에 '사회복지전문요원 제도'(1987년)를 도입하여 사회복지전문요원(현, 사회복지전담공무원)을 배치하기 시작하였다. 이는 국가시험 제도를 통해서 국가가 사회복지사를 선발해서 별정직 공무원으로서 일선 행정기관에 배치하여 사회복지 업무를 수행하도록 하는 제도로서 최초로 사회복지사가 공공 영역에 진출하는 계기가 되었다.

사회복지전문요원의 직무를 살펴보자면, 1997년 7월에 발표한 보건복지부 훈령 제39호 '사회복지전담공무원의 직무 및 관리 운영에 관한 규정'에 따르면, 첫째, 생활보호 업무로서, 대상자의 조사 및 보호 결정, 대상자의 생계보호, 자립지원, 개별상담 및 사후 관리, 후원 금품의 모집 및 후원자의 알선 등이다. 이로써 생활 곤란자에 대한 기초생활 수급 지원이나 노인, 장애인을 지원하는 공공부조 업무 등 생활보호 사업의 효과적이며 효율적인 수행을 위한 복지행정 전달체계를 마련하게 되었다. 사회복지 전담공무원은 1987년에서 1994년까지 별정직 공무원으로 사회복지전문요원 3천 명이 읍·면·동사무소에 배치되었다.

3. 사회복지실천의 발전기

1990년대 중반부터 사회복지실천은 발전기에 접어들어 양적 이면이나 질적인 면에서 크게 발전했다고 볼 수 있다. 1990년대부터 사회복지학을 가르치는 대학이 급팽창함에 따라 사회복지실천가의 양적 배출이 급증하므로 사회복지 전문직의 성장과 발전에 기여한 바가 크다. 1990년 중반 이후부터 사회복지실천의 전문성 강화, 지방자치제에 따른 지방분권화, 재가복지서비스의 확대, 지역사회 중심의 자활사업 전개 등 질적인 변화로 새로운 전환점을 맞게 되었다(최해경, 2010).

1) 사회복지 전담공무원 제도

1999년 10월에는 당시 별정직 2,837명을 일반직(사회복지직)으로 전환하였다. 그 후 1999년에서 2002년에 걸쳐 매년 증원하여 2015년 기준 17,693명의 사회복지 전담공무원이 전국에 배치되어 있는데, 좀 더 자세히 살펴보자면, 시·도 453명, 시·군·구 본청 8,154명, 읍 772명, 면 2,120명, 동 6,194명이 공적 부조 전달체계의 핵심 역할을 담당하고 있다(보건복지부 내부자료, 2016). 공공영역에서 고무적인 것은 복지 전달체계 개선을 위해서 문재인 대통령은 선거 공약으로 임기 내 사회복지직 공무원을 1만 5,000명 증원하겠다고 하였으며 2020년 기준으로 현재 사회복지직공무원은 67,490명에 이르고 있다. 향후 사회복지 분야가 국가의 중요 정책으로 부각될수록 사회복지전담 인력증가와 함께 처우가 보다 나아질 전망이다.

2) 사회복지 교육과정과 자격 관리

1947년 이화여자대학교에 사회사업학과가 설립되었고, 1953년 중앙신학교(현재 강남대학교)에 사회사업학과, 1958년 서울대학교 대학원에 사회사업학과 설치 및 그 후 학부 과정이 설치되어 전문교육을 받은 사회복지 인력이 배출되기 시작하였다. 1971년까지 전국 대학 가운데 9대 대학에 사회복지학과가 설치되었으나 최근에는 전국의 287개 대학에 307개의 사회복지학과(사회복지학과 및 유사 학과)가 개설되어 있으며, 사이버대학과 대학 부설 평생교육원 내에

학점은행제를 통한 사회복지사 자격 획득의 경우까지 고려하면 현재 1년에 1만 명을 상회하는 사회복지사가 배출되고 있으며, 앞으로 몇 만 명으로 확대될지는 가늠하기 힘들 정도로 사회복지 인력 공급이 과잉 상태에 이르고 있는 실정이다.

현장에서 근무하는 전문 인력의 자격과 관련된 사항은 1970년에 재정된 '사회복지사업법'에 최초로 명시되어 있다. 처음에는 '사회복지사업 종사자' 자격제도였으나, 1983년 법 개정으로 '사회복지사' 자격제도로 변경되었다. 1996년부터 사회복지사의 전문성 제고를 위해서 한국사회복지사협회 주관으로 임상 사회복지사 자격제도가 실시되었으며, 1998년 그 명칭을 전문 사회복지사로 변경하여 6개의 전문 분야로 나눠 시행되다가 2000년 이후부터 중단되었다.

1997년 사회복지사 입법 개정으로 4년제 대학 및 대학원 사회복지학과 졸업자들에게 자동으로 발급되던 1급 사회복지사 자격증은 국가시험 제도에 의해 관리되는 변화가 일어났다. 이에 따라 4년제 사회복지학과나 2년제 전문대학 사회복지학과 졸업생들에게 2급 사회복지사 자격이 주어지되, 1급 자격을 취득하려면 국가시험을 치러야 하게 되었다. 1998년 사회복지사 1급 국가 자격시험 제도가 도입되었고 2003년부터 국가 자격시험에 합격한 자에 한해서 1급 사회복지사 자격증이 발급되고 있다.

최근 들어 다시 사회복지사 전문성 제고를 위해서 현재 1, 2, 3급으로 나눠져 있는 사회복지사 자격을 하나로 통합하는 것과 사회복지학과 졸업자에게 자동으로 자격이 주어지는 형태를 바꿔 새로운 국가고시에 합격해야만 사회복지사 자격을 수여해야 한다는 논의가 일고 있다. 이러한 논의는 현행 사회복지사 교육제도의 문제점에서 기인한다고 볼 수 있다. 2년제 전문대학의 경우 여러 가지 자격증을 취득시키기 위해서 최소 법정 이수 과목인 14과목 정도만 커리큘럼에 반영하고 있었으나 최근에 사회복지사법을 일부 개정하여 2급 사회복지사 자격증 취득을 위하여 2020년 이전 입학생은 필수 10과목, 선택 4과목 이상을 이수해야 하며, 2020년 입학생부터는 필수 10과목, 선택 7과목 이상을 이수하여야 한다.

사회복지사 자격제도와 별도로 1995년 정신장애인의 격리·수용보다는 지역사회 중심 재활을 촉진하기 위한 '정신보건법' 제정으로 1996년부터 정신보건 사회복지사 자격제도가 생겼다. 사회복지사 1급 자격 소지자로서 보건복지부장관이 지정한 전문요원 수련기관에서 1년 이상 수련을 하고 필기시험과 구술시험을 합격하면 2급 정신보건 사회복지사 자격증을 취득할 수 있다. 2005년에는 학교 사회복지사 제도가 만들어졌고 시험 합격 후 자격 연수를 이수하면 자격증이 발급되고 있다.

의료사회사업 영역에서는 1958년 한노병원에서 의료사회사업가가 처음 일하기 시작했으며, 1959년 국립의료원, 원주기독교병원 등에서 의료사회사업이 시작되었다. 1973년에 의료법 시행규칙 시행에 따라 종합병원 단위의 의료기관에서 사회복지사를 의무적으로 고용하게 되었다. 1973년에 '대한의료사회사업가협회'가 창립되었고, 2000년에는 '대한의료사회복지사협회'로 변경되었다. 2009년에는 대한의료사회복지사협회 주관으로 민간 자격인 의료사회복지사 1회 자격시험이 실시되었다.

제도적 측면에서의 정비와 함께 현재 우리 사회에는 사회복지실천의 전문지식과 기술을 발휘할 만한 현장이 아직도 미흡하지만 서서히 실천 현장이 넓혀져 가고 있는 추세이다. 정신보건법 시행 결과로 종합병원의 정신보건 관련 현장, 지역사회 정신보건센터 등에서 개별실천 및 집단실천의 장이 점차 확대되고 있으며, 지역사회복지관에서도 아동·청소년 등을 대상으로 개인 및 집단실천에 대한 생활보호 업무 수행의 전문화와 함께 타 전문적 실천의 장이 확대되어 감에 따라 사회복지실천 전문 기술에 대한 요구는 더욱 증가하고 있다.

4. 한국 사회복지실천 현장의 과제

한국 사회는 급격한 경제성장을 이뤘지만 압축 성장의 후유증으로 인한 빈부격차의 심화, 저출산 및 고령화로 인한 고령 인구층의 급격한 증가, 가족해체의 심화와 독거 가정의 증가, 탈북자문제, 이주노동자 유입 및 결혼이민자로 인한 다문화 사회화, 청년 실업문제, 학교폭력 등 수많은 문제들이 발생하고 있으나 사회안전망 미흡으로 효과적으로 대처하지 못하고 있는 실정이다. 이러한 여러 가지 복잡한 사회문제와 사회복지실천 현장의 변화에 대처하기 위해서 사회복지계는 문제해결을 위한 실천기술을 개발하고 다양한 전문 인력 양성을 위해 노력해야 할 것이다. 효과적인 사회복지실천을 위해서 몇 가지 과제를 제시하면 다음과 같다.

첫째, 사회복지실천 전문 인력 양성을 위한 사회복지 교육과 현장실습이 강화되어야 한다. 현재 일부 전문대학에서는 각종 자격증 취득을 위해 교과과정에 사회복지사 자격취득을 위한 법정 필수과목만 반영하고 있는 실태이므로 질 높은 교육이 이루어지지 못하고 있다. 앞으로 법정 이수과목을 상향 조정해야 할 필요가 있으며, 현장 실습제도가 강화되어야 한다. 실습 시간의 경우 160시간을 요구하고 있는데, 최소한 300시간 이상 현장실습이 이루어져야 하며, 실습이 이루어지는 현장도 일부 전문적인 복지시설이나 기관을 제외하고는 균형 잡힌 현장실습 지도가 이루어지지 못하고 있으므로 실천 현장의 규모와 질은 물론 전문적으로 지도감독을 수행하는 슈퍼바이저 역할을 담당할 직원의 배치 유무를 살펴 현장실습 인증제도를 강화해야 한다.

둘째, 사회복지기관이나 시설에서 정부의 재정 지원에만 전적으로 의존할 것이 아니라 재정 지원 창구를 다원화해 나가야 한다. 현재 사회복지시설이나 기관은 재정적으로 정부의 지원에 전적으로 의존, 정부의 통제 하에 있으므로 자율성이 거의 없는 편이다. 따라서 정부 지원에 의한 단체와 순수 민간 자원에 의해 운영되는 단체로 구별하여 민간 자원에 의해 운영되는 단체는 민간 자원 동원의 극대화를 요구하는 대신 예산편성이나 서비스 개발 등에 있어서 자율성을 지닐 수 있도록 정부의 간섭을 최소화해 나가야 한다.

셋째, 사회복지기관 간 원활한 정보 교류와 협력을 위해서 연결망체계를 강화해 나가야 한다. 현재 지역사회복지협의체가 조직되어 있기는 하지만 그 활동이 미미한 편이므로 기능을 더욱 강화해 나가므로 보다 더 효과적이고 효율적으로 지역사회 내에 있는 클라이언트를 위한 서비스를 강화해 나가야 한다.

넷째, 사회복지 전문직에 대한 국가차원의 경제적인 처우가 개선되어야 하며, 사회복지사협회나 관련 단체들이 협력하여 사회복지직의 위상을 강화해 나가므로 사회복지사들이 자부심과 만족감을 가지고 자신의 실천 현장에서 업무를 수행할 수 있도록 지원해 나가야 하겠다.

CHAPTER

04

사회정의와 사회복지실천의 가치

사회복지실천은 단순한 기술적 문제에 머무는 것이 아니라 모든 결정의 배후에는 결정에 참여한 사람들의 가치가 여러 과정들을 거쳐서 개입하고 있기 때문에 사회복지실천은 지식이나 기술적 차원을 넘어서 철학적이며, 도덕적인 성격을 갖고 있다고 할 수 있다. 사람의 의식구조는 그 가치관에 뿌리를 두고 있기 때문이다. 여기서 중요한 것은 가치관의 핵심이 윤리의식이라는 점이다. 따라서 사회복지실천 현장에서 사회복지 윤리와 가치에 관한 개념 확립은 매우 중요하다고 할 수 있다. 사회복지사는 다양한 상황과 사건에 관련되어질 수 있으며, 실천 현장에서 윤리적 이슈와 딜레마에 적절하게 대처할 수 있어야 한다. 이 장에서는 사회복지사들의 사회정의 실천과 인권존중, 윤리의식 향상 및 윤리적 딜레마 상황에서 바람직한 의사결정을 돕기 위한 내용들을 다루고자 한다.

제 1 절 사회정의와 인권, 사회행동

한국 <사회복지사 선서문>에는 “나는 모든 사람들이 인간다운 삶을 누릴 수 있도록 인간존엄성과 사회정의의 신념을 바탕으로 개인·가족·집단·조직·지역사회·전체 사회와 함께 한다. 나는 언제나 소외되고 고통받는 사람들의 편에 서서, 저들의 인권과 권익을 지키며, 사회의 불의와 부정을 거부하고, 개인이익보다 공공이익을 앞세운다.”고 사회정의와 인권을 강조하고 있다.

그러나 사회복지실천 현장에서 활동하는 사회복지사들은 사회정의와 인권문제에 그다지 민감하게 반응하지 못하고 있다. 그 원인은 사회복지가 국가주도로 이루어지고 있고 정부가 사회복지시설 운영비와 사회복지사의 급여를 책임지고 있기 때문에 사회복지사들이 집단적으로 사회적 부정의에 개입하여 바른 목소리를 내는 게 어렵기 때문이다. 앞으로 사회복지분야와 사회복지사들은 사회적으로 정의롭지 않은 국가의 시책과 사회문제에 개입하여 사회적 약자들의 편에 서서 목소리를 낼 수 있어야 하며, 다양한 사회적 상황에서 인권이 위협받는 사람들을 위한 옹호활동을 적극적으로 수행해야 할 것이다. 따라서 사회정의와 인권, 사회행동에 대해서 살펴보고자 한다.

1. 사회정의와 사회복지

사회정의는 사회가 개인과 집단에게 공평하게 개입하고 이익, 자원, 기회 등을 공평하게 분배하는 것을 의미한다. 사회복지사가 사회정의를 위해 노력한다는 것은 약자 편에 서서 권익을 옹호하고 잘못된 사회구조 개선이나 개인의 불이익을 해소하기 위해 적극적으로 행동하는 것을 말한다.

‘사회 부정의’라는 개념은 개인, 가족, 지역사회, 전체 사회, 국제사회 안에서 벌어지는 다양한 사회적인 문제를 포함한다. 이는 인종차별, 성차별, 장애인 차별, 사회·경제적 양극화, 빈곤, 성적 지향성, 종교 등 개인의 삶의 질에 영향을 주는 여러 ‘이념’에 의한 불평등하고 불공평한 대우를 의미한다. 사회정의는 공평함과 공정함에 대한 권리로 구성된다. 사회 부정의는 개인이 직면하는 문제에서부터 제도를 기반으로 일어나는 넓은 범위에서의 위반행위까지 다양한 방법을 통해 경험될 수 있다. 우리 사회 안에 사회 부정의는 명백하게 존재하고, 공공연히 발생하는 불평등이라 할 수 있다. 사회 불평등은 인종, 민족, 사회·경제적 지위, 장애, 연령, 젠더, 성적 지향, 종교적 차별 등과 같은 다양성에 대한 수용과 관용이 없기 때문에 발생한다. 이러한 불관용은 차별, 편견, 선입견, 불공정한 대우로 이어지고 때때로 이것은 개인이나 집단에 대한 배제와 폭력으로 이어지기도 한다(Rita Chi-Ying Chung 외, 2020).

King Davis(1996)는 말하길, "사회정의란 민주주의 사회에서 가장 기본적인 가치이자 요구되는 목적이다. 그리고 사회적인 제도, 법률, 자원, 기회에 대해 공정하고 공평하게 접근하는 것을 포함한다. 또한 나이, 피부색, 문화, 장애, 교육, 소득, 성별, 언어, 국적, 인종, 종교, 성적 지향성에서 관측되었거나 해석된 차이점에 의해 이의적(異意的)으로 제한받지 않는 것이라고 하였다.

사회복지사들은 사회복지실천 현장에서 활동할 때, 사회복지의 기본 정신이 무엇이고 어떤 역할을 담당해야 하는지를 깊이 생각해 보아야 한다. 즉, 기존 사회체제를 유지하기 위한 사회통제 기능을 수행하는 역할을 해야 하는지, 아니면 정의롭지 못한 사회의 개혁과 사회·경제적인 약자들을 옹호하고 차별받는 집단들의 삶의 질 개선을 위해 활동해야 하는지를 깊이 있게 생각해야 한다. 무엇보다도 국가가 사회적 약자들을 돌보는 정책을 수행하지 않을 때, 건전한 비판세력으로 작용할 수 있어야 한다.

미국의 사회윤리학자 라인홀드 니버(Reinhold Niebuhr)는 '도덕적 인간과 비도덕적 사회(Moral Man and Immoral Society, 1932)'란 책에서 개인적으로는 도덕적인 사람들도 사회 내의 어느 집단에 속하면 집단적 이기주의자로 변한다고 보았다. 개인적으로는 자신의 이익을 희생하면서 타인의 이익을 배려할 수 있지만, 사회는 종종 민족적·계급적·인종적 충동이나 집단적 이기심을 생생하게 보여준다는 것이다. Niebuhr의 말처럼, 한국사회의 정치조직들은 매우 비도덕적이다. 국민인권의식조사 보고서(2016, 국가인권위원회) 내용 가운데 공공·민간기관의 인권보장에 최악의 조직으로 국민 대다수가 청와대와 국회, 국가정보원과 법무부·검찰 순으로 꼽은 것을 보면 인권과 정의사회 실현을 위한 입법과 집행의 책임을 담당한 국가기관이 제 기능을 수행하지 못할 뿐 아니라 온갖 부정의를 저지르고 있다는 것은 참으로 안타깝다. 이러한 사회적 상황에서 사회복지사들은 자신의 역할에 대해 고민해 보아야 한다.

미국사회사업가협회(NASW)에서는 사회정의의 가치에 대한 윤리적 원칙이란 “사회복지사들은 사회의 불의에 도전하는 것”이라고 기술하고 있으며, 사회정의를 위한 개입 스타일로는 “주로 빈곤, 실업, 차별, 기타 사회 부정의(不正義) 등에 변화 노력의 초점을 두는 것”이라고 설명하고 있다. 즉, 사회복지사는 취약하고 억압받는 사람들과 집단을 위해 그들과 함께 사회적 변화를 추구해야 한다. 사회복지사의 사회변화에 대한 노력은 빈곤, 실업, 차별, 기타 사회 부정의의 문제에 우선적으로 초점을 두며, 이러한 활동은 억압 및 문화적인 인종차별에 민감한 것이다. 따라서 사회복지사는 필요한 정보와 서비스 그리고 자원에 접근하기 위해 노력하고 모든 사람들을 위해 의미 있는 의사결정에 적극적으로 참여하려고 노력해야 한다(전선영, 2005).

2. 인권과 사회복지

사회복지실천 영역에서 서비스이용자 욕구중심의 실천기법이 서비스이용자의 개인 속성을 변화시키고 자기결정권을 제한한다는 비판과 더불어 인권 관점이 등장하였다. 인권관점은 사회복지서비스가 서비스이용자의 권리이기 때문에 제공되는 것이며, 사회복지사의 역할은 서비스이용자를 변화시키는 것이 아니라 있는 그대로의 인간으로서 그를 수용하고 권익을 증진하는 일이다.

1) 인권의 개념

인권(人權)은 ‘사람의 권리’를 말하는데, ‘인간이기 때문에 자명하게 주어지는 권리’, ‘천부인권(天賦人權)’, ‘양도하지 못하는 권리’ 등으로 설명할 수 있다. 이런 설명을 쉽게 정리하면, ‘사람이 사람답게 살기 위해 누구나 기본적으로 가지고 있는 당연한 권리’라고 할 수 있다. 사람의 권리에 ‘누구나’, ‘기본적’, ‘당연한’이라는 전제들이 따라 붙어야 비로소 인권이라고 말할 수 있다.

인권이 이런 의미를 가지기까지는 오랜 역사적 과정을 거쳤다. 인류 역사에서 인권의 개념이 등장한 시기는 서구 유럽에서 봉건사회의 몰락과 함께 근대 시민사회가 형성되던 때이다. 18세기 계몽주의 운동을 기반으로 영국과 프랑스, 미국 등이 시민혁명을 겪으면서 인간의 개인적 자유와 사회적 평등에 대한 자각이 일어났다. 이러한 인식은 '독립선언서'와 '프랑스 인권선언'에 "모든 사람에게는 양도할 수 없는 천부의 권리가 있다."고 명시하면서 인권개념이 비로소 실정법적 개념으로 확인되기에 이른다.

「국가인권위원회법」 제2조에서는 "인권이라 함은 「헌법」 및 법률에서 보장하거나 대한민국이 가입, 비준한 국제인권조약 및 국제관습법에서 인정하는 인간으로서의 존엄과 가치 및 자유와 권리를 말한다."고 규정하고 있다. 「헌법」과 국제인권법을 통해 확인하고 있는 인간으로서의 존엄과 가치 및 자유와 권리가 바로 인권임을 확인하고 있는 것이다. 국가인권위원회법이 근거를 두고 있는 「헌법」 제10조에서는 "모든 국민은 인간으로서의 존엄과 가치를 가지며, 행복을 추구할 권리를 가진다. 국가는 개인이 가지는 불가침의 기본적 인권을 확인하고 이를 보장할 의무를 진다."고 규정해 인권이 헌법상 보호받을 권리임을 분명히 하고 있다.

2) 인권의 가치

인권의 가치는 현대 국제인권장정(International Bill of Rights)의 기초를 이루는 세계인권선언에서 찾아볼 수 있다. 세계인권선언은 인간의 존엄성, 자유, 평등, 박애의 네 기둥으로 이루어져 있는데 그 내용은 다음과 같다(국가인권위원회, 2011 재인용).

(1) 인간 존엄성

인권의 출발점은 인간의 존엄성과 가치성에 대한 확인이다. 인간은 존엄하고 가치 있는 존재로 대우받아야 한다.

(2) 자유

인간이 존엄하고 가치 있는 존재가 되기 위한 필수적인 조건은 자유와 평등이다. 인간이 자유롭고 평등한 존재일 때에만 존엄하고 가치 있는 존재가 될 수 있다. 자유는 다양한 권리를 통해 보장돼야 한다. 자유를 보장하는 권리에는 방어권, 보호권, 절차권, 사회권이 있다. 방어권이란 자유를 국가가 제약할 때, 이를 중지해 달라고 요구하는 권리이다. 보호권이란 타인으로부터 자유를 침해당했을 때, 국가가 이로부터 보호해 주도록 요구하는 권리다. 절차권이란 자유를 보장하기 위한 절차에 관한 입법을 요구하는 권리다. 사회권이란 자유를 실현하는 사실적·물질적 기초를 제공해 주도록 요구하는 권리다.

(3) 평등

평등은 일반적 평등과 이를 구체화하는 개별적 평등으로 구분할 수 있다. 일반적 평등은 다양한 차별 사유나 차별 영역과 상관없이 일반적으로 요청하는 평등을 말한다. 이러한 일반적 평등은 성별, 종교, 사회적 신분과 같은 다양한 차별 사유에 따라, 그리고 정치·경제·사회·문화 영역과 같은 다양한 차별 영역에 따라 개별적 평등으로 구체화된다.

(4) 박애

박애주의(博愛主義, Philanthropism)는 모든 인류가 서로 평등하게 사랑하여야 한다는 주의로 정치적·철학적·윤리적인 개념이다. 집단적 차원의 권리로 시민이 공동으로 참여함으로써 형성되는 권리를 의미한다.

3) 인권감수성

우리 사회는 국민 개개인이나 공적 업무를 수행하는 사람들, 사회 집단적으로 인권감수성이 매우 낮은 것 같다. 국가인권위원회가 간행한 <2016년 국민인권의식조사> 보고서를 살펴보면, 한국사회의 인권상황이 인권을 존중한다고 믿는 국민은 셋 중 한 사람에 불과했다. 상대적으로 인권이 잘 준수되지 않는 영역에는 공정한 재판을 받을 권리, 공공 행정에 참여할 권리, 개인정보 보호, 사회보장권, 노동권이 포함되었다. 여성, 아동·청소년, 노인을 제외하고 대다수 취약집단에 속한 사람들인 외국인노동자, 전과자, 성소수자의 인권이 존중받지 못한다고 했다. 인권침해 비율 중 노동권 침해비율이 제일 높다는 응답이 나왔다. 대표적인 차별로 성차별, 연령 차별, 학력·학벌 차별이 꼽혔다. 우리 사회에서 인권이 침해되고 차별이 자행되는 근본 원인을 묻는 질문에 1위가 경제적 지위, 2위가 학력·학벌이라고 답했고, 그보다 한참 떨어진 수준으로 장애와 전과 여부가 꼽혔다. 국민들은 경제자본과 문화자본의 불평등이 한국에서 인권침해의 심층구조를 이룬다고 믿고 있었다. 인권침해와 차별을 저지르는 주체에 대해서 사람들은 정치인, 검찰, 군대 상급자, 경찰, 직장 상사를 열거했다. 공공·민간기관의 인권보장 노력에 대한 문항도 있었다. 최고 조직으로 시민단체·엔지오가 꼽혔고 국가인권위원회와 국민권익위원회가 그 뒤를 이었다. 최악의 조직으로 청와대와 국회가 꼽혔고 그다음으로 국가정보원과 법무부·검찰이 지목되었다.

<국민인권의식조사> 보고서 내용을 분석해 보면, 한국인은 인권을 명시적으로 인지하고 있지 않지만, 인권이 궁극적으로 정치와 민주주의와 삶의 질 문제임을 직관적으로 인식하고 있다. 그리고 한국인들은 비교적 실용적이고 탈이데올로기적이며 반차별적인 인권관을 보유하고 있다. 또한 세대간 차이가 나는 것으로 보아 인권의식이 향상되고 있다고 볼 수 있다(조효제, 2020).

사회복지계와 사회복지사들의 인권감수성은 어느 정도일까? 사회복지실천 현장에서 인권침해적인 사건들이 끊이지 않고 발생하고 있는데, 사회복지사들은 인권에 대한 감수성을 증진해 나가야 할 것이다. 이를 위해서 사회복지사는 서비스이용자의 문제 해결 과정에서 인권관련 법률과 규범 등에서 제시한 인권 영역을 확인하고 인권증진 관점에서 서비스를 계획하고 내용을 구성하여 개입 및 실행해야 한다(김수정, 2014).

사회복지와 인권은 동전의 양면과 같은 것으로 사회복지사에 대한 인권교육과 서비스이용자의 인권증진 지침 마련, 인권침해 사례에 대한 조사 및 조처, 인권침해사건을 전담하는 구제절차 마련, 사회복지시설의 인권현황에 대한 외부의 감독 등이 가능하도록 관심을 가져야 할 것이다.

3. 사회행동과 옹호

사회행동은 어려운 상황에 처한 억압받고 소외된 사람들이 사회정의와 민주주의 실현에 입각해서 사회, 정치·경제적으로 보다 많은 자원과 향상된 처우를 요구하는 사회행동의 실천을 의미한다. 지역사회 구조와 문제상황에 대한 전제는 사회 내의 불리한 입장에 처한 사람들이 있고, 이들은 사회적 부정의나 박탈, 불평등 상황에 놓여 있다고 본다. 사회행동의 목표는 기존 권력관계의 변화를 통한 자원의 재분배, 사회적 약자에 대한 의사결정의 접근성을 강화해 나가는 것이다(김용환 외, 2019).

옹호란 "사회정의를 확보 및 유지하기 위한 목적에서 하나 이상의 개인이나 집단 또는 지역사회를 대신해서 일련의 조치를 직접 주장, 방어, 개입, 지지, 추천하는 행위'이다(Mickelson, 1995). 옹호의 개념을 살펴보면 다음과 같다.

첫째, 대신하여 말하거나 탄원하는 행위이다. 즉, 다른 사람의 입장을 대변하거나 명분을 위해 싸워주는 것, 어떤 이슈를 대신하여 이야기하거나, 어떤 집단의 이름으로 그들의 이익을 위해 이야기하는 것이다. 둘째, 다른 사람을 대표하여 행동하는 것이다. 즉, 다른 사람의 이익이나 복지를 자신의 것처럼 대표하는 것이다. 셋째, 조치를 취하는 것이다. 행동하기, 반응하기, 앞으로 나아가기, 시도하기, 행동에 옮기기이다. 넷째, 변화를 촉진하는 것이다. 서비스이용자나 집단을 대신해서 지역사회 조건을 변화시키는 행위로서 수정하거나 변경, 개선, 변형하는 것을 의미한다. 다섯째, 합법적인 서비스나 자격 및 혜택, 권리에 사람들이 접근할 수 있도록 촉진시키는 것이다. 여섯째, 옹호란 사회정의를 이룩하고 보존할 목적으로 어떤 행동방침을 직접적으로 방어하는 행위이다(김용환 외, 2019)[4].

옹호와 유사한 개념으로 '사회행동(social action)'이 있다. 사회복지에서는 옹호보다 사회행동이라는 용어가 더 많이 사용되었으며, 사회행동은 특정 취약집단이나 계층의 복지욕구 및 문제해결을 위한 입법활동이 주를 이루고 있다. 옹호와 사회행동은 모든 사회변화를 목표로 하고 있으며, 상호교환적 개념이라는 시각과 사회변화를 추구하는 사회행동이라는 큰 틀 속에 옹호가 하나의 역할로 있다는 위계적 개념으로 보는 것이다. 이런 점에서 사회복지 옹호를 사회정의 실현을 위해 사회 개선과 변화를 수용하여 서비스이용자의 이익을 추구하기 위해 구체적인 전략을 활용하는 전문가 활동으로 정의할 수 있다.

4) 사회복지사가 활용할 수 있는 옹호기술을 자세하게 알려면, 김용환 외(2019). 지역사회복지론. 동문사. 189~198을 보라.

제 2 절 사회복지 전문직의 가치와 윤리

1. 가치와 윤리의 개념

1) 가치의 개념

가치는 사회복지실천 활동의 기초가 되는 철학적 기반으로서 중요하다. 효과적인 사회복지실천은 어떠한 지식이나 개입 방법만으로 충족될 수 없으며, 어떤 명백한 가치나 신념이 전제되어야 한다. 가치는 어떤 행동이 '좋고 나쁘며, 옳고 틀리며, 바람직하고 바람직하지 못하다'는 도덕적 판단의 기준인 동시에 어떤 상태가 행복하고 불행한가를 판단하는 기준이다(전재일 외 2004). 즉, 가치는 믿음과 같은 것으로 좋고 바람직한 것에 대한 지침이며, 적합한 행동의 선택에 대한 지침이다(Loewenberg & Dolgoff, 1996).

사회복지의 기본 가치에 대해서 Friedlander는 인간의 존엄성, 인간의 자율성, 기회의 균등성, 사회적 책임성을 언급하고 있으며, 사회복지실천의 전문적 가치에 대해서 학자들은 다양한 견해를 제시하고 있는데, 일반적으로 거론되는 가치로는 개인의 가치와 존엄성, 개인에 대한 존경, 변화 가능성에 대한 가치, 클라이언트의 자기 결정권, 비밀 및 사생활 보장, 적절한 자원과 서비스 제공, 권한 부여, 동등한 기회 보장, 비차별성, 그리고 다양성의 존중 등이다(NASW, 1995: 894).

(1) 전문직 가치의 범위

Levy(1973)는 실천 가치에 우선하는 사회복지 전문직 자체의 가치를 세 가지로 구분하여 설명하고 있다.

① **사람 우선 가치** : 전문직 수행의 대상인 사람 자체에 대해 전문직이 갖추고 있어야 할 기본적 가치관으로서 클라이언트를 개별화된 인간으로 보고, 능력을 인정해 주며, 권한을 인정하는 가치관이다.

② **결과 우선 가치** : 사람에 대해 서비스를 제공했을 때, 초래하는 결과에 대한 가치관이다. 이는 사회가 개인의 발전을 위해 사회참여 기회를

동등하게 제공해야 하는 사회적 책임에 대한 믿음이다.

③ **수단 우선 가치** : 서비스 수행 방법 및 수단과 도구에 대한 가치관이다. 사람은 존경과 존엄으로 다루어져야 하며, 자기 결정 권리를 가져야 하고, 사회 변화에 참여하도록 북돋워져야 하며, 독특한 개인으로 인정되어야 한다는 믿음과 같은 것이다. 인간의 자율성으로 요약될 수 있는 수단 우선 가치는 사회복지실천 과정에서 중요한 가치체계이다.

2) 윤리의 개념

전문적 가치는 실천 현장에서 윤리적 원칙들을 정립하는 지침을 제시한다. 윤리란 어떤 행동의 옳고 그름에 대한 판단으로, 사회복지 가치 기준에 맞는 실천을 하였는가에 대한 판단 기준을 제시한다(양옥경 외, 1993). 윤리는 어떤 행동이 도덕적으로 올바르며, 옳은 판단과 행동은 어떠해야 하는지를 다루는 개념이며, 사람들이 지켜야 할 행위규범 중 가장 기본적인 것이다. 다시 말하자면, 윤리란 사람이 사회관계에 있어서 사람으로서 마땅히 행하거나 지켜야 할 도리이며(문인숙, 1991), 인간이 관계하고 있는 여러 맥락 속에서 근간을 이루고 있다.

윤리를 언급할 때, 유사한 개념은 '가치'이다. 때로 사람들은 윤리에 대한 개념 정립에서 가치와 혼돈하여 생각하는 경향이 있다. 그러나 윤리와 가치는 구분되는 개념으로서 '가치'는 하나의 추상적 개념이며, 윤리는 실천상의 가치로 볼 수 있다. 즉, 가치는 윤리와는 다르게 바람직한 행동을 선택하는 데 있어 항상 지침으로서 작용하지는 않는다. 왜냐하면 개인의 행동이 개인의 가치와 모순되거나 사회 가치를 반영하지 않기 때문이다(윤기영, 1997). 그러나 윤리란 인간의 행동을 통제하거나 규제하는 기준이나 원칙까지 포함하는 개념으로 일반적으로 타인에 대한 책임감에서 우러나오는 인간에 대한 기대를 말한다(문인숙 외, 1985: 117). 가치와 윤리개념을 비교하면 <표 4-1>과 같다.

>> 표 4-1 윤리와 가치의 개념

내용	가치	윤리
개념	• 무엇이 '좋고 바람직한가?'에 관심 • 가정적인 개념으로 인간의 생각에 그침 • 인간이 마땅히 규범으로서 선호되어야 할 바람직한 것, 선한 것으로서 지향해야 될 신념이나 믿음 • 이상적, 추상적 목적이나 고수준의 상징성을 지님	• 무엇이 '옳고 그른가?'와 관계된 올바른 행위에 대한 물음 • 좋은 사고로 그치는 것이 아니라 행위로 실천될 때 의미가 있음 • 사회관계에서 마땅히 행하거나 기대되고 지켜야 할 도덕규범 및 도리로서 실천적이며, 행동의 구체적, 현실적 목표에 대한 실천상의 기준

출처: Loewenberg & Dolgoff(1996).

3) 가치관에 대한 자기 인식 증진

Brill(1985: 32)은 사회복지사로서 가치관에 대한 인식을 명확히 하는 것이 바람직하다는 것을 다음과 같이 요약하고 있다.

- 자신의 가치관이 깊숙이 내면화되어 있음을 깨달아 그 기준에는 자신의 감정적 요소가 다분히 개입되어 있음을 인식해야 한다.
- 자신의 편견이 무엇인지 의식하는 데 최선을 다해야 한다.
- 자신과 스스로의 가치관을 객관적이고도 현실적으로 평가하도록 노력해야 한다.
- 이러한 평가에 근거하여 변화가 필요한 가치관은 변화하도록 노력하며, 클라이언트의 욕구를 충족시켜 줄 수 있다면 클라이언트 자신의 자유로운 생활양식을 허용하고 사회복지사 자신의 생활양식과는 서로 다르다는 사실을 분별해야 한다.
- 사회복지사는 문학, 예술, 음악과 개인의 생활 경험을 통해 가능한 한 여러 부류의 사람들과 접해 보고 그들의 생활양식, 가치관을 이해하도록 노력해야 한다.

2. 윤리가 중요시된 역사적 배경

1) 가치의 발전

사회복지는 사회정의와 공정성에 뿌리를 둔 규범적인 전문직이며(Reamer, 1999: 5), 가치 실천의 역사는 여러 단계를 거쳐 발전해 왔다. 리머(Reamer, 1999)는 4단계로 나누어 설명하고 있다.

- **1단계** : 19세기 말 사회복지실천이 하나의 전문직으로 선언하고 나섰던 때, 자선조직협회를 통해 중산층의 도덕이 빈곤한 자들에게 강요되던 시기이다.
- **2단계** : 인보관운동의 발전으로 시작, 빈곤한 자의 도덕성 결여보다 사회의 불공평함에 빈곤의 문제가 있음을 주장하면서 빈곤을 인식하는 사회 가치의 변화를 주장하였다.
- **3단계** : 1940~1950년대 중심, 클라이언트 중심의 가치체계에서 전문직과 전문가의 가치체계로 중심이 옮겨졌으며, 클라이언트를 대하는 전문가의 가치관에 의문을 제기하면서 전문직 가치체계에 입각한 실천을 하도록 하는 윤리적 지침을 생각하게 되었다.
- **4단계** : 1960년대로 미국사회복지사협회에서 윤리강령을 공식적으로 채택하면서 시작되었다.

2) 윤리의 등장

사회복지실천의 윤리가 본격적으로 시작된 것은 1970년대이며, 이때 윤리가 각광받게 된 이유는 아래와 같이 요약할 수 있다.

- 과학기술의 발전으로 다양한 형태의 윤리적 결정을 해야 하는 상황(장기이식, 안락사, 성 감별을 통한 유산 등)에 놓이게 되자 사회복지사들의 개입이 필요하게 되었다.
- 사회가 성숙함에 따라 환자 권리, 피의자 권리, 죄수의 권리를 인정하는 사회 분위기에 힘입어 사회복지 대상자의 권리를 인정하자는 사회 분위

기의 영향을 받게 되었다. 사회복지 대상자의 권리 인정으로 인한 다양한 형태의 윤리적 갈등이 발생하게 되자 이를 해결하기 위해서 윤리 지침의 필요성이 대두되었다.

3. 사회복지실천과 가치

1) 사회복지의 가치성

인간의 행동에는 반드시 일정한 목표가 있다. 그 목표는 가끔 자신이 속해 있는 집단이나 조직의 목표와 일치할 수도 있고 그렇지 않을 수도 있다. 인간은 누구나 오랜 시간과 특정한 공간을 거쳐 성장해 온 사고방식과 생활양식을 기준으로 자신의 행동이 나타나게 된다. 이와 같은 사고방식과 생활방식은 자신이 속해 있는 기존의 가치체계와 관련이 있다. 서구 사회에 있어서 인간과 사회를 보는 가치관의 근원을 몇 가지로 정리할 수 있다.

- 인간의 기본적 가치로서 이웃에 대한 책임성을 원칙으로 하는 기독교적 가치관
- 모든 인간은 평등하며, 자유와 행복추구의 권리를 강조하는 민주주의 이념
- 환경을 무시하고 인격만을 주장하며, 근면한 사람은 도덕적 인간이며, 쾌락을 죄악시하는 청교도적 가치
- 자연의 진화 과정에서 강자는 생존하고 약자는 도태할 수밖에 없어 강자의 사회가 출현한다는 사회진화론

이상의 가치체계에 인간 존엄성, 자유와 평등을 긍정적인 가치로 인정하는 대신에, 청교도의 논리나 사회진화론 등의 가치는 부정적인 것으로 생각하기 쉽다. 오늘날 이러한 가치는 서방국가의 발달적 원동력이 되고 있다. 즉, 적극적이든 소극적이든 어떤 가치체계가 강하게 뒷받침함으로써 국가 발전은 물론, 인간과 사회관계가 지속되며, 사회질서와 사회정의가 구현되는 것이다. 따라서 사회복지의 가치는 인간을 존중하며 인간의 복지를 어떻게 중요시하고 있는가를 결정하는 각 국가의 유력한 철학과 불가분의 관계

에 있다. 이러한 맥락에서 유럽과 미국의 사회복지 철학을 네 가지로 제시하면, 인간의 존엄성, 자기 결정권, 균등한 기회, 사회적 책임 등에 대한 확고한 신념으로 나타나고 있다(전재일, 1999; 김기태 외, 2000).

Friedlander는 사회복지사업의 기본적 가치성을 다음과 같이 제시하고 있다.

- **개인 존중 원리** : 모든 사람은 인간으로서의 가치, 품위, 존엄 등이 있다.
- **자발성 존중 원리** : 개인이 무엇을 요구하고 그것을 어떻게 충족할 것인가의 결정 권리가 있다.
- **기회균등 원리** : 모든 인간에 대해 균등한 기회를 제공해야 한다.
- **사회연대 원리** : 사람들은 자기 자신, 가족 및 사회 등에 대해 책임을 진다.

이상에서 제시한 사회복지의 가치는 우선적으로 '모든 인간의 가치와 존엄'이고, 다음으로는 '자기 결정, 자기 충족 및 자기실현' 등으로 점차 구체화하고 있다. 따라서 사회복지의 가치는 개인주의적인 측면을 강하게 반영하고 있으며, 사회복지가 사회의 복지이기 이전에 개인의 사회적 복지임을 깊이 인식해야 한다고 강조하고 있다.

2) 사회복지실천의 가치관(조휘일 외, 2000: 38-40)

- 개인은 사회의 기본적인 관심의 대상이 되어야 한다.
- 개인에 있어서 자주성 내지 독립성을 존중해야 한다.
- 인간의 공통 욕구를 충분히 인식하되, 각 개인에 따라 독특하고 다르다는 것을 알아야 한다.
- 인간은 상호관심을 가지고 다른 사람을 보살펴야 할 사회적 책임을 가지고 있다.
- 각 개인은 자신의 문제에 대처할 수 있는 충분한 잠재력을 가지고 있으며 이는 최대한 개발되고 동원되어야 한다.
- 사회는 각 개인의 자아실현에 방해가 되는 장애물을 제거시켜 주어야 할 책임이 있다.

3) 사회복지실천과 가치 전제

사회복지사가 사회복지실천 과정에서 클라이언트를 대할 때, 지녀야 할 가치 전제는 살펴보자면 다음과 같다(장인협 외, 1999).

(1) 개인의 존엄성과 독특성에 대한 존중

개인의 존엄성과 독특성을 존중하는 사회복지사는 클라이언트의 존엄성에 관해 의사소통하는 내용을 민감하게 인식할 수 있어야 하며, 클라이언트를 판에 박힌 듯 대하지 않아야 한다. 또한 클라이언트가 그들의 장점을 발견하여 문제해결 과정에 활용하도록 도와주어야 하며, 문제해결에서 클라이언트의 참여를 적극적으로 기대하면서 필요한 것(needs)보다 바라는 것(wants)에 초점을 맞추어 도와야 한다.

(2) 클라이언트의 자기 결정에 대한 신념

자기 결정은 여러 가지 대안들이 요청된다. 사회복지사의 중요한 책임은 의사결정을 위한 클라이언트의 기회를 극대화하는 것이며, 사회복지사는 클라이언트에게 자신의 견해를 제공할 의무가 있다. 만일 클라이언트의 가치가 목표 달성을 위한 노력을 방해하거나 다른 사람의 복지를 침해하여 클라이언트가 그러한 가치를 변화시키는 노력에 동의한다면, 클라이언트의 가치를 수정하려는 노력은 자기 결정의 개념과 반드시 일치하지 않는 것은 아니다. 그리고 클라이언트의 자기 결정과 사회복지사의 자기 결정은 구별되어야 하며, 클라이언트의 자기 결정이 우선시되어야 한다.

4. 토착적인 사회복지 가치

사회복지의 관점에서 우리나라의 전통적인 상부상조, 인간존중, 경로효친의 가치관은 계승·발전시켜 나가야 하며, 서구의 평등사상, 복지사상, 효율성 등의 가치관은 적절히 수용하여 토착적인 가치로 발전시켜 나가야 한다. 우리가 계승해야 할 전통적인 사회복지의 가치관은 다음과 같다.

1) 인간존중의 사상

전통사상 가운데 홍익(弘益)인간 이념과 이도흥치(以道興治), 신라의 광명이세(光明理世), 화랑도의 세속오계 중 살생유택(殺生有擇), 불교 및 유교의 인간 존중 사상과 동학의 인내천 사상(人乃天思想)에서 인간 존중의 정신을 엿볼 수 있다. 인간 존중 사상은 헌법 제10조에 "모든 국민은 인간으로서 존엄과 가치를 가지며, 행복을 추구할 권리를 가진다. 국가는 개인이 가지는 불가침의 기본적 인권을 확인하고 이를 보장할 의무를 진다."고 명시되어 있다.

2) 상부상조(相扶相助)의 공동체 의식

한국사에서 상부상조의 유형으로는 두레, 품앗이, 계(契), 향약 등이 있다. 두레란 고래(古來)로 촌락 단위로 조직된 농민들의 상호 협동체이며, 품앗이는 부락 내 농민들이 노동력을 서로 교환하는 노동 협력의 양식이고, 계는 부락 주민들이 전통적 빈곤을 극복하기 위한 자생적 조직이다. 향약(鄕約)이란 지역주민들의 순화(醇化), 덕화(德化), 교화(敎化)를 목적으로 한 지식인들 간의 자치적인 협동 조직(성종 25년)이다. 이러한 상호부조의 공동체 의식은 우리나라의 전통적 가치관으로서 현대의 사회복지의 가치체계에도 잘 반영되어야 한다.

3) 자유와 평등사상

헌법에 명시된 바와 같이 자유와 평등은 사회복지체계의 기본이 되는 정신이다. 이것은 국가 존립이 개인의 자유와 평등을 보장하는 것을 기본으로 하고 있다. 자유는 경제적, 정치적으로 어떠한 구속이 없이 자발적으로 활동하는 반면, 사회적인 측면에서 타인의 경제적, 정치적 자유에 침입하지 않는 의무를 지닌다. 평등이란 헌법 제11조 제1항에서 "모든 국민은 법 앞에 평등하다."와 같이 모든 개인이 동등한 대우를 받는다는 의미이다. 사회복지는 자유와 평등의 정신 위에 성립될 수 있으므로, 자유와 평등의 이념은 사회복지체계의 핵심적 기반이 될 수 있다.

제 3 절 사회복지실천 현장의 윤리와 가치 갈등

사회복지사는 실천 현장에서 클라이언트의 문제해결 및 삶의 질을 향상시키는 데 있어서 다양한 가치 갈등을 겪게 된다. 사회복지사는 가치 갈등이나 모순에서 벗어나기 위해서 자기 훈련과 경험을 쌓아 나가야 한다. 또한 사회적 기능 수행에 있어서 바람직한 가치는 무엇이며, 자신의 개인적 가치는 무엇인지에 대한 이해가 있어야 한다. 이를 위해 사회복지실천 과정 훈련 중에서 가장 먼저 점검해 보아야 할 것이 사회복지사 개인의 가치이다. 사회복지사는 다양한 가치관과 개인, 전문직으로서 자신의 가치관을 명료하게 인식, 가치관이 형성된 배경, 가치관에서 비롯된 행동과 결정, 자신의 가치관이 타인에게 미치는 영향 등을 지속적으로 검토, 확인해야 한다.

1. 점검해 보아야 할 가치

1) 자립과 의존에 대한 가치

인간은 스스로 자립할 수 있는 능력을 갖추어야 하고 노력해야 한다고 생각하는가? 아니면 사회 구성원 모두는 생존을 위해 사회에 의존할 권리를 갖고 있다고 생각하는가? 보편적인 사회복지 제도를 선호하는가? 잔여적 사회복지 제도를 선호하는가?

2) 책임과 권리에 대한 가치

누구나 권리 주장을 위해서는 책임이나 의무를 다해야 한다고 생각하는가? 책임이나 의무를 수행하지 못하는 사람이라도 누려야 할 권리는 다 누려야 한다고 생각하는가?

3) 도움을 주고받는 것에 대한 가치

클라이언트 중에 도움을 받을 만한 가치가 있는 사람과 도움을 받을 만한 가치가 없는 사람이 있다고 보는가? 도움을 받을 만한 가치가 있는 사람은 누구이며, 도움을 받을 만한 가치가 없는 사람은 누구인가?

4) 융통성과 준법성에 대한 가치

사회 구성원 모두가 생존을 위해 사회의 법과 윤리를 유연하게 적용하는 것이 바람직하다고 생각하는가? 사회가 정한 법규나 윤리적 규범, 약속을 철저히 지켜야 한다고 생각하는가?

2. 사회복지실천 현장에서의 가치 딜레마

사회복지실천 현장에서 대부분의 사회복지사는 클라이언트의 문제를 해결하는 데 있어서 다양한 가치 갈등을 겪게 되고, 윤리적 결정을 해야 하는 상황에 직면하게 된다. 클라이언트의 문제를 해결하는 데 있어서 나타날 수 있는 가치 딜레마와 윤리적 갈등 상황은 매우 다양할 수 있다. 사회복지실천에 임하는 사회복지사는 개인적 가치, 전문적 가치, 클라이언트와 클라이언트집단의 가치, 사회의 가치에 의해 영향을 받으며, 이러한 가치들 간의 갈등으로 인해 어려움을 경험하게 된다.

사회복지사가 겪게 되는 다양한 가치 갈등의 유형은 다음과 같다.

첫째, 가치 상충은 윤리적 딜레마가 가장 빈번히 야기될 수 있는 상황이다. 자주 문제가 되는 것은 클라이언트의 자기 결정이라는 가치와 사생활 보호라는 가치 사이에서 어떤 윤리적 결정을 내려야 하는 상황이다. 둘째, 의무 상충으로 사회복지사는 기관에 대한 의무와 클라이언트에 대한 의무 사이에서 갈등하게 된다. 셋째, 클라이언트체계의 다양성이다. 아동학대, 심각한 부부갈등, 가정폭력 등의 복합적인 문제를 가진 이혼 부부의 자녀문제를 다룰 때, 사회복지사는 누가 클라이언트인가를 결정하는 데 어려움을 겪게 된다. 누구의 이익을 최우선적으로 고려하고, 어떤 문제에 먼저 개입해야 하는가를 결정하는 것은 어려운 일이다. 넷째, 결과의 모호성으로 사회복지사가 내린 윤리적 결정의 효과가 모호할 때, 사회복지사는 선택의 딜레마에 직면하게 된다. 다섯째, 힘 또는 권력의 불균형이다. 사회복지사와 클라이언트의 관계가 권력적으로 평등하지 않으므로 윤리적 딜레마를 일으킨다.

이밖에도 경제적 이득과 관련된 윤리적 갈등, 이용자의 인권과 관련된 윤리적 갈등, 포괄적 책임과 관련된 윤리적 갈등, 개인적 가치와 관련된 윤리적 갈등 등이 발생하게 된다. 이와 같은 다양한 요인으로 인해 가치 갈등에 봉착하게 될 때, 사회복지사가 가치 갈등에서 벗어나기 위해 고려해야 할 사항들은 다양하지만 사회복지사의 전문성을 높이기 위한 자기 이해라는 측면에서 사회복지사의 개인적 가치관과 전문적, 사회적 가치관의 관계를 분명하게 인식하는 것은 매우 중요하다. 따라서 이러한 상황에서 가치 딜레마를 극복하기 위한 방안으로 제시된 것이 사회복지사 윤리강령이므로 사회복지사는 사회복지사 윤리강령이 제시하는 윤리 원칙을 잘 숙지하여 딜레마 상황에서 바람직한 선택과 결정을 할 수 있도록 노력해야 한다.

3. 사회복지사의 윤리와 실천원칙

1) 사회복지사의 윤리강령

모든 전문직은 가치체계를 지니고 있다. 전문가가 지니는 가치관은 인간에 대해서 지니고 있는 믿음과 인간을 위한 최선의 목표와 인간을 상대로 하는 데 필요한 최선의 방법에 대한 믿음이다. 이러한 가치관으로부터 전문직의 윤리강령이 발달된다. 윤리강령은 전문가로서 다른 사람의 생활에 개입할 때 따르는 책임감, 즉 자신의 행위에서 지켜야 되는 일은 무엇인가 하는 것을 문서화한 것이다. 윤리강령은 인간을 위해서 짊어지고 있는 의무를 표현한 것이다(조휘일 외, 2000: 125).

사회복지실천의 고유한 윤리를 추구하는 작업은 전문직 단체의 확립이 다른 나라보다 일찍 행해졌던 미국에서 가장 먼저 이루어졌다. 즉, 미국 사회복지사들의 단체는 1921년에 설립된 후에 1951년에 윤리강령을 발표하였다. 그 후 1955년에는 미국사회복지사협회(NASW)가 결성되고 사회복지사의 전문성과 함께 그 존재 의의와 관련하여 윤리문제가 논의되고, 1996년 새로운 윤리강령을 발표하였다.

영국에서도 1975년 영국사회복지사협회가 사회복지실천의 이용자의 출신, 지위, 성별, 연령, 신념, 사회적 공헌도 여하를 막론하고 모든 인간의 가치와 존엄성을 강조하는 윤리강령을 공포한바 있다.

우리나라에서도 1982년 1월 15일 사회복지사 윤리강령 제정 후, 2001년 12월 15일 3차 개정을 통하여 한국 사회복지사의 윤리강령을 채택하였다. 즉, 인간의 존엄성, 정의, 공평 등의 가치를 추구하면서 균등하고 차별 없는 서비스를 받을 클라이언트의 권리와 사회복지사 개인의 이익을 배제하고 전문적 지식과 기술개발을 위해 계속해서 노력할 것과 팀워크, 전문인으로서의 책임성 등을 강조하고 있다(김만두, 1993: 257-258).

2) 전문가로서의 윤리적 책임과 원칙

(1) 능력의 원칙

사회복지사는 자신의 현재 능력과 필요한 능력을 획득하려는 의도에 기초해 책임을 수행해야 한다. 전문적인 문헌을 연구하고 보수교육에 참여하며, 사회복지실천과 윤리에 대한 경험적 지식을 포함해 인정된 지식에 기초해 업무를 수행해야 한다.

(2) 차별 금지의 원칙

사회복지사는 어떠한 형태의 차별이 담긴 실천을 해서는 안 된다. 차별에는 인종, 국적, 피부색, 성별, 연령, 결혼상의 지위, 정치적 신념, 종교, 정신적·육체적 능력, 성적 경향성 등을 포함한다.

(3) 사적 행위 금지의 원칙

사회복지사는 전문적 책임을 수행하는 능력을 제한하는 어떠한 사적 행위를 해서는 안 된다. 가령 정치적 캠페인을 하면서 자신의 사회복지실천 활동을 선전하는 것은 비윤리적 행위이다. 이러한 행위는 전문적 책임을 수행하는 사회복지사의 능력을 제한하게 된다. 또한 클라이언트와 사적인 관계를 맺어서는 안 된다. 예를 들면, 자신이 돕는 클라이언트와의 관계에서 돈을 빌린다거나 성관계를 맺는다거나 개인적인 친분 관계를 맺어서는 안 된다.

(4) 개인적 손상에 관한 원칙

사회복지사는 가끔 개인적 문제에 직면할 수 있으며, 이것은 정상적인 생활의 한 부분이다. 그러나 사회복지사는 개인적 문제, 심리적 스트레스, 법적 문제, 정신건강상의 어려움 등이 자신의 전문적 판단과 직무 수행에 어려움을 초래하거나 자신이 책임지고 있는 사람을 위험에 빠뜨리게 해서는 안 된다. 이러한 일이 발생하게 되면 전문적인 도움을 요청하고, 직무량을 조절하며, 실천을 종료하거나 기타 필요한 조치를 취해야 한다.

(5) 부정직, 사기 금지의 원칙

사회복지사는 부정직, 사기 또는 기만과 관련한 어떠한 활동에 참여해서는 안 된다.

(6) 전문직 성실성 원칙

전문직의 통합성이란 수준 높은 실천의 기준을 유지하고 향상시켜야 하는 사회복지사의 의무에 관련되어 있다. 이를 위해 사회복지사는 조사와 연구, 교육, 출판, 전문가 회의에서 발표, 자문, 지역사회와 전문가 조직에 대한 봉사, 법적 증언 등에 참여하게 된다.

3) 클라이언트에 대한 윤리적 책임 원칙

(1) 클라이언트의 이익 우선의 원칙

클라이언트의 존재와 욕구는 사회복지사의 실천 활동의 근본이므로 클라이언트의 이익이 사회복지실천 활동에서 가장 우선되어야 한다.

(2) 자기 결정 원칙

클라이언트의 자기 결정 원칙은 인간이 지닌 천부적 존엄성에 대한 신념에서 나온다. 인간이 천부적인 존엄성을 가지고 있다면, 자신의 삶에 영향을 미치는 결정에 스스로 참여할 수 있어야 하며, 클라이언트의 자기 결정도 이런 맥락에서 이루어져야 한다. 그러나 이 원칙은 클라이언트의 책임성이라는 전제를 가지고 있으며, 사회복지사는 클라이언트의 자기 결정과 전체

사회에 대한 책임을 연결해 균형을 유지해야 한다. 따라서 클라이언트의 행동이 자신이나 타인에게 해를 가할 위험성이 있을 때에는 자기 결정이 제한될 수 있다. 클라이언트의 자기 결정 개념 속에는 대안의 개념이 내재되어 있다. 만약 하나의 선택만이 존재하고 다른 대안이 없다면, 그러한 상황에서 자기 결정은 속임수에 지나지 않는다. 사회복지사는 클라이언트로 하여금 새로운 대안과 환경 내의 자원을 개발, 활용하며 환경의 요구에 대응하는 방법을 발견하도록 도와주어야 한다.

(3) 고지된 동의의 원칙

클라이언트로부터 정보수집이나 서비스를 제공하려 할 때, 반드시 사전 동의를 받아야 한다. 고지된 동의의 형태는 명확하고 알기 쉬운 언어로 이루어져야 하며, 제공되는 서비스의 목적, 서비스와 관련된 위험이나 비용, 서비스의 다양한 대안, 동의를 거부하거나 철회할 수 있는 클라이언트의 권리 등이 포함된다. 또한 서비스가 갖고 있는 한계도 고지된 동의에 포함되어야 한다.

(4) 사회, 문화적 다양성의 원칙

급속하게 변화하는 사회에서 문화적 규범이나 독특한 윤리는 클라이언트가 자신의 삶에서 일어나는 특정한 문제를 이해하는 데 영향을 미치며, 사회적 서비스와 사회복지사에 대한 클라이언트의 반응에도 영향을 미친다. 따라서 사회복지사는 클라이언트가 가지고 있는 문화적 다양성을 이해, 민감하게 대처할 수 있어야 한다.

(5) 클라이언트에 대한 헌신의 원칙

사회복지사는 클라이언트를 위해 능력의 범위 안에서 최대한 봉사해야 할 의무가 있다. 전문가가 전문가일 수 있는 것은 특별한 지식과 기술이 있으며, 클라이언트가 그러한 지식이 자신을 위해 사용될 것을 기대하기 때문이다. 사회복지사는 전문적 판단을 저해하거나 불공정한 판단을 가져올 이해관계의 갈등에 민감하게 반응하므로 갈등을 피해야 한다. 또한 클라이언트에게 손해를 줄 수 있는 이중적 및 다중적 관계를 피해야 한다. 따라서 사회복지사는 관련된 당사자들에 대한 의무를 명확하게 하여 이해관계의 갈등을 최소화할 수 있도록 적절한 행동을 취해야 한다.

(6) 비밀보장과 프라이버시 존중의 원칙

사회복지사는 클라이언트의 사생활을 존중해야 하며, 서비스 제공이나 조사 평가 수행에 필수적인 경우가 아닌 한 클라이언트의 사적 정보를 캐지 않아야 하며, 일단 얻은 정보는 비밀을 보장해야 한다. 사회복지사는 서비스 제공 과정에서 얻은 정보의 비밀을 보장해야 하지만, 예외적인 상황에서는 정보를 공개할 수 있다. 예외적 상황이란 법적 요구가 있거나 정보공개가 클라이언트나 타인에게 예상되는 심각하고 긴급한 위험을 방지할 수 있는 경우이다. 이러한 경우에도 사회복지사는 정보공개와 그 결과에 대해 가능한 클라이언트에게 고지하여 동의를 구하는 절차를 밟아야 한다.

(7) 도덕성과 품위의 원칙

사회복지사는 어떠한 경우에도 이전이나 현재의 클라이언트와 성적 관계를 가져서는 안 되며, 신체접촉이나 성적 학대, 모욕적 언행을 해서는 안 된다. 이러한 성적 관계나 도덕성의 손상은 당사자에게 해를 끼칠 수 있으며, 사회복지사와 클라이언트 간에 필요한 적절한 전문적인 경계를 유지하기 어렵게 만든다.

4) 동료에 대한 윤리적 책임

(1) 존경의 원칙

사회복지사는 동료를 존경으로 대해야 하며, 동료의 자격이나 견해를 공정하게 다루어야 한다. 클라이언트나 다른 전문가와 의사소통을 할 때도 동료에 대하여 부당한 부정적 비판을 피해야 한다. 부당한 부정적 비판이란 동료의 능력, 인종, 피부색, 성별, 연령, 결혼 상태, 정치적 신념, 종교, 신체적, 정신적 장애 등에 관한 개인의 특성이나 태도에 대하여 비하하는 언급을 포함한다.

(2) 비밀 보장의 원칙

사회복지사는 전문직의 수행 과정에서 동료와 함께 공유한 비밀 정보를 존중해야 한다.

(3) 비윤리적 행위나 무능력 동료에 대한 책임 원칙

사회복지사는 자신의 지위나 이익 추구를 위해 동료와 고용주와의 분쟁을 이용해서는 안 된다. 사회복지사는 동료와 분쟁 가운데 있는 클라이언트를 이용하거나 사회복지사와 다른 동료와의 분쟁에 클라이언트를 끌어들이지 않아야 한다. 사회복지사는 클라이언트의 이익을 위해 필요한 경우, 동료의 조언이나 상담을 구해야 한다. 다른 전문가의 지식이나 경험이 클라이언트를 위해 필요한 경우 또는 자신과 클라이언트와의 관계에서 서비스의 효과적인 수행이 이루어지지 못할 경우, 사회복지사는 다른 전문가에게 클라이언트를 의뢰해야 한다. 동료에 관하여 어떤 개인적 문제(약물남용, 정신건강문제 등), 무능력 또는 비윤리적 행동의 문제를 직접적으로 알게 되었을 경우, 동료와 상담하거나 필요한 조치를 취하도록 도와야 한다. 만약 이런 조치가 문제를 적절하게 해결하지 못할 경우, 사회복지사는 고용주, 기관, 기타 전문가 조직을 통해 필요한 행동을 취해야 한다.

5) 사회에 대한 윤리적 책임

(1) 사회복지 증진의 원칙

사회복지사는 지역적 수준에서 지구적 수준에 이르는 전체사회의 복지를 증진할 책임이 있다. 기본적인 인간의 욕구를 충족시키기 위한 삶의 조건을 향상시켜야 하며, 사회정의 실현에 기여하도록 정치, 경제, 문화적 가치와 제도를 증진시켜야 한다. 또한 사회정책과 제도의 형성 과정에 대중을 참여시키도록 촉진해야 한다.

(2) 사회 행동의 원칙

사회복지사는 모든 사람의 기본적 욕구 충족과 개발을 위해 요구되는 자원, 고용, 서비스 및 기회에 대한 동등한 접근이 이루어지도록 정치, 사회적 행동에 참여해야 한다. 따라서 정치적 영역이 실천에 미치는 영향을 이해해야 하며, 사회적 조건의 향상을 위한 정책과 입법의 변화를 위해 노력해야 한다. 이러한 활동에 있어서 사회복지사는 모든 사람에 대해, 특히 사회적으로 취약한 위치에 있거나 억압, 착취당하는 사람들을 위한 선택과 기회를 확장해야 한다(김상균 외, 2003: 121-132).

제 4 절 윤리적 딜레마와 윤리적 의사결정

1. 윤리적 딜레마의 개념

윤리적 문제들은 다음과 같은 질문을 갖는다. 즉, 주어진 상황에서 도덕적으로 마땅히 해야 할 옳은 일은 무엇인가? 그 상황에서 사회복지사는 비윤리적 행동을 어떻게 피할 수 있는가? 한편 윤리적 딜레마(ethical dilemmas)는 두 가지 이상의 가치가 상충하는 윤리적 갈림길에서 한 방향을 선택해야 할 때, 혹은 선택하고자 하는 각 대안들이 한 사람, 혹은 여러 사람들에게 바람직하지 못한 결과를 초래하게 될 때 발생한다. 사회복지사는 어떤 것을 우선할 것인지를 결정할 수 있어야 한다. 특정 사례와 관련된 윤리원칙과 법적 의무가 무엇인지 확인하는 것은 윤리적 의사결정의 첫 단계이다. 그러나 여러 개의 윤리원칙과 법적 의무가 적용될 수 있고 때로는 갈등을 일으킨다는 것을 확인하는 것만으로는 불충분하다. 이처럼 윤리적 의무가 서로 갈등적인 상황에서 사회복지사는 어떤 원칙이나 법적 의무를 우선해야 되는지를 스스로 결정해야 한다.

2. 윤리적 의사결정 특성과 지침

1) 윤리적 의사결정의 개념

윤리적 의사결정이란 사회복지실천 과정에서 발생하는 다양한 윤리적 딜레마를 해결하려는 목적에서 사회복지사가 선택할 수 있는 다양한 개입 행위의 대안들 가운데 가장 윤리적인 것과 관련하여 내리는 윤리적 선택 행위를 의미한다(Reamer, 1998).

2) 윤리적 의사결정의 특성

가치갈등 상황에서 명확하게 윤리적인 의사결정을 한다는 것은 결코 쉬운 일이 아니다. 윤리적인 의사결정의 특성을 살펴보자면 다음과 같다. 윤리적 의사결정은 사회복지사의 주관적인 가치의 반영이 아니라 기본적으로 이성적인 작업이며, 순간적인 판단이 아니라 일련의 단계로 이루어지는 하나의 과정이며, 윤리적 의사결정 과정에는 이성적, 합리적인 요인과 함께 심리적, 감정적인 요인도 영향을 미친다. 따라서 윤리적 의사결정은 체계적으로 이루어져야 하며, 주어진 사례와 관련된 가능한 모든 측면을 고려하기 위해서 조직화된 일련의 단계를 따르는 것이 중요하다.

윤리적 의사결정은 다양한 가치들 사이에서 이루어지는 일종의 절충이다. 사회복지사의 윤리적 결정은 단순히 올바른 것과 나쁜 것 사이에서 하나를 구별해 내는 것과 같이 쉬운 경우는 거의 없고, 대부분의 경우 사회복지실천 현장에서 부딪히는 현실은 두 가지 경우의 까다로운 사례 중 하나이다. 하나는 도저히 서로 양립할 수 없지만 둘 다 윤리적으로 존중되어야 한다고 판단되는 가치나 의무 가운데 꼭 하나만을 선택해야 하는 경우이고, 다른 하나는 서로 양립할 수 없으면서 동시에 둘 다 윤리적으로 바람직하지 못한 실천 행위들 사이에서 하나를 선택해야 되는 경우이다.

윤리적 의사결정 과정은 '결정 절차'와 '결정 원칙'이라는 두 가지 핵심적인 요소로 이루어진다. 윤리적인 의사결정 과정의 근본적인 목적이 서로 경합하고 있는 가치나 의무들의 우선순위를 정하는 것이라는 점에서 볼 때, 위의 두 가지 요소에 대한 분명한 이해는 필수적이다. 즉, 가치나 의무 사이의 우선순위를 합리적으로 판단하기 위해서는 가치와 의무 사이의 우선순위를 판단하는 데 이용할 구체적인 판단 기준의 내용이 무엇인가에 대한 규정이 필요하며, 우선순위를 합리적으로 확인하고 판단해 나가는 데 요구되는 일련의 조직화된 과정, 즉 체계적인 절차가 필요하다.

윤리적 의사결정의 첫 번째 특성과 관련해서 언급한 바와 같이 윤리적 의사결정이라고 하여 주어진 사례의 윤리적인 측면만을 고찰하는 것은 아니다. 실제로 사회복지사가 직면하는 문제 상황의 사례들은 본질적으로 윤리적인 요소와 비윤리적인 요소가 혼재되어 있으며, 사회복지사가 내리는 윤리적인 판단 역시 상당 부분 비윤리적인 요소에 의해 영향을 받게 된다. 이러한 비윤리적인 요소에 속하는 것으로는 사회복지실천과 관련된 다양한 연구에서 제공되는 경험적 지식을 실천 이론과 사회복지사가 자신의 실천 경험으로부터 얻는 전문적인 지식과 경험들이 있다.

사회복지 분야에서 이루어지는 윤리적 결정이 합리적, 체계적인 기준과 절차에 의해 이루어지는 것이라고 해도 그 결정 과정에는 필연적으로 의사결정자의 자유재량의 요소가 있다. 윤리적 의사결정은 이론의 여지가 없이 분명하게 주어진 원칙, 규칙, 규정을 주어진 사례에 기계적으로 적용하는 작업이 결코 아니다. 또한 윤리적 의사결정 과정은 한 명의 의사결정자가, 예를 들어 해당 사례의 사회복지사가 혼자서 독단적으로 진행하는 것이 아니라, 이러한 결정에 영향을 끼칠 수 있거나 또 받을 수 있는 모든 당사자들이 전체적으로 참가한 결과이다. 그러므로 의사결정 과정에서는 주어진 사례와 관련이 있는 다양한 당사자들이 참여하여 자기들이 가진 의견과 정보를 제출하여 결정 과정에 대해 반응하고 다른 선택을 제공하기도 하면서, 윤리적 의사결정 과정을 둘러싼 주위 환경을 변화시키기도 한다. 이처럼 윤리적 의사결정 과정은 복잡하고 어렵다고 볼 수 있다.

3. 윤리적 딜레마 해결을 위한 준거 틀

1) Loewenberg와 Dolgoff의 윤리 원칙

윤리적 의무가 서로 갈등적인 상황에서 어떤 원칙이나 법적 의무를 우선해야 되는지의 결정을 돕기 위해 Loewenberg와 Dolgoff(1996)는 윤리 원칙 스크린(ethical principles screen)에서 전문적 사회복지실천의 기본적인 윤리 원칙을 위계 서열 형태로 제시하고 있다.

어떤 실천 상황에서든지 사회복지사는 관련된 윤리 원칙과 적용되는 법적 의무를 먼저 확인해야 한다. 그런 다음 만일 갈등이 생기면 윤리 원칙에서 제시된 범주에 따라 분류한다. 최종적으로 상위 원칙에 우선권을 부여하고 그에 따라 행동하면 된다. EPS는 윤리적 선택을 할 때, 우선순위를 정하는 것으로부터 도출되며, 기본적으로 일곱 가지 규준 원칙을 서열화하는 것이다. '원칙 1'이 가장 중요하고 '원칙 7'은 가장 덜 중요하다(B. 셰퍼 외, 2000).

(1) 윤리 원칙의 순위

Loewenberg와 Dolgoff는 윤리 원칙을 우선순위에 따라 일곱 가지로 제시하고 있다.

① **생명보호의 원칙** : 생명보호가 가장 중요한 의무이다. 사회복지사는 클라이언트가 자신의 범죄를 신고해 감옥에 가게 한 사람을 살해하려는 사실을 알았다면, 다른 윤리적, 법적 의무를 수행하지 못해도 잠재적 희생자를 보호하는 조치를 취해야 한다.

② **평등과 불평등의 원칙** : 능력이 같은 사람은 동일하게 대해야 하지만 능력이나 권리가 다른 사람은 다르게 취급받을 권리가 있다. 능력이 같은 성인은 합의하에 성관계를 가질 권리가 있다. 그러나 청소년이 동의했다 하더라도 성인이 청소년과 성관계를 가지면 안 된다. 이는 성인과 청소년은 능력이나 권력이 다르기 때문이다. 따라서 사회복지사는 자신의 클라이언트와 성관계를 가져서는 안 되며, 상대가 성관계를 먼저 요구한다 하더라도 관계를 가져서는 안 된다.

③ **자율성과 자유의 원칙** : 사회복지사는 클라이언트가 자율성과 독립성을 지니고 자유롭게 결정을 내리도록 도와야 한다. 그러나 독립적으로 행동하려는 클라이언트의 권리는 타인에게 해를 끼치는 행동을 할 권리는 없다. 예를 들어 아동 학대나 남에 물건을 가로채는 행위는 인정될 수 없다.

④ **해(害)의 최소화 원칙** : 사회복지사는 클라이언트에게 덜 해롭고 상황을 가장 쉽게 역전시킬 수 있는 방법을 선택해야 한다.

⑤ **삶의 질 원칙** : 사회복지사는 개인과 모든 사람의 삶의 질 증진에 도움이 되는 방향으로 선택해야 한다.

⑥ **사생활과 비밀 보장의 원칙** : 사회복지사는 실천 과정에서 모든 사람이 사생활을 보호받을 권리가 있음을 강조하는 결정을 해야 하며, 클라이언트에게 서비스를 제공하는 과정에서 비밀을 지켜야 한다.

⑦ **진실성과 완전 개방의 원칙** : 사회복지사는 클라이언트를 비롯한 다른 사람을 속이지 않고 정직하게 대해야 하며, 관련 정보를 완전히 개방해야 한다.

(2) Loewenberg와 Dolgoff의 의사결정 절차

① **1단계** : 무엇이 문제인지, 문제를 일으키는 요인이 무엇인지를 확인한다.

② **2단계** : 누가 클라이언트이고 피해자인지, 지지체계와 다른 전문가 등 해당 문제에 관련된 사람과 단체는 누구인지 확인한다.

③ **3단계** : 사회적 가치, 전문가 가치, 클라이언트와 사회복지사의 개인적 가치 등 2단계에서 확인한 다양한 주체들이 주어진 문제와 관련해서 어떤 가치를 가지고 있는지 확인한다.

④ **4단계** : 주어진 문제를 해결하거나, 혹은 최소한 문제의 정도를 경감시킬 수 있는 개입 목표를 분명히 한다.

⑤ **5단계** : 개입 수단과 개입 대상을 하나하나 확인한다.

⑥ **6단계** : 확정된 목표에 따라 설정된 각각의 개입 방안의 효과성과 효율성을 평가한다.

⑦ **7단계** : 누가 의사결정에 참여할 것인지를 결정한다.

⑧ **8단계** : 가장 적절한 개입 방법을 선택한다.

⑨ **9단계** : 선택된 개입 방법을 수행한다.

⑩ **10단계** : 선택된 개입 방법이 수행되는 것을 검토하며, 예상하지 못한 결과가 나타나는지 살펴본다.

⑪ **11단계** : 결과를 평가하고 추가적인 문제들이 무엇인지 확인한다.

2) Mattison의 윤리적 의사결정의 준거 틀

Mattison(1997; 김경희, 2000 재인용)이 제시한 윤리적 의사결정의 준거 틀은 사회복지사가 윤리적 딜레마를 해결하는 데 쉽게 사용할 수 있도록 단계별 과정을 상세히 제시하고 있다. 이 준거 틀의 장점은 윤리적 딜레마의 분석과 해결을 이끄는 보다 실용적인 준거 틀로서 윤리적 의사결정 과정은 가치와 선호도에 민감하다는 끊임없는 자각을 반영하고 있다. 의사결정의 각 진행 단계마다 사회복지사는 분석도구의 상호의존도와 개인의 의사결정 과정 수행에 주의를 기울여야 한다.

(1) 1단계 : 사례 이면의 사실과 사례의 세부 사항에 대한 수집·평가

윤리적 의사결정 과정은 사례의 세부 사항과 이면에 대한 이해로부터 시작한다. 사회복지사는 클라이언트와 클라이언트체계에 관계하면서 특별히 사례 상황을 수집·평가해야 한다. 사실을 수집·평가하는 것은 결코 가치중립적인 과정은 아니다. 특정한 사실을 포함하거나 누락시키고 책임질 클라이언트를 누구로 결정할 것인가 등은 각각 의사결정자에 따라 다를 수 있다.

(2) 2단계 : 실천에 대한 고려와 윤리적 요소의 구분

사회복지사가 윤리적 딜레마의 요구에 얼마나 잘 응하는가는 윤리문제를 사회복지실천상의 문제에서 구별하고 있는지, 그리고 사회복지사가 윤리적 문제를 고려하는 방법을 어떻게 배웠는지에 따라 달라진다. 실천에 대한 고려를 가치문제와 구별하지 않은 채, 사회복지사는 실천원리에 근거한 일련의 행동을 선택하는 위험을 감행한다. 실천에 대한 고려와 윤리적 고려 모두 의사결정자의 선택을 궁극적으로 정당화하기 위해서 평가되어야 한다.

(3) 3단계 : 가치 갈등에 대한 확인

- 자기 결정권과 전문가 온정주의
- 비밀보장과 전문가의 의무상의 이유에 입각한 비밀 누설
- 법적 의무와 이성적으로 판단되는 '더 큰 선행'
- 기관 정책에 대한 책임과 자유재량에 의한 판단
- 클라이언트의 자기 결정권과 개인적 가치에 따라 이루어진 판단
- 개인의 권리와 가족체계의 복지

(4) 4단계 : 사례에 영향을 미치는 윤리강령 원칙들의 확인

사회복지사는 책임져야 할 윤리적 기준을 이해하기 위해, 그리고 어떤 기준에서 자신의 행동이 판단될지 이해하기 위해 사회복지 윤리강령을 참조해야 한다.

(5) 5단계 : 가능한 행동 양식 결정

사회복지사는 주어진 사례에 관련된 법·규칙·정책, 혹은 각각의 잠재적 위험과 혜택을 동시에 고려하면서 가능한 행동 양식을 판단해야 한다. 윤리적 딜레마가 그러하듯, 어떤 가능한 행동 양식은 동시에 유익하기도 하고 해롭기도 한 결과를 낳는다. 의사결정자는 클라이언트체계, 사회복지사, 더 넓은 사회에서의 유익과 해로움을 고려해야 한다.

(6) 6단계 : 어떤 의무가 우선적인지 평가하고 행동의 선택을 정당화함

의사결정자는 모든 수준에서 의무를 고려해 왔으며, 이제는 어떠한 우선순위와 의무, 가치를 다른 것보다 중시해야 할지 결정해야 한다. 궁극적으로 행동의 우선순위는 실천 원칙, 법적 임무, 유사한 성격의 사례에서의 다른 사회복지사의 경험과 기관 규칙·의무 수행·전문가의 온정주의, 의사결정자의 추측·편견·선호도, 기관 안에서의 사회복지사의 역할, 기타 사항에 대한 고찰 등에 근거할 수 있다. 의사결정자는 무슨 근거로 이러한 판단을 했는지에 대해 명확히 함으로써 행동의 선택을 정당화해야 한다.

(7) 7단계 : 해결과 반성

서로 경합하는 대안들 중에 어떤 가치, 윤리 원칙에 우선권을 두었는지를 보면서 사회복지사는 자신의 가치 선호도에 대해 알게 된다. 과거의 사례들을 현재의 윤리적 결정과 비교하면서 사회복지사가 사례들에 대한 자신들의 윤리적 의사결정을 평가할 때, 자신들의 대응 양상을 확인하게 될 것이다. 이러한 피드백은 사회복지사가 윤리적 딜레마에 대한 자신의 개별화된 접근방법에 대해 깨닫게 하고, 미래의 의사결정을 예측할 수 있게 한다.

3) 캐나다 상담협회(CCA)가 제시한 윤리적 딜레마 해결 절차

캐나다 상담협회는 윤리적 의사결정의 다양한 모델을 윤리강령에 통합하고자 시도하였으며, 윤리적 의사결정과 윤리적 딜레마 해결을 위한 6단계 절차를 제시하고 있다.

- **1단계** : 이 상황에서 핵심적인 윤리적 이슈는 무엇인가?
- **2단계** : 어떤 윤리적인 지침이 이 상황과 관련되는가?
- **3단계** : 어떤 윤리적 원칙이 이 상황에서 더욱 중요한가?
- **4단계** : 무엇이 가장 중요한 원칙이며, 원칙이 적용될 때 어떤 위험 요소와 이점이 있는가?
- **5단계** : 만일 내가 이 상황에 대해 조금 더 오래 생각해도 똑같이 느낄 것인가?
- **6단계** : 이 상황에서 어떤 행동 계획이 가장 도움이 될 것인가?

윤리적인 의사결정을 위한 CCA모델을 적용하더라도 윤리적 딜레마의 해결이 쉬워지는 것은 아니다. 가치와 윤리가 대립할 때, 어느 것이 우선권을 가져야 하는가에 대한 결정은 어려울 수 있다. Hepworth와 Larsen 등(1997)은 윤리적 갈등 해결 지침으로 네 가지 원칙을 제시하고 있다.

첫째, 삶, 건강, 행복, 삶에 필요한 것에 대한 권리는 비밀의 권리보다 우선한다. 둘째, 행복에 대한 개인의 기본적인 권리는 타인의 사생활, 자유, 자기 결정권에 대한 권리보다 우선한다. 셋째, 자기 결정에 대한 권리는 기본적인 행복에 대한 그들의 권리보다 우선한다. 넷째, 행복에 대한 개인의 권리는 법률, 정책, 기관의 합의 사항보다 우위에 설 수도 있다.

사회복지실천에서 건전한 가치를 바탕으로 한 윤리적 결정을 내리기 위해서 사회복지사는 실천에 영향을 미치는 사회복지 전문직의 가치와 윤리강령, 법적 의무뿐만 아니라 폭넓은 인문학 지식을 갖추어야 한다. 아울러 여러 의무와 원칙이 서로 상충될 경우 어떤 것이 다른 것에 우선하는지 결정할 수 있는 준거 틀을 마련하기 위해서 한국사회복지사 윤리강령을 숙지하고 있어야 한다.

결론적으로 효과적인 사회복지실천 능력 증진을 위해서 기존의 전통적 가치는 물론, 급격한 사회변동으로 요구되는 다양한 가치들을 총체적으로 내면화시켜서 자신의 가치관을 확립해야 한다. 이와 같은 모든 가치와 철학의 바탕 위에 전문적 지식과 기술을 적용하여 현재의 사회문제를 해결하는 데 충분히 반영한다면, 사회복지의 전문성은 더욱 확고히 정립될 것이다.

사회복지사들이 다루는 사례들은 다양하고 독특하다. 그 가운데 가치 갈등적 상황에서 사회복지사가 기억해야 할 것은 관계된 모든 사람들의 복지와 권리를 고려하여 책임감 있는 선택을 해야 한다는 것이다. 그리고 자신의 내면에 사회복지적 가치를 확고히 마련하여 가치 갈등적이지 않은 새로운 대안을 창출할 수 있어야 할 것이다.

CHAPTER

05

사회복지실천에서의 다양성에 대한 이해

우리나라는 지정학적 요인으로 인해서 오랫동안 다른 민족이나 인종과 교류가 없이 비교적 단일민족과 인종 특성을 유지해 왔다. 그런 점에서 우리 민족의 정서는 다른 민족이나 인종들에 대해서 매우 배타적인 특성을 지니고 있다. 그러나 최근 세계화 현상으로 인해서 세계가 하나의 마을, 즉 지구촌화 되어 가고 있다. 이로 인해서 우리나라도 서서히 다문화사회로 진입하고 있으며, 사회복지 분야에서도 다문화 및 다양성에 대한 관심이 증가하고 있다. 사실 세계화와 국제 교류가 확대되기 전부터 우리 민족 내부에서도 다양성이 존재해 왔다고 볼 수 있다. 그것은 다양한 종교, 문화, 성적 취향성, 정치적 신념, 경제적 측면 등 다양하면서도 복잡한 측면들을 찾아볼 수 있다. 이에 더하여 최근에 고조되는 세계적인 인구집단의 이주 노동이나 결혼 이민 현상으로 인해서 다문화, 다양성에 대한 관심이 증가하고 있는 추세이다. 사회복지사들은 이러한 다양한 인구집단의 문화적 배경, 역사, 견해를 반드시 이해하고 이에 민감하게 반응할 수 있어야 한다.

제 1 절 사회복지실천과 다양성

1. 다양성의 개념

다양성(diversity)은 사회복지사와 클라이언트 사이에 존재하는 문화적, 민족적, 인종적, 성적 경향성, 성별 차이에 대해 민감하게 반응하는 것을 포함하여 우리에게 초점이 되는 관심사이다. 사회복지사는 실천 현장에서 만나는 다양한 클라이언트집단들의 행동, 태도 및 정서적으로 중요한 차이점에 대해 잘 알고 있어야 하며, 그에 대해 민감해야 한다. 사회복지사는 성공적인 결과를 성취하기 위해서 반드시 기본적인 틀을 초월하여 독특한 개인들을 원조할 때에 인종, 성별, 나이, 종교, 성적 취향, 교육 및 다른 배경적인 특성들을 모두 고려해야 한다(배태순 외, 2009: 5).

다양성은 한마디로 정의하기 어려운 대단히 복잡한 개념이다. 학자들의 정의를 통해서 다양성에 대한 접근의 차이와 특징을 살펴보자면 다음과 같다.

첫째, 가시적인 요인이 다양성의 기준으로 가장 흔하게 사용된다. 다양성에 대한 초기의 연구들은 성, 이종(異種), 장애, 의사소통의 스타일 등과 같은 눈으로 쉽게 확인할 수 있는 사회적 범주 변수들을 많이 사용했으나 점차로 다양성을 연구하는 학자들은 다양성 스펙트럼의 확대를 제안했다(Slack, 1997; Naff & Kellough, 2003). 그러나 다양성의 기준으로 가치, 관점, 믿음 등과 같은 불가시적인 요인들은 고려하지 않았다.

둘째, 조직의 다양성을 평가하기 위해 한 가지 차원만이 고려되는 것이다. 예를 들어, Soni(2000)는 다양성을 개인의 외적 특성에 의해 나타나는 차이라고 정의했다. 성, 민족, 인종, 나이, 종교, 신체적 특성, 정신적 장애, 성적 취향성, 사회경제적 수준 등을 예로 들 수 있다. 이러한 접근은 위에서 설명한 첫 번째 유형과 유사한 개념이다. 대부분의 조직 구성원들은 조직의 다양성 정도를 평가하는 데 가시적인 요인을 사용하는 것을 원하고 있다(Carrell & Mann, 1995). Larkey(1996)는 개인의 내적 특징으로 인한 차이를 다양성이라고 정의한다.

셋째, 조직의 다양성을 평가하는 종합적이고 체계적인 기준을 제공하려는 접근이다. 이러한 관점에서 접근하는 학자들은 조직 구성원을 설명할 수 있는 차이와 유사성을 포함해서 모든 것을 망라하는 혼합물(all-inclusive mixture)이라고 다양성을 정의한다(D'Netto & Sohal, 1999). 그러므로 이 접근법에서는 학자들이 가능한 모든 요인을 다양성의 기준으로 사용하려 한다.

Gardenswartz와 Rowe(1998)는 다양성의 종합적인 기준을 설명하기 위해서 다양성의 4단 모형(four layers of diversity)을 제시했다. 이 모형은 다양성을 개인적 차원, 내적 차원(귀속적 차원), 외적 차원(사회적 차원), 조직적 차원 등으로 나눈다. 이들은 다양성의 범주가 이러한 네 가지 구조를 벗어나지 않는다고 본다. 개인적 차원은 개인의 성격으로 외향적인지 내향적인지 또는 분석적인지 직관적인지 등이 그 예가 될 수 있다. 내적 차원은 이미 결정되어 있는 개인적 특성으로 성별, 나이, 인종, 민족, 신체적 능력 등이 다양성의 기준으로 사용될 수 있다. 외적 차원은 사회생활 과정에서 만들어진 것으로 소득, 개인적 습관, 취미, 종교, 교육 배경 등이 다양성 기준으로 제시될 수 있다(최도림, 2012: 113).

사회복지실천에서 다양성 관점은 다문화주의에 입각하여 개인의 삶의 현실이 그 사람의 인종, 민족성, 언어, 문화, 성적 지향, 신체적, 정신적 능력, 종교와 사회경제적 지위와 관련을 가지면서 그 사람의 역할, 배경, 그리고 인생 경험들로 수렴되는 것임을 인식하여 사회복지실천 활동을 전개하는 것을 말한다(엄명용 외, 2011). Lum은 다양성에 기반을 둔 사회복지실천을 "사람들 사이에 존재하는 다양성과 차이점을 존중하고 원조 관계에서 작용하는 문화적 요소를 인식하는 사회복지실천"이라고 하였다(Lum, 2004; 엄명용 외, 2011 재인용).

2. 미국의 다문화사회복지 교육에서의 다양성 증진

건국 초기부터 다양한 문화적 배경을 지닌 집단들로 형성된 다문화 국가인 미국의 다문화사회복지 교육에서의 다양성 증진 내용을 살펴보는 것은 최근 다문화사회로 진입해 들어가는 많은 문제에 직면한 우리 사회에서 사회복지실천 활동을 하는 사회복지사들에게 도움이 될 것이다.

2008년에 승인된 미국의 사회복지 교육정책과 승인 기준(SWE Educational Policy and Accreditation Standards : EPAS, 2008)에는 사회복지사는 개개인이 지닌 다양성으로 인하여 각자 다른 경험을 가지게 된다는 사실을 이해할 뿐만 아니라 이 개념이 정체성을 형성하는 데 얼마나 중요한 요소로 작용하는지 인지해야 한다고 강조한다. 이러한 다양성은 많은 요인이 복합적으로 결합되어 형성되는데, 연령, 계급, 인종, 문화, 장애, 민족, 성, 성 정체성, 이주 신분, 정치적 이데올로기, 종교 등이 포함된다. 사회복지사는 이러한 다름에 의해 인간이 억압, 빈곤, 주변화와 소외를 겪거나 특권, 권력을 가진다고 본다.

이러한 문제해결을 위한 사회복지 교육 환경은 첫째, 다양성과 차이를 고려한 학습 환경을 제공하기 위해서 구체적이고도 지속적으로 노력해야 하고, 둘째, 학습 환경이 어떻게 다양성과 차이를 고려하고 있는지 명시해야 하며, 셋째, 다양한 정체성을 지닌 사람들을 지지할 수 있는 학습 환경 조성을 위한 구체적인 계획을 제시해야 한다고 명시하고 있다.

아울러 다문화사회복지를 이해하기 위한 교육 내용은 첫째, 다양한 관점 수용하기, 둘째, 평등과 정의를 포함한 사회적 맥락에 대해 논의하기, 셋째, 비판적 사고를 기를 수 있는 활동과 자아 인식을 위한 활동 개발하기를 포함한다.

1) 문화적 다양성에 근거한 사회복지 교육 내용

미국의 문화적 다양성에 근거한 사회복지 교육의 구체적인 내용을 살펴보면 다음과 같다(최명민 외, 2009: 331-333).

(1) 다양성

전문적인 사회복지 교육은 학생으로 하여금 인간의 다양성을 이해하고 이를 인정하는 태도를 지니도록 준비시켜야 하며, 인간이 가진 경험, 욕구, 신념에 나타나는 유사점과 차이점에 대해 가르치는 교육과정을 반드시 포함해야 한다. 또한 실천가로서 다양한 인구집단과 일할 때, 필요한 여러 사정 기술과 개입 기술에 대한 교육과정도 포함해야 하며, 교육과정은 특정 인구집단에 관한 포괄적인 내용을 담고 있어야 한다.

(2) 사회정의와 경제정의 증진

사회복지 교육 프로그램은 반드시 모든 종류의 인간 억압과 차별을 포함한 사회정의와 역동성과 그 결과를 다루어야 한다. 또한 학생들로 하여금 사회 변화를 꾀하는 데 필요한 기술을 습득하도록 도와야 하며, 개인적·집합적 사회정의와 경제정의를 달성하도록 광범위한 차원의 개입을 실시할 수 있도록 준비시켜야 한다. 이론적·실천적 내용은 사회정의와 경제정의를 달성할 뿐만 아니라 제도화되어 버린 억압의 원인과 그 영향에 대항해서 싸울 수 있도록 전략을 제공해 주어야 한다.

(3) 소수집단에 대한 이해

사회복지 교육 프로그램은 차별과 경제적 빈곤, 억압의 경향, 역동성, 그리고 그 결과에 대한 이론적, 실천적 내용을 담고 있어야 한다. 뿐만 아니라 유색인종, 여성, 동성애자에 대한 내용을 포함해야 한다. 특히 앞서 언급한 특정 집단에게 차별이 가져오는 영향, 경제적 빈곤, 억압을 중심적으로 다루어야 한다. 각각의 프로그램은 자신들의 사명과 관련한 위험집단에 대한 내용을 담고 있어야 한다. 여기에는 연령, 민족, 문화, 계급, 종교, 신체적, 정신적 장애 관련 집단에 대한 고려가 포함되어야 한다. 예를 들어, 자신들이 가진 가치와 감정, 특권, 편견에 대해 인식하도록 함으로써 스스로에 대한 이해를 높일 수 있다.

(4) 교육과정 개선 방안

① 제1단계 : 인식

교육자들은 자신들이 고수하던 전통적인 교육과정만을 학생들에게 전달해야 할 유일한 내용이라는 생각을 버려야 한다. 특히, 주요 교과과정은 현대의 다양한 사회를 대표할 수 있는 생각이나 경험을 내포하고 있지 않다. 교육자들은 가르침에 영향을 주고 궁극적으로 학생들에게 특정 영향을 미칠 수 있는 자신만의 편견이나 선입견, 가정(假定)을 인지하고자 애써야 한다. 더 나아가 이러한 편견을 없앰으로써 학생들에게 보다 효과적인 가르침을 줄 수 있도록 노력해야 한다. 이러한 편견을 인지하는 과정과 이를 제거하는 과정은 지속적으로 진행되어야 한다.

② 제2단계 : 주요 인물과 명절

교육과정의 개편이 필요하다는 인지가 생긴 후에는 비지배 문화, 즉 소수

문화의 명절을 함께 즐기고 소수 문화에서 추앙받는 주요 인물에 대해 관심을 가짐으로써 교육과정 내 다양한 관점을 통합하려는 노력이 수반되어야 한다. 물론, 이런 활동이 사회가 다양한 관점에 의해서 만들어진다는 사실에 관심을 두고 있는 것은 사실이지만, 더욱 효과적인 교육을 위해서 이 단계에 머물러서는 안 된다.

③ 제3단계 : 통합

앞에서 말한 통합단계를 넘어서기 위해서는 비주류집단에 대한 정보를 통합하려는 시도가 필요하다. 여기에는 비주류집단의 구성원을 주인공으로 다루는 영화나 그 문화의 음식, 혹은 그 이외의 특별 수업 등을 제공하는 방법이 있다. 이 단계에서 소개되는 많은 물질은 단지 2차 자료로 사용되는 것이기 때문에 현 단계에서 머물지 않고 다음 단계로 진행해야 한다.

④ 제4단계 : 구조 개편

기존의 교육과정과 다양한 관점을 결합시키는 시기이다. 여기서 결합이란 하나의 정보가 다른 것보다 더 우선시되어서는 안 됨을 의미한다.

⑤ 제5단계 : 사회 행동과 인지

교육과정의 마지막 단계는 사회문제를 교육과정에 통합하려는 노력을 필요로 한다. 이 단계에서는 평등, 민주주의, 권력에 근거한 차별·선입견을 극복하는 일, 장애를 지닌 사람들과의 조화 등에 대해 토론하는 시간을 갖는다. 교육자들은 학생들로 하여금 그간 발전시킨 자아 인식과 경험을 통하여 이러한 개념을 이해하고 자신만의 관점을 가지도록 돕는다.

이상에서 살펴본 미국의 문화적 다양성에 근거한 사회복지 교육 내용은 우리나라의 사회복지사 교육과정에도 반영되어야 할 것이다.

제 2 절 다문화실천을 위한 사회복지사의 문화적 유능성 훈련

최근 다문화가족 대상의 서비스기관이 점차 증가하고 있지만, 이들에게 문화적으로 민감한 서비스를 제공할 수 있는 전문 인력이 매우 부족한 실정이다. 다양한 문화적 배경의 클라이언트와의 효과적인 사회복지실천을 위해서는 문화적 다양성의 가치를 인정하고 클라이언트의 문화에 대한 이해를 바탕으로 실천기술을 훈련함으로써 문화적 역량을 갖추어야 한다. 문화적 역량 훈련은 사회복지교육 차원에서 다양성 교육과 밀접한 관련이 있다.

문화적 다양성을 지닌 사회복지실천 현장으로는 결혼이민자 가족지원센터와 이주노동자지원센터, 북한이탈주민을 지원하는 관련 기관들이 있다. 다문화적 배경을 지닌 클라이언트들의 욕구에 민감한 서비스를 제공하기 위해서는 문화적 역량을 갖춘 사회복지실천이 중요하다. 앞으로는 다문화가정 2세대들이 급격히 증가할 추세이므로 이들을 돕기 위해서는 사회복지사들이 문화적 다양성에 대한 이해와 훈련이 적극적으로 필요할 것이다.

1. 문화적 유능성 훈련

1) 문화적 유능성의 개념

문화적 유능성이라는 용어는 문화적 역량, 문화적 민감성 등으로 칭해지기도 한다. 문화적 유능성은 정서적으로 문화적 차이를 가진 타자를 이해하고 공감하는 능력을 의미한다. 또한 문화적 다양성에 대해 민감하고 전문지식과 기술을 갖춤으로써 '다문화 사회복지서비스를 효과적으로 제공할 수 있는 능력'이며, '클라이언트와 그의 문제가 지닌 문화적 측면에 대해 충분하고 적절하게 수행하는 능력'이고, '비교 문화적 상황에서 효과적으로 서비스를 제공하도록 일련의 문화적 행동과 태도를 개인 실천가나 기관이나 제도 내의 실천방법에 통합시키는 능력'을 의미한다(Diller, 2007; 이기영, 2007; Elder, 2007; 김범수 외, 2007 재인용). 따라서 문화적 유능성의 개념은 다음과 같은 것을 말한다(최명민 외, 2009).

- 자립성과 자아의 힘에 관한 개인적 감각을 갖는 것

- 문화적 원류와 문화적 맥락에 관련된 정체성을 갖는 것
- 문화의 기본적 신념에 대한 지식, 이해를 가지고 내면화하는 것
- 문화적 다양성을 가진 집단에 대한 긍정적 태도를 갖는 것
- 다문화 효능성, 즉 자신의 문화적 정체성에 대해 흔들림 없이 두 문화 집단 사이에서 효과적으로 삶을 영위할 수 있는 능력
- 자신이 속한 문화집단, 혹은 다른 문화집단의 구성원과 언어적, 비언어적으로 생각과 느낌을 주고받을 수 있는 능력
- 문화적으로 적합한 행동이나 역할의 범례나 범위를 갖는 것
- 한 가지 문화권 이상에서 사회적 관계망에 소속되어 있는 것

김연희(2007)는 문화적 유능성은 개인의 문화와 자아 정체감에 영향을 미치는 인종(人種)이나 민족, 언어뿐만 아니라 종교, 성별, 직업, 성적인 취향, 연령, 장애, 사회경제적 지위 등의 다양한 영향력을 내포한다고 하였다.

문화적 유능성은 특정 인종이나 언어집단에만 국한되는 것이 이슈가 아니라 한국 사회 내에 존재하는 다양한 하위문화집단들에게 효과적으로 서비스를 제공할 수 있는 능력을 의미한다. 문화적 유능성을 논의할 때, 서비스 제공자와 수혜자 간이나 주류 문화와 소수자집단 간의 권력 불균형이란 역동을 이해할 필요가 있고, 인종, 민족, 사회적 지위 등은 제도적 차별, 소수집단에 대한 부정적 고정관념, 주류집단의 기득권과 같은 권력적 관계가 내포되어 있음을 인식해야 한다.

사회적 소수자의 이중(二重)문화나 다중적 특성으로 인해서 정체성 혼돈과 같은 정신건강상의 문제나 주류집단과의 가치 갈등을 나타낼 수 있다는 점을 충분히 고려하지 않고는 효과적인 서비스를 제공할 수 없다. 문화적으로 유능해지는 것은 실천가의 의사소통 양식, 지식, 기술, 임상적 추론, 정서, 가치, 자기 성찰 등을 일관되고 주의 깊게 사용할 때 가능하다(김범수 외, 2007).

2) 문화적 유능성의 구성요소

문화적 유능성을 구성하는 주요 요소에 대해 많은 이론가들(Cross, 1989; Arredondo, 1996; McPhatter, 1997)은 ① 문화적 차이의 인식과 수용, 자기 인식, 차이의 역동성 이해, 개인 문화의 이해, 변화하는 문화적 욕구에 기술을 적용

하는 능력, ② 다양한 문화와 문화집단에 대한 지식, ③ 실천가 자신의 다양한 문화적 가치와 편견에 대한 인식, 클라이언트의 세계관에 대한 인식, 문화적으로 적합한 개입 전략, ④ 계몽된 의식, 확립된 지식 기반과 축척된 기술적 능력, ⑤ 실천가의 신념과 태도, 지식, 기술 등을 들고 있다. 좀 더 구체적으로 살펴보면 다음과 같다.

- 문화적 다양성에 대한 인식과 수용은 클라이언트와 실천가 간의 문화 이질성에 대한 인식과 인정, 조직 내의 동료들이나 외부의 실천가 간의 문화적 다양성에 대한 존중을 의미한다.
- 자기 인식은 실천가 자신의 문화가 미치는 영향에 대한 인식이다.
- 문화적 차이가 빚어내는 역동성에 대해 이해한다.
- 클라이언트가 속한 문화에 대한 지식은 클라이언트의 행동이 그의 문화적 맥락에서 제대로 이해될 수 있도록 한다.
- 일반적인 실천 이론이나 원조 기술을 클라이언트의 문화적 배경을 고려해 조장하고 활용한다(Cross et al., 1989; 최명민 외, 2009 재인용).

사회복지사의 문화적 유능성을 위해서는 문화적 다양성에 대한 지식, 기술, 가치관을 고르게 갖추어야 한다. 이에 대한 내용을 살펴보면 다음과 같다(김연희, 2007; 최명민 외, 2009).

(1) 지식

문화적 유능성은 문화적 다양성에 관한 지식을 요구하는데, 여기에는 신념, 관습, 영성(Spirituality)에서의 차이에 대한 지식과 특정 민족집단의 역사, 문화, 현실 상황에 대한 지식이 요구된다.

① **다양성** : 특정 집단이 공유하는 문화적 특성이나 세계관의 차이를 말한다. 이러한 차이는 가치, 신념, 관습, 행동의 차이에 영향을 미치며, 언어, 의복, 음식, 사회적 조직 등의 차이를 드러낸다. 이러한 다양성은 주로 사회 내 집단 간 차이로 인식되지만 특정 집단 내부에서의 다양성도 발견할 수 있다.

② **역사** : 특정 인구집단의 경험적 역사, 입국 및 이주 관련 역사에 관한 지식

③ **문화** : 특정 인구집단의 의사소통 형태, 세계관, 신념체계, 가치관에 관한 지식

④ **현실 상황** : 사회·경제·정치적 상황, 이주(移住)를 촉발하게 한 상황이나 이주 과정이나 이주 후의 경험에 대한 이해, 집단 내 단체 및 조직, 지역사회 내 정착 상황, 지원 법률 및 제도, 사회적응 상황 및 과정, 정신건강문제, 가족 상황, 강점 및 약점 등에 관한 지식(최명민 외, 2009).

(2) 기술

기존의 주요 서비스 모델이나 개입 전략과 관련된 이론과 원칙들이 다문화 집단에 그대로 적용될 때 갖는 한계점을 잘 이해하고, 서비스를 효과적으로 전달하기 위해서 적절한 문화적 변용의 필요성을 의미한다. 문제를 사정·평가하는 과정에서 주류 문화적 관점에서 접근 할 때, 문화적 소수집단의 행동이나 사고를 과도하게 병리화할 위험이 있고, 문제의 해결 방식이나 개입 성과를 규정하는 것도 문화에 기반을 둔 가치, 신념, 태도에 의해 많이 결정되기 때문이다. 동시에 언어능력이 중요한 요소이며, 특히 질병이나 위기상황과 같은 고도의 스트레스 상황에 처한 개인에게 자신의 언어로 서비스를 제공하는 것이 가장 바람직하다.

문화적 유능성은 기술을 필요로 하는데, 일반적 기술과 억제, 혹은 수용적 기술이 필요하다.

① **일반 기술** : 의사소통 기술, 문제해결 기술이 중요하다. 특정 문화집단과 상호작용하고 그들의 문제해결 과정에 책임감 있게 참여하는 기술, 강점관점, 감정이입 기술이 중요하다.

② **수용 기술** : 인내, 침묵을 수용하는 능력, 적극적 경청, 말로써 적극적으로 표현하는 것을 자제, 또는 클라이언트의 마음속에 무엇이 있는지를 말하면서 갑자기 참견하기를 피하는 것 등을 포함한다(최명민 외, 2009).

(3) 가치

문화적 유능성은 가치를 필요로 한다. 이에는 건강한 원조자의 모습을 유지하는 것, 자기 인식의 명확성(신념, 편견, 상투적 인식, 고정관념에 대한 인식), 겸손, 존경, 개방성, 비심판적인 태도, 사회정의 등의 가치를 견지하는 것 등이 포함된다.

2. 문화적 유능성을 갖춘 사회복지사의 특징

Diller(2007; 김연희, 2007: 129-130 재인용)에 의하면, 문화적 유능성은 신념과 태도, 지식, 기술의 세 요소로 구성되어 있다고 보고, 이러한 요소들이 사회복지사, 클라이언트, 개입 전략의 세 차원에서 어떻게 실천될 수 있는지를 제시하고 있는데, 그 내용에 근거해서 사회복지사의 문화적인 유능성 증진을 위한 다차원적인 접근 방법을 살펴보면 다음과 같다.

1) 신념과 태도 차원

사회복지사는 자신의 문화적 유산과 실천 과정에의 영향과 한계에 대한 인식이 필요하며, 클라이언트의 세계관에 대한 인식을 통해 그 가치를 인정하고 클라이언트가 처한 언어 및 문화적 상황을 존중, 수용하려는 태도를 지녀야 한다.

(1) 사회복지사 자신의 인식

- 자신의 문화적 유산에 대한 인식과 민감성의 중요성을 인식
- 자신의 문화적 배경과 경험, 태도 및 가치가 개입 과정에 미치는 영향을 인지
- 자신의 다문화 역량과 제한성을 인정하기
- 인종, 민족, 문화, 기타 이유로 클라이언트와의 관계에 불편함이 있음을 인식

(2) 클라이언트의 세계관에 대한 인식

- 타 문화권에 속한 클라이언트의 신념·태도를 판단하지 않고 자신의 배

경과 비교해 보기
- 자신이 타 문화집단에 갖고 있는 선입견과 고정관념을 인식하고 인정하기

(3) 문화적 역량이 있는 개입 전략

- 클라이언트의 종교, 영적 신념과 가치, 문제의 원인 설명 등에 대한 존중
- 민속 치료법, 토착 지지체계에 대한 존중
- 이중 언어 가치를 존중하고 타 민족의 언어가 개입 과정에서 장애가 된다고 인식하지 않기

2) 지식 차원

사회복지사는 자신의 문화양식에 대한 인식과 함께 다각적으로 클라이언트의 문화양식 및 관련 지식을 습득하기 위한 노력과 사정·개입에 있어서 유익한 자원이 될 수 있도록 활용할 수 있어야 한다.

(1) 사회복지사 자신의 인식

- 자신의 인종과 문화적 배경이 서비스 개입 과정에서 문제를 정의하는데 편견과 영향을 준다는 것을 인식하기
- 억압, 인종차별, 고정관념 등이 서비스 개입 과정에 미치는 영향을 인지하고 인정하기
- 문화가 의사소통 방식의 차이를 가져오고, 타 문화권 클라이언트와의 관계에 영향을 줄 수 있음을 인식하기

(2) 클라이언트의 세계관에 대한 인식

- 클라이언트가 속한 집단의 사회·경제·정치·역사·문화적 유산에 대한 지식과 정보를 수집, 이해하기
- 인종·문화·민족 등이 개인의 인격 형성, 직업 선택, 사회·심리적 문제의 발현, 도움을 구하는 행동, 개입의 효과성에 영향을 주는 것을 이해하기
- 소수집단에 미치는 사회·정치적 세력에 대한 이해

- 빈곤, 무력감, 이민정책 등의 쟁점 이해

(3) 문화적 역량이 있는 개입 전략

- 서구적 개입 방법이 타 문화권 클라이언트의 신념, 가치와 충돌할 가능성을 인지하기
- 소수자들의 서비스 이용에 제도적, 구조적 장애가 있음을 인식하기
- 사정도구, 서비스 절차, 임상 평가 결과의 해석에 문화적 편견이 작용함을 인지하기
- 가족 구조, 가족의 가치, 신념 등에 관한 지식과 지역사회 자원에 대한 정보 소유
- 차별이 심리적 안녕에 미치는 영향을 인지하기

3) 기술 차원

사회복지사는 개입의 효과성을 측정할 수 있는 기술을 연구하고 클라이언트집단에 따른 효과적인 개입 방법을 습득하며, 문화와 관련된 구체적인 기술을 훈련하고 활용할 수 있어야 한다.

(1) 사회복지사 자신의 인식

- 타 문화권 클라이언트와 개입의 효과성을 향상시키기 위해 지속적으로 자문, 훈련, 교육의 기회를 추구하기
- 인종차별과 문화적 우월주의의 위험을 경계하기

(2) 클라이언트의 세계관에 대한 인식

- 다양한 집단이 갖는 의료, 정신보건, 사회문제에 대한 연구들에 자주 접하기
- 소수 문화집단을 위한 효과적인 개입 기술에 대한 지식과 기술을 위한 교육에 참여하기
- 서비스의 장 밖에서 다문화집단과 접함으로써 학술적 개입 관계 이외의 관점을 갖도록 노력하기

(3) 문화적 역량이 있는 개입 전략

- 의사소통에 미치는 문화의 영향을 이해하고 적절한 언어·비언어적 메시지를 신중하게 해석하기
- 클라이언트를 위해 바람직하지 못한 제도의 변화를 시도하기
- 민간요법 치료자, 영적 지도자들로부터의 자문 활용
- 사정이나 개입 과정에 있는 차별과 편견의 요소를 제거하기
- 자신의 개입 접근에 관해 클라이언트에게 지속적인 교육을 제공하기

3. 민감성 향상을 위한 실천적 접근

문화적 유능성과 문화적 민감성은 비슷한 개념으로 상호 연관성을 지니고 있다. 문화적 유능성을 증진하기 위해서 문화적 민감성이 요구된다. Bennett은 문화 간 민감성 발달 이론(Development Model of Intercultural Sensitivity)에서 문화적 민감성을 둘 이상의 문화집단 사이에서 나타나는 문화적 차이에 반응하면서 형성된 인지적·정서적 특성이나 행동 경향성이라고 언급하고 있다. 문화적 차이에 대한 경험이 누적되면서 문화적 차이를 인식하는 의식구조나 문화적 차이에 대한 태도와 행동 경향성이 발전하고 세련화되는 과정을 거치게 된다. 이를 문화 간 민감성 발달이론이라 하며, 총 여섯 단계로 구분할 수 있다(Bennett, 1993; 조원탁 외 2012 재인용).

1) 문화 간 민감성 발달의 여섯 단계

(1) 부정의 단계

자신의 문화만을 진짜 문화로 받아들이고 타 문화에 대한 인식은 없다. 그 결과 문화적 차이를 느끼지 않거나 자신의 문화 이외의 다른 문화집단을 타자(他者)집단으로 여긴다. 자신이 주류집단의 성원으로 우월하게 태어났다고 인식, 그것을 자연스럽게 생각하는 단계이다.

(2) 방어의 단계

자신의 문화를 문명 세계의 가장 진화된 형태로 여기거나 적어도 삶에서

가장 좋고 실용적인 방법이라고 생각한다. 타 문화들 간의 차이를 구별할 수는 있지만 자신의 문화를 우월한 것으로 다른 문화를 열등하게 생각한다. 지배 문화에 속한 사람들은 자신의 가치가 공격당하는 것에 대해 방어를 경험하게 되고 이민자나 소수자들이 직장을 빼앗는다고 불평하거나 그들에 대한 고정관념을 갖거나 결점을 부각시킨다.

(3) 문화적 차이에 대해 경시하는 단계

에티켓이나 관습처럼 외관상 드러나는 문화적 차이는 인정하지만, 깊이 들어가면 모두 같다고 가정한다. 문화적 차이를 회피하기 위해 다소 복잡한 전략을 구사한다. 주류집단으로서의 특권을 행사하면서도 자신들이 특권을 행사하고 있음을 인정하지 않는다. 실제로 자 문화를 존중하고 타 문화를 경시하며, 이러한 현상을 비주류집단의 입장에서 볼 때는 위선적으로 보일 수 있다.

(4) 수용의 단계

타 문화가 자신과 다르지만 현실의 구성이라는 점에서 동등하게 복합적이라는 것을 인식한다. 그러나 문화적 차이에 대한 수용이 동의나 선호를 의미하는 것은 아니다. 자신의 가치관에 맞게 권력을 사용하면서 어떻게 상대방의 가치에도 위배되지 않도록 할 것인가를 생각한다.

(5) 적응의 단계

타 문화를 경험하는 과정에서 그 문화에 적절한 행동과 지각을 따르는 상태를 말한다. 자신을 바꿔 타 문화의 맥락에서 사고하고 행동할 수 있는 문화 간 능력을 갖게 되는데, 타 문화의 세계관으로부터 적절한 개념을 받아들이기 위해서 자신의 세계관을 확장시키게 된다. 타 문화에 공감하고 적절하게 느끼고 인지·정서·행동에 변화를 가져온다.

(6) 통합의 단계

문화적 정체성이 어느 특정 문화에 묶이지 않고 자아 개념과 자아 경험이 서로 다른 문화적 세계관으로 이동할 수 있도록 확장되는 것을 말한다. 자신의 문화와 다른 문화 간 어느 쪽에도 중심을 두지 않고 자유롭게 넘나들 수 있는 능력을 소유한 상태이다.

이상에서 살펴본 바와 같이 문화 간 민감성 발달 이론은 개인의 다양한 문화에 대한 중요성의 발달 과정을 나타냄으로써 다문화사회에서 사람들이 가져야 할 태도에 대해서 보여주고 있다. 문화적 민감성은 어떤 고정관념에 얽매이지 않고 상대방의 입장에서 문화적으로 공감할 수 있는 능력과 태도를 말하는데, 이는 교육과 훈련의 결과로 나타날 수 있는 자질이다(양계민, 2009).

2) 문화적 민감성 측정도구

최승희(2008)가 개발한 '문화적 민감성 측정도구'는 한 개인의 문화적 민감성을 측정하기 위해서 문화적 통합, 문화적 지식, 기회균등, 문화적 독특성, 언어사용 등의 변인을 제시하고 있다. 그 내용을 살펴보면 다음과 같다.

- **문화적 통합(1~7번 문항)** : 자신과 다른 인종적·민족적·문화적 집단 성원들과 함께 있어도 편안함을 느끼는 수준을 의미한다.
- **문화적 지식(8~16번 문항)** : 다른 문화를 학습하고 다른 가치와 신념을 수용하며, 소수집단에 대한 불공정을 인식하고 전통과 관습을 가치 있게 여기며, 보존하는 것을 의미한다. 즉, 다른 문화를 존중하고 자신의 문화에 대해 아는 것이다.
- **동등한 기회(17~25번)** : 교육과 관련하여 선입견 배제, 동등한 교육 기회, 소수 인종으로서 경험하는 일반적인 문제들에 대한 인식 등을 의미한다.
- **문화적 독특성(26~30번)** : 주류문화의 생활 형태와 다른 문화들의 독특한 성향들을 인정하는 개인의 신념 등이다.
- **언어 사용(31~35)** : 유창한 언어구사 없이 직장, 혹은 학교생활에 참여하는 것에 대한 개인의 태도와 신념, 느낌 등을 말한다.

<표 5-1>에 제시된 '문화 간 민감성 측정도구'를 통해서 자신과 다른 사람들의 문화적 민감성을 비교해 보고 사회복지사로서 민감성 증진을 위한

방안을 논의해 보자.

표 5-1 문화 간 민감성 측정도구

문 항 내 용	매우 그렇다	가끔 그렇다	보통	그렇지 않다	전혀 그렇지 않다
1. 이주자들 집단에 있으면 안전에 위협을 느낀다.					
2. 사람들은 자신과 같은 민족과 결혼해야 한다.					
3. 이주자들이 옆에 있으면 마음이 불편하다.					
4. 나의 자녀가 이주자의 자녀와 결혼한다면 허락할 것이다. *					
5. 이주자들의 수가 증가하는 것이 두렵다.					
6. 나는 일반적으로 이주자들과 만나는 것이 내키지 않는다.					
7. 국제결혼은 바람직하지 않다.					
8. 나는 외국 문화를 배우는 것이 즐겁다. *					
9. 다양한 이주자들의 민족적 관습을 배우는 것이 흥미롭다. *					
10. 외국인들이 자신을 표현하는 독특한 방법은 내게 매우 흥미롭다.					
11. 외국인들과 자신을 표현하는 독특한 방법은 내게 매우 흥미롭다. *					
12. 나는 다른 나라의 예술을 경험하는 것이 즐겁다. *					
13. 이주자들과 함께 일할 기회가 있었으면 좋겠다. *					
14. 나는 되도록 다양한 문화를 배우고자 노력한다. *					
15. 나는 다른 나라의 문화와 예술을 즐긴다. *					
16. 나는 외국인들과 함께 있는 것이 즐겁다. *					
17. 나는 이주자들의 국가 명절이나 축제를 존중한다. *					
18. 외국인들과의 토론은 유익하다. *					
19. 이주자들과 함께 사는 것은 우리나라가 직면하고 있는 주요한 도전 과제 중의 하나이다. *					
20. 이주자들이 자신의 권리를 주장하는 것이 못마땅하다.					
21. 이주자들은 정부로부터 너무 많은 혜택을 받고 있다.					
22. 이주자들이 겪는 어려움은 순전히 자기 탓이다.					
23. 이주자들에게 취업을 허용했기 때문에 일반인들의 일자리가 줄어들었다.					

문 항 내 용	매우 그렇다	가끔 그렇다	보통	그렇지 않다	전혀 그렇지 않다
24. 이주자를 위한 특별 정책은 일반 사람들에게 피해를 준다.					
25. 이주자들은 일반인들과 마찬가지로 차별을 받지 않는다.					
26. 이주자들은 자국의 전통 춤이나 놀이를 하지 말아야 한다.					
27. 우리나라에서 외국 국기나 상징들이 새겨진 복장은 가급적 피해야 한다.					
28. 문화적, 종교적 색채가 강한 의상을 입고 다니는 이주자들을 보면 거북하다.					
29. 외국인을 사귀면 내 고유한 문화를 상실할 것 같다.					
30. 인종·민족적 배경에 상관없이 개인의 능력에 따라 평가되어야 한다. *					
31. 이주자들이 수업에 참여하려면 한국어가 유창해야 한다.					
32. 이주자들이 수업을 들으려면 한국어가 유창해야 한다.					
33. 이주자들이 입학 전에 한국어가 유창해야 한다.					
34. 이주자들이 취업하려면 한국어가 유창해야 한다.					
35. 이주자들에게 우리나라의 언어, 습관, 가치 등을 강요하는 것은 잘못이다.					

출처: 최승희 외(2009). 문화적 민감성 척도 개발 연구. *은 역 점수 항목임.

- **채점 방법** : 각 영역별 해당 문항들의 점수(1~5점)를 더하여 그 총점을 다음 표에 적는다.
- **해석** : 각 영역별로 문화적 민감성 수준이 어느 정도인지 알아본다.

영역	점수	평균	총점
문화적 통합 태도(1~7번)			
문화적 지식 습득(8~16번)			
문화적 기회균등(17~25번)			
문화적 독특성 인정(26~30번)			
언어 사용 배려(31~35번)			

4. 다문화 유능성 강화를 위한 실천 방안

다문화사회가 궁극적으로 지향해야 할 바는 일상을 살아가는 시민들이 생활 속에서 대면하는 다양한 민족적, 문화적 배경의 주체들과 소통하면서 생산적 시너지를 구현해 가는 데 있다(김이선 외, 2007: 183). 이를 실현하기 위해서는 다문화적 배경을 지닌 사람들을 대상으로 하는 동화정책이나 통합 정책만이 아닌 일반 시민을 대상으로 한 문화 간 상호 이해를 바탕으로 하는 양방향적인 사회통합 정책이 수립되어야 한다. 사회통합 정책은 다문화적 배경을 지닌 사람들의 인간적인 기본권을 보장하고 종교적, 정치적, 문화적, 인종적 차이에 따른 차별과 불평등문제를 해결하는 제도적 장치의 마련과 함께 다인종·다문화사회에서 여러 인종과 문화가 공존하는 생활 세계에 대한 이해를 깊게 하고 문화와 가치관의 차이를 편견이 없이 바라볼 수 있는 태도를 기르기 위해서는 소수집단을 대상으로 하는 시민교육뿐 아니라 일반 시민을 대상으로 한 다문화 교육이 절실히 필요하다. 새로운 다문화 환경에 적응하고 다른 차이를 가진 사람들과 함께 살아가야 하는 과제는 이주민들만이 아닌 주류 사회의 시민들에게도 눈앞에 닥친 현실이기 때문이다(장미혜 외, 2008: 46).

세계화와 전 지구적 이주의 증가 등으로 다양한 민족적 배경을 가진 사람들과의 일상적인 접촉이 증대하면 할수록 문화적 차이에 다양성에 대한 인식, 다문화 지식과 의사소통 능력 배양, 다문화 환경에서의 문화적 개입을 위한 기술적 축척은 중요한 의미를 지닌다. 이를 통해서 사회복지사의 문화적 유능성을 증진시킬 수 있을 것이며, 사회복지실천 현장에서 증가하는 다문화적 배경을 지닌 사람들의 문제해결과 삶의 질 향상에 기여할 수 있게 될 것이다.

제 3 절 다문화사회복지실천 과정

사회복지실천은 다양한 인구집단의 경우, 어떤 문제나 장애의 발생도 다양할 뿐만 아니라, 서로 다른 개입 방법에 대해서 다르게 반응할 수 있다는 점을 인식해야 한다. 클라이언트들은 넓은 범주의 특성을 지니고 사회복지사의 도움을 받기 위해 찾아오게 된다. 사회복지사는 클라이언트를 위해 문제의 원인 사정과 이후의 적절한 서비스 제공을 위해서는 클라이언트의 현존문제나 진단, 나이, 인종, 종교, 교육 수준, 생활 조건, 혹은 혼인 상태 및 사회, 가족적 상황 등을 면밀히 살펴보아야 한다(Maguire, 배태순 외 역, 2009).

다양한 배경을 지닌 클라이언트들을 효과적으로 원조하기 위해 사회복지사들은 어떻게 클라이언트의 배경과 특성이 그들의 현존문제들과 관련되어 있는가를 반드시 이해해야 한다. 그러므로 사회복지사는 클라이언트들의 현존문제와 그들의 다양한 특성과의 관계의 성격에 대해 끊임없이 다음과 같은 질문을 스스로에게 해보아야 한다. “왜 여성들은 낯선 나라의 남성과 결혼하기 위해 이주했으며, 그들이 진정으로 바라는 것은 무엇인가?”, “결혼 이주 여성의 한국 사회 적응에 가장 어려운 점은 무엇인가?”, “다문화적 배경을 지닌 자녀들은 학교생활과 사회 적응에 어떤 어려움이 있을까?” 질문은 끊임없이 이어질 수 있고 질문 목록은 계속해서 늘어날 수 있다. 이러한 의문을 가지고 진지하게 던지는 질문들이 사회복지사의 실천을 좀 더 진지하게 만들 수 있고 다문화 가족이 직면하고 있는 어려움에 보다 더 공감적인 태도를 지니고 민감하게 반응할 수 있도록 해 줄 것이다.

사회복지실천은 불리한 위치에 있는 인구집단들과 클라이언트들을 다루고 있다. 즉, 사회복지사들은 인구집단들과 클라이언트들이 이러한 불리한 위치에 놓이게 된 요인들을 분명하고 신중하게 객관적으로 모호함이 없이 정의하고 이해할 수 있어야만 제대로 도울 수 있게 된다. 만약 사회복지사들이 클라이언트에게 영향을 미치는 문제 유형들에 대해 무지하다면, 다양성의 이슈에 민감하다고 말할 수 없을 것이다. 무엇보다도 사회복지실천 과정에서 사회복지사는 문화적인 차이를 인정하는 것이 중요하다. 사회복지사가 실천 현장에서 만나는 다문화적 배경을 지닌 클라이언트들의 자국 문화를 이해하지 못한다면, 돕는 활동은 실패하고 말 것이다(Maguire, 배태순 외 역, 2009). 이 절에서는 다문화사회복지실천 과정을 살펴볼 것이다.

사회복지실천 현장에서 문화적인 다양성을 지닌 클라이언트를 원조하는 과정에 대해서 Lum은 접촉 - 문제 확인 - 사정 - 개입 - 종결의 5단계로 제시하고 있다(Lum, 2004; 최명민 외, 2009 재인용). 이는 일반인을 대상으로 하는 사회복지실천 과정과 크게 다르지는 않지만 다문화적 배경을 지닌 클라이언트들을 대상으로 할 때, 사회복지사는 좀 더 민감하고 주의 깊게 반응해야 한다.

1. 만남

Diller(2007; 최명민 외, 2009 재인용)는 다른 문화적인 배경을 지닌 클라이언트와 일하는 과정에서 첫 만남의 중요성을 강조하면서 첫 회기에 달성해야 할 목표를 제시하고 있다.

- 좋은 라포 형성하기
- 클라이언트의 문제를 이해하기
- 클라이언트가 원조 관계에서 기대하는 바를 이해하기
- 사회복지사가 제공할 수 있는 것을 명확히 의사소통하기
- 클라이언트에게 경청과 이해받는 경험을 제공하고, 적절하다면 즉시 도움을 제공할 것이라는 희망 심어 주기

그러나 이러한 목표의 성취는 생각보다 쉽지 않다. 다문화적 배경을 지닌 클라이언트들은 복지서비스를 처음 접하는 경우가 많으므로 큰 기대감이 없이 면담에 임할 수 있으며, 언어적 의사소통의 어려움과 문화적 특성으로 인해서 진전이 잘 나타나지 않을 수 있으므로 사회복지사는 클라이언트의 문화적 배경을 이해하고 반영하므로 충분한 신뢰 관계를 형성하는 것이 중요하다. 따라서 첫 회기에는 클라이언트로 하여금 자신이 존중받고 있으며, 사회복지사가 실질적인 도움을 제공하고자 노력한다는 느낌을 가질 수 있도록 만들기 위해서 클라이언트의 문화를 이해하고 그들의 사용하는 언어능력을 갖추거나 관련 문화에 익숙한 사회복지사를 배치하는 것이 중요하다.

첫 만남에서는 서로의 문화적 배경에 근거한 상호 소개와 문화에 대한 공통 관심사 모색을 통해 관계 형성이 이루어지도록 노력해야 한다. 이때 사회복지사는 문화적 특성에 따른 인사나 이름을 부르는 방법이 다를 수 있음을 염두에 두고, 클라이언트를 어떻게 대해 주기 바라는지를 물어보는 것도 좋을 것이다. 초기 사정에서 본국에서의 성장 배경이나 가족 관계, 교육 수준, 종교적 배경, 무슨 일을 했는지 등을 알아볼 수 있다. 혹시 언어문제나

문화적 차이로 인해 불분명하거나 이해가 안 되는 부분이 있을 때는 사회복지사와 클라이언트가 서로 언제든지 묻고 확인할 수 있어야 한다. 또한 사회복지사가 제공 가능한 서비스와 그 과정 및 유의사항 등에 대해 가능한 쉽고 명료하게 설명해 주어야 한다. 이때, 클라이언트의 문화적 배경이 중요하게 고려될 것임을 알려주는 것이 좋다.

2. 정보 수집과 사정

기본적인 관계가 형성되고 나면 클라이언트의 욕구나 문제를 다루게 된다. 클라이언트는 아직 한국사회에 충분히 적응되지 않은 상태이므로 자신과 관련된 정보들이 불리하게 사용되어 불이익을 당할지도 모른다는 불안으로 인해서 솔직하게 자신과 관련된 이야기를 하지 못할 수도 있다. 이 단계에서 사회복지사는 클라이언트에게 이득이 되는 방향으로 알게 된 정보를 활용하고 도울 것이라는 입장을 밝히므로 충분한 신뢰관계를 형성해야 한다.

다문화 관련 사회복지실천에서도 일반인을 상대로 한 사정과 동일하게 진행되지만, 하나 더 추가할 요소는 문화적인 측면과 관련된 정보 수집이 중요하다. 정보 수집 과정에서 클라이언트의 문화적 과거력과 생활방식에 초점을 맞춰 진행하는 것이 좋다. 이때, 기존의 가계도, 생태를 활용하여 정보를 수집하되 다문화 특성을 이해하기 위해 추가적으로 Congress(1994)가 가족의 문화적 다양성과 민족 이슈를 고려한 실천을 위해서 가족 사정 도구로 개발한 문화도(culturagram) 작성이 도움이 될 수 있다. 문화도(文化圖)는 클라이언트의 이주의 이유, 정착 기간, 법적 지위, 이주 시 연령, 사용하는 주요 언어, 서비스기관 접촉 정도, 외상(trauma)이나 위기 경험, 가족, 교육, 일에 관련된 문화집단의 가치를 확인하도록 한 것이다(윤혜미, 2009).

수집해야 할 구체적인 정보 내용을 좀 더 자세히 살펴보면, 첫째, 기본적인 인구학적 정보로서 태어난 곳, 현재 한국에서 생활해 온 기간, 가족 역할 및 구조, 집에서 사용하는 언어, 한국어 능력, 경제 상황과 지위, 교육 수준, 한국문화에 적응 정도, 계속 유지하고 있는 자국 문화 전통들, 한국의 생활방식에 대해 익숙하거나 편안한 정도, 종교적 소속, 공동체 및 친구 관계 유형 등

둘째, 클라이언트의 문화적 욕구와 관련하여 원조 과정에서 고려해야 할 내용으로 클라이언트의 심리적 정신 상태, 가족의 심리적 정신 상태, 원조에 대한 클라이언트 가족의 태도 등

셋째, 현재문제와 관련된 문화적 측면을 보다 정확히 탐색하기 위해서 필요한 질문을 할 수 있다. 질문 내용은 아래와 같다(최명민 외, 2009).

- 문제가 이주와 같은 변화의 이슈와 얼마나 관련되어 있는가?
- 클라이언트 문제를 얼마나 문화적 요인에 기반을 두고 이해할 수 있는가?
- 문제되는 행동을 그 문화에서 정상적인 것으로 받아들이는가, 아니면 역기능적인 것으로 생각하는가?
- 문제가 자원이나 지지를 이용할 수 없는 환경적 요인과 얼마나 관련되어 있는가?
- 문제가 정체성, 가치, 관계에서 문화적 갈등과 얼마나 관련되어 있는가?
- 문제가 개인의 심리적 갈등이나 성격 요인과 얼마나 관련되어 있는가?
- 문화적 가치나 행동, 사회적 연결망, 지지체계 등과 같이 클라이언트가 활용 가능한 문화적 강점이나 자산에는 어떤 것들이 있는가?

3. 개입

개입에서 모델은 임파워먼트 모델이나 강점모델이 유용할 수 있다. 다문화 배경을 지닌 클라이언트에 대한 사회복지실천은 권리 중심, 강점중심 접근이 효과적인데, 이들 접근법에서 공통적으로 나타나는 것은 이주자들의 자기 결정, 권리, 주체성, 비판적 사고, 유능성의 획득과 같은 개념들로, 이들의 임파워먼트에 의미를 두고 있다. 임파워먼트 접근은 대상자의 개별적인 강점과 약점의 이해는 물론 삶을 둘러싼 미시·중범위·거시적 차원을 포함한 전체 사회체계 내에서의 지위에 대한 비판적 사고를 통한 리더십 배양을 목적으로 하며, 사회복지사의 문화적 유능성과 조화를 이루었을 때, 적합한 실천적 접근법이다(엄명용 외, 2011).

4. 평가 및 종결

종결은 목적을 성취한 결과로서의 종결이든 원치 않는 종결이든 간에 클라이언트의 이후의 삶에 영향을 미친다. 다문화 클라이언트는 모국을 떠나는 이별 경험을 가지고 있는 상태에서 어렵게 맺은 관계의 종결은 상실의 감정을 일으킬 수 있으므로 사회복지사의 종결에 임하는 자세는 더 민감해야 한다. 또한 소수자 클라이언트집단은 초기 정착 단계에 잦은 이사나 직장 이동 등으로 높은 중도 탈락률을 보이는 경향이 있는데, 이런 경우 종결이 사회복지사에 대한 클라이언트의 관심 철회가 아님을 알아야 하며(엄명용 외, 2011), 클라이언트의 성장을 최대한 촉진하는 방식으로 이루어져야 한다.

회기가 종결된 후에도 전화나 정기적인 모임을 통해 접촉을 유지하는 것은 사회적 지지망이 취약한 다문화 클라이언트를 위한 것이기도 하지만 클라이언트의 진전을 확인함으로써 개입을 평가하는 기회가 될 수 있다(최명민 외, 2009).

CHAPTER

06

사회복지실천의 관점 : 통합적 접근

사회복지실천에서 통합적 방법은 사회복지사가 개인, 집단, 지역사회에서 제기되는 사회문제에 활용할 수 있는 공통된 하나의 원리나 개념을 제공하는 방법의 통합화를 의미한다. 즉, 전통적 방법의 전부 또는 일부를 조합해서 교육함으로써 한 명의 사회복지사가 복수의 방법을 통합적으로 사용하여 클라이언트에게 개입하는 것이다.

사회복지실천의 관점은 클라이언트의 문제를 명료화하고 효과적으로 해결할 수 있는 접근 방법을 조명하며 분석하고 사회문제를 설명하고 클라이언트의 문제를 해결하는 행동과 변화를 위한 지침, 개입의 결과를 예측하기 등 다양한 상황 분석에 사용될 수 있다(이종복 외, 2007).

이러한 사회복지실천의 관심 영역은 시대가 변화되면서 점점 복잡해지고 여러 가지 사회문제와 얽혀 있어서 이 모든 영역을 포괄할 수 있는 공통적이고 새로운 접근 방법과 그것을 통해서 복합적인 상황을 제대로 이해하고 더 효과적인 사회복지실천 개입의 필요성이 제기되었다. 따라서 6장에서는 사회복지실천의 지식 기반과 사회복지실천 영역 전반에 적용이 되고 있는 통합적 접근 방법의 인간과 환경을 이해하는 개념적 틀과 체계론적 사고를 알아볼 수 있는 일반체계 및 생태체계이론의 주요 개념 등에 대해 살펴보고자 한다. 아울러 사회복지실천에 대한 통합적 접근의 적용을 학습하고자 한다.

제 1 절 사회복지실천의 지식 기반

1. 행동심리 이론

도광조(2008)는 행동심리 이론이 별도의 이론을 의미하지 않는다고 말하며, 단지 인간 행동의 궁극적 추동체로 인간 내적인 심리를 가정하는 이론들을 말한다고 설명했다. 대표적인 행동심리 이론으로는 정신분석 이론, 자아심리학 이론, 인지 이론, 행동주의 이론 등이 있다.

1) 정신분석 이론

Freud의 정신분석 이론의 기본적 원리는 정신 결정론(psychic determinism)이다. 이는 우리 신체와 마찬가지로 정신도 우연히 또는 되는대로 일어나는 일은 없다는 것이다. 우연히 일어난 것처럼 보이는 사건이라 하더라도 실제로는 반드시 과거의 일과 연결되어 발생한다고 본다. 즉, 과거의 일이 그 이후의 일을 결정한다는 것이다. 예를 들어 무엇을 잃어버린 경우, 흔히 '우연히 일어난 것'이라고 보지만 정신 결정론에서는 이것을 개인의 소망이나 의도에 따라서 일어난다고 본다. 심지어 정신 결정론에서는 운전 중 잠시 한눈을 팔다가 파란 신호등에 멈춰 있는 것도 목적지에 가고 싶지 않은 무의식 속의 소망에 따른 것으로 본다.

Freud는 성격의 지형학적 구조를 의식, 전의식, 무의식의 세 영역으로 나누었고, 특히 그는 무의식의 중요성을 강조하였다. 인간의 성격 구조는 초기 아동기 특히 만5세 이전에 어떤 경험을 했는지에 따라 결정되며, 성격을 구성하는 세 가지 요소, 즉 이드(id), 자아(ego), 초자아(superego)가 상호작용하여 인간의 행동을 설명한다고 하였다.

Freud의 정신분석 이론에 대한 지지와 비판에 대한 여러 의견이 존재한다. 정신분석 이론에 대한 지지는 상담 및 심리 치료의 발전에 있어서 중요한 역할을 했고 특히 인간의 본성과 심리적 문제를 보는 데 있어 획기적인 안목의 전환을 가져다주었다.

아동발달에 있어 무의식의 중요성과 함께 무의식에 접근할 수 있는 절차를 제시하여 초기 아동기 사건들의 역할과 이것이 클라이언트의 현재의 문제에 미치는 영향에 대한 역동적 이해의 틀을 제공하여 치료자는 클라이언트의 전 생애를 걸친 주제와 실마리를 찾을 수 있게 해 주었다.

사회복지사는 심리 내적인 면에 문제의 초점을 맞추는 정신분석까지 실시하지는 않으나 사회복지실천 영역에서 방어기제를 재배치하기 위한 인식 개선이나 학습활동 등을 통해 클라이언트로 하여금 자아를 발견하고 이해할 수 있도록 돕고 성숙한 퍼스낼리티를 가지고 사회적으로 잘 기능하도록 해야 할 것이다.

2) 심리사회 이론

Erikson은 기본적으로 인간의 행동이 생물학적 요인에 의해 동기화된다고 보지만 발달은 사회적 관심에 대한 욕구와 환경을 통제하고자 하는 욕구 등의 사회적 요인에 의해 자극받는다고 보았다. 이때 무의식적 갈등이 없다는 것은 아니며, 다만 성격 발달의 주요 초점이 환경과의 상호작용에 있다고 본다(최옥채 외, 2011).

인간을 총체적이고 환경 속의 존재로 인식하면서 프로이트의 생물학적 무의식 결정론과는 상이하게 인간을 생리·심리·사회적 존재로 인식했다. 즉, 인간의 행동이나 성격이 심리적 요인과 사회문화적 영향의 상호작용에 의해 결정된다고 보는 것이다.

무의식적 요소가 작용한다는 것을 배제하지는 않았지만 Erikson은 인간을 합리적이고, 이성적이며, 창조적인 존재로 간주하며 인간을 가변성을 지닌 존재로 인식했다. 성장에 따라서 새로운 발달과업을 달성하려고 투쟁하는 과정에서 인간은 더 나은 자아를 발전시킨다(김상경, 2011). 에릭슨과 프로이트 관점의 차이점은 <표 6-1>의 내용과 같다.

Erikson은 어떤 심리학적인 현상이라도 생물학적이고 경험적, 사회적 요인의 상호작용으로 이해한다고 강조했으며, 인간의 전 생애를 통한 발달을 강조하고 인간 발달을 8단계로 설명했다(표 6-2참조). 또한 병리적인 것이 아닌 정상, 건강한 것에 초점을 두고 자아정체감 확립의 중요성을 강조했다.

표 6-1 에릭슨과 프로이트의 기본 관점 차이

구분	프로이트	에릭슨
이론의 기초	원초아 — 무의식	자아 — 의식
자아의 문제	자아는 출생 후 원초아의 욕구 충족을 위해 발달	자아는 미숙한 상태이긴 하지만 출생 시부터 존재
기본 전제	아동의 성격 발달의 주영향 요인은 부모	아동의 성격 발달이나 자아 형성의 주 영향 요인은 심리 사회적 환경
환경의 문제	환경을 발달의 주요인으로는 보지 않음	환경이 발달의 중요한 요인
시기	생애 초기 강조, 성인기는 발달이 종료되고 성격 형성이 종결되는 단계	전 생애 강조 성인기 이후도 발달은 지속됨
보완의 문제	특정 단계에서 발달에 문제가 있으면 다음 단계에서 보완은 어려움	특정 단계에서 발달에 문제가 있어도 다음 단계에서 보완 가능함
성격 형성	단계별 욕구를 만족시켜야 다음 단계로 이행 가능	단계별 과업을 완성했을 때와 하지 못하였을 때의 위기의 양극 개념으로 설명
심리 갈등 양상	초기 외상을 성인기 정신 병리의 원인으로 설명	초기문제를 부적절하게 처리하면 성장 후 어려움을 겪음

출처: 김상경(2011).

표 6-2 에릭슨의 심리 사회적 발달 8단계

단계	시기	긍정적 해결	부정적 해결
신뢰감 : 불신	구강기(출생~2세)	희망	공포
자율성 : 수치와 의심	항문기(2~4세)	의지력	자기 회의
주도성 : 죄책감	남근기(4~6세)	목표 지향성	무가치감
근면성 : 열등감	잠복기(6~12세)	능력감	무능감
정체성 : 역할 혼동	청년기(생식기, 12~22세)	충성심	불확실감
친밀감 : 고립감	성인 초기(22~34세)	사랑	난잡
생산성 : 침체	중·장년기(34~60세)	배려, 보살핌	이기주의
자아 통합 : 절망	노년기(60세~사망)	지혜	의미 상실, 절망

출처: 도광조(2006).

3) 인지 이론

인지란 일반적인 의미로는 사고의 능력을 의미하는데, 좀 더 넓은 의미로는 사고 외에도 지각, 기억, 지능, 언어 등 모든 것을 포함하는 정신 과정이라고 할 수 있다. 지식, 의식, 지능, 사고, 상상력, 창의력, 계획, 추리, 추론 등 모든 심리적 실체들 또한 포함되는 개념이다. 따라서 인지 이론은 인간의 지적 능력뿐 아니라 인간의 사고와 태도, 동기 등의 비지적 능력의 발달에 따른 인지 발달과 클라이언트의 왜곡된 인지구조의 재구조화에 관한 인지 치료 이론이 모두 포함된다.

인지 이론은 인간의 능동성을 중요시하며, 성격이나 행동은 환경적 요인뿐 아니라 환경적 요인을 어떻게 받아들이고 해석하는 것에는 주관적 경험에 의해 결정된다고 하였다. 인지는 단지 지능에 국한된 것이 아니라 사람과 환경과의 상호작용을 통해 습득하는 다양하고 복잡한 능력으로 인간의 환경에 대한 능동성은 이로 인한 것이라고 하였다.

이러한 인지 이론이 가지는 특징은 다음과 같다.

- 인간의 일생을 통하여 인지적 성장과 변화가 일어날 수 있다.
- 특정 연령에서의 인지적 유능성은 개인에 따라서 차이가 날 수 있다.
- 환경의 자극에 개인이 주관적으로 인지적 해석을 통해 행동을 보이는 능동적 반응의 결과이기도 하다.
- 환경적 자극을 있는 그대로 받아들이는 것이 아니라 이러한 자극을 인지적으로 표상하고 그 결과에 따라 행동한다.
- 사고나 감정도 객관적으로 실존하는 것이 아니라 인지적 표상을 통해 재해석된 것이다. 그러므로 사고나 감정의 변화는 행동의 변화를 가져오며 이는 사고나 감정의 변화를 가져오기도 하므로 이들은 서로 상호 관련성을 가지고 있다.
- 사고, 감정, 환경적 자극이 행동으로 연결되기 위해서는 인지적 표상을 거쳐 재해석이 필요하므로 인지는 행동에 있어 가장 중요한 요소이다.

대표적인 인지치료 이론으로 Beck의 인지행동 치료와 Ellis의 합리정서행동 치료(REBT), 구성주의 접근이 있다.

(1) 합리정서행동 치료의 주요 기술

합리정서행동 치료에서 주로 사용하는 기술은 다음과 같다(엄명용 외, 2005).

① **내적 의사소통의 명료화** : 클라이언트 스스로에게 피드백을 줌으로써 자신의 생각과 이야기 속에 숨겨진 인지적 오류와 비합리적 신념에 대한 통찰력을 발전시키고 이해할 수 있도록 할 수 있다.

② **설명** : 클라이언트의 정서가 Ellis가 제시한 ABC모델(사건 - 인지 - 정서적 결과)에서 어떻게 작용하는가를 가르쳐 주는 일련의 치료 기술이다.

③ **기록 과제** : 클라이언트로 하여금 정서에 대한 Ellis의 ABC모델을 활용하는 방법에 대해 읽고 기록할 수 있도록 양식을 제공하여 자신의 정서 변화를 이해할 수 있게 한다.

④ **경험적 학습** : 클라이언트에게 자신의 인지적 오류에 부합하지 않는 특정한 행동을 하도록 함으로써 클라이언트가 자신의 인지적 오류를 발견하고 수정하도록 돕는 기술이다.

⑤ **역설적 의도** : 특정 행동에 대한 클라이언트의 불안이 그 행동을 유발할 때, 클라이언트가 두려워하는 행동을 하도록 지시함으로써 클라이언트의 인지적 오류에 도전하고 불안을 감소시킬 수 있다.

⑥ **역설적, 실존적 숙고 치료 활동** : 객관적이고 물질적인 세계에 초점을 두고 실제적인 문제에 대한 답을 찾아가는 것에 강조를 두는 역동적 숙고와 삶에 대한 의미와 잠재적 의미에 대해 숙고와 실재적 숙고를 통해 인지 재구조화를 촉진시키는 기술이다.

⑦ **인지 재구조화** : 클라이언트의 역기능적 사고와 관념을 인식하고 이를 현실적인 사고와 관념으로 대치하고 순기능적일 수 있도록 돕는 기술이다.

⑧ **모델링** : 관찰 학습 과정을 통해 클라이언트가 시행착오학습을 거치지 않고 원하는 행동을 학습할 수 있도록 하게 하는 기술이다.

⑨ **시연** : 발달시키고자 하는 행동을 반복적으로 학습함으로써 행동으로 숙달되도록 하는 기술이다.

⑩ **자기 지시 기법** : 목적 선택, 목적 행동 형성, 자기 탐지, 계획의 실천 등의 과정을 통해 자신이 통제하거나 변화시키기를 원하는 구체적인

행동에 대한 지침과 계획들을 세우는 것을 말한다.

⑪ **체계적 둔감법** : 클라이언트에게 가장 덜 위협적인 상황에서 가장 위협적인 상황까지 상황들을 그 순서대로 제시하면서 불안 자극과 불안 반응 간의 연결이 없어질 때까지 불안을 일으키는 자극들을 반복적으로 이완 상태와 짝짓는 것을 말한다.

⑫ **이완 훈련** : 근육의 수축과 이완, 규칙적인 호흡, 즐거운 사고나 심상 등을 훈련함으로써 스트레스에 대처할 수 있도록 가르치는 기술이다.

4) 행동주의 이론

1950년대에 시작된 행동주의적 접근은 1960년대 초반에 당시 상담의 주류를 이루었던 정신분석으로부터 벗어나게 되었다. Pavlov와 Thorndike의 실험에서 발달한 행동주의 이론은 고전적 조건화, 조작적 조건화, 인지적 학습이라는 세 가지 접근으로 분류된다.

전통적인 행동주의자들은 인간을 환경에 의해 결정되는 중립적 존재로 보았다. 인간은 태어나면서부터 선하지도 악하지도 않고, 단지 환경에 의해 결정되는 존재로 본다. 이러한 접근 방법은 인본주의나 실존주의와 근본적으로 관점을 달리했다. 그러나 최근에 와서는 인간이 스스로 자기 행동을 결정할 수 있는 존재로 보게 되었다.

현대의 행동주의적 상담은 인간 행동에 대한 과학적 관점을 토대로 삼고, 상담도 체계적이고 구조화된 접근을 시도한다. 그렇다고 해서 초기의 행동주의자들처럼 인간을 단순히 사회문화적 조건형성의 산물로 보는 것이 아니라, 환경의 영향을 받으면서 동시에 영향을 미치는 존재라고 본다. Skinner와 같이 급진적인 행동주의자들은 인간의 자기 결정과 자유를 배제했지만, 현대의 행동주의적 상담자들은 양 접근에 가교를 놓아 종합을 시도하고 있다. 예를 들어 사회학습 이론의 창시자인 Bandura는 자극-반응 모델에 입각한 극단적 환경론적 인간관을 비판하면서, 환경에 의해 결정된다는 기계론적 결정론적 인간관을 거부하였다. 왜냐하면 이러한 입장에서는 인간관이란 주위 환경에 의해 결정되고 인간이 환경에 영향을 미칠 가능성과 능력을 고려하지 않기 때문이다.

Skinner는 행동의 발생 가능성은 결과에 의해 영향을 받는다는 것을 관찰하였다. 즉, 선행사건 상황에서 행동이 발생하고 행동은 결과에 영향을 미치며, 결과는 유사 상황에서 행동의 비율, 빈도, 형태 등을 결정한다. 이때 행동은 결과를 조작한다. 즉, 결과에 영향을 미친다는 의미에서 조작적 행동(Operant Conditioning)이라 하며, 선행사건 행동결과를 강화의 조건부라 한다(김혜란 외, 2003: 84-85).

Skinner는 Thondike가 가졌던 견해와 유사하게 하나의 반응이 그 반응 자체에 미치는 효과를 강조한다. 또한 Thondike와 같이 보상과 처벌의 효과가 비대칭적이라는 것, 즉 보상은 반응이 반복될 가능성을 변화시키지만 처벌은 그렇지 못하다고 결론 내렸다.

Bandura의 접근은 Watson이나 Skinner 등의 주장과는 차이를 보인다. 조건형성이 학습 원리라고 보는 Watson이나 Skinner는 유기체가 직접 행동함으로써만이 학습이 이루어진다고 생각하지만, Bandura는 사회적 상황에서 타인들의 행동을 단순히 관찰만 해도 그들의 행동을 학습할 수 있다고 보았다. 다시 말해서, 사회학습 개념은 대부분의 학습이 다른 사람의 행동을 관찰하고 모방한 결과 일어난다는 인식에서 비롯되고 있다.

그러나 Bandura의 사회학습도 이론적 토대를 강화 이론에 두고 있어서, 아동이 자신의 행동에 대해서 직접적 강화를 받지 않더라도 다른 아동이 보상이나 벌을 받는 것을 관찰함으로써 간접적으로 강화를 받기 때문에 보상받는 행동은 학습하게 되고, 벌을 받는 행동은 학습하지 않게 된다는 설명이 된다. 이렇게 Bandura의 사회학습 이론은 관찰을 통해 이루어지는 학습이라 하여 관찰학습이라 하며, 직접적이 아니라 대리적으로 이루어진다 하여 대리학습이라고도 부른다.

행동주의에 의한 사회복지실천에서는 모든 행동은 학습된 행동이기 때문에 적절한 강화 요인을 발견할 수 있다면, 모든 행동과 태도의 변화는 가능하다고 할 수 있다. 상담 현장에서뿐만 아니라 사회복지실천 현장에서 활용되는 반복학습, 역할극, 자기주장 훈련, 분노조절 훈련 등은 행동주의 이론에 그 기반을 두고 있다(도광조, 2008).

제 2 절 인간과 환경을 이해하는 개념적 틀과 체계론적 사고

1. 통합적 접근의 필요성과 등장 배경

전통적으로 사회복지는 모든 인간 행동에 대하여 다양한 접근 방법으로 설명해 왔다. 그러나 전통적인 방법론은 인간 행동에 대해서 특정한 행동에 제한적으로 적용된다는 한계성에 부딪혀 왔다. 또한 전통적인 방법론에 입각한 사회복지서비스는 클라이언트의 문제에 대해 전체적으로 개입하기보다는 사회복지사의 입장에서 적절히 처리할 수 있는 문제만을 부분적으로 분리해 원조한다는 비판이 제기되기도 하였다. 뿐만 아니라 전통적 방법은 사회복지사들에게도 직제 간의 이동이나 훈련을 어렵게 하는 문제를 경험하게 하였다. 이러한 비판을 기반으로 사회사업의 실천 방법론에 대한 통합적 시도가 강구되어 왔고, 이러한 통합적 시도는 사회체계 이론, 생태학 이론, 생태체계 이론 등이 사회복지에 활용되면서 복잡한 문제에 대한 접근에 통합적 방법론을 적용하기 시작하였다.

1920년대부터 1960년대까지 전문가들은 인간 행동을 평가하고 변화시키기 위해서 의학적 접근 방법을 사용하였다. 의료 모델은 프로이트에 의해 시작되었으며, 서비스 제공자는 환자의 '문제 원인에 대한 규명'과 '진단과 치료'를 제공하였다. 즉, 클라이언트 문제의 원인은 개인의 정신 내적 요인에 있다고 믿었으며, 인간의 정서, 사고, 행동문제를 정신 질환으로 규정하고 진단명을 붙였다. 그러나 1960년 이후 전문가들은 의료 모델의 효율성에 대한 의문과 함께 클라이언트 문제의 원인을 규명하는 데 있어 환경적 요인의 중요성을 강조하게 되었다.

사회복지실천 활동이 다른 휴먼서비스 전문직과 구별되는 이유는 여러 가지가 있다. 그중에서 사회복지실천 대상이 개인이나 집단 또는 가족에 상관없이 사회복지를 실천함에 있어 사회복지사가 갖고 있는 '환경 속의 인간'이라는 관점을 들 수 있다.

Pincus와 Minahan(1973)은 사회복지사가 사회복지실천 현장에서 클라이언트를 돕기 위해 개인이나 집단, 가족, 지역사회 각각에 제한되는 접근 방법보다 여러 유형이나 규모의 체계들과 관계를 맺을 수 있는 접근 방법이 필요하게 되었으며, 따라서 모든 사회복지실천에 공통적으로 적용될 수 있는 통합적 접근의 필요성을 강조하였다.

2. 통합적 접근의 개념 및 특징

사회복지 분야의 통합적 접근 방법이란 모든 사회복지사가 개인과 집단, 지역사회에 제기되고 있는 문제에 대처해 나가고자 할 때, 활용할 수 있는 방법의 통합화(양정남·최선령, 2007)로 사회복지실천은 1970년대 후 개별 사회사업, 집단 사회사업, 지역사회조직의 3대 방법론으로부터 일원적 통합화를 지향하고 있다.

Miley(1995) 등은 '통합적 방법이란 사회복지실천의 목적을 달성하기 위한 현대적 접근 방법이며, 이러한 관점은 개별적 접근의 한계를 넘어 다양한 인간체계에 대한 개입으로 사회복지실천 영역의 확장'이라고 주장하였다.

통합적 접근 방법의 특징을 김융일 등(2005)은 다섯 가지로 제시하였다.

첫째, 사회복지실천의 본질적인 개념, 활동, 기술, 과업 등에 어떤 공통적 기반이 있음을 전제로 한다. 둘째, 통합적 접근이 갖고 있는 가치관은 클라이언트의 잠재성을 인정하고 계속적인 성장을 통하여 그의 잠재성을 개발할 수 있으며, 성장과 잠재성은 미래지향적임을 강조한다. 셋째, 과거의 심리내적인 정신 역동적 측면에 초점을 둔 것으로부터 사회와 문화, 즉 상황 속의 인간(Person in situation)을 이해하고 설명하는 데까지 확대된 개념을 사용한다. 넷째, 통합적 방법은 인간과 환경의 상호작용에 초점을 둠으로써 인간과 환경의 공유 영역, 즉 사회적 기능수행 영역에 사회복지사가 개입해야 함을 강조한다. 다섯째, 클라이언트의 존엄성을 인정하고 강점 지향, 클라이언트의 자기 결정, 개별화를 극대화하고 실천 과정의 평가를 강조한다.

통합적 접근의 형태는 결합적, 중복적, 단일화 접근 방법 등으로 구분할 수 있으며, 구체적으로 살펴보면 다음과 같다.

첫째, 결합적 접근 방법(combination approach)으로서 클라이언트의 문제 및 상황에 따라 전문 분화된 각종 방법을 단독, 혹은 복수의 형태로 임기응변식으로 사용하는 것이다.

둘째, 중복적 접근 방법(multi-method approach)은 각 방법상의 원리와 기술을 비교해 공통성, 유사성, 다양성을 확인하고 이들 방법 간의 상호 관련성을 조합하여 사용하는 것이다. 이 접근 방법은 어떠한 조합이 가능할 것인지에 대한 문제가 제기된다.

셋째, 단일화 접근 방법(unitary approach)은 전문직으로서 사회복지실천의 공통된 기반을 재확립하고 방법을 특정 짓는 총체적 관점 틀을 확정하여 방법의 재편성을 도모해 나가는 것이다. 이 접근 방법은 일반주의적 접근 방법(generic approach)이라고 불리기도 하며, 실제로 통합적 접근과 혼용된 용어로 사용되기도 한다.

단일화 접근 방법은 1970년대에 통합적 방법을 지향하는 학자들에 의해 강조되어 3측면의 통합 형태 중에서는 가장 실용화되었으며(양옥경, 2000), 결합적 접근 방법은 사회복지사에게 현재보다 더 많은 교육 훈련을 필요로 하기에 가능성이 낮고, 중복적 접근 방법은 상이한 현실 상황에서 어떠한 조합이 가장 가능하게 할 것인가 하는 것이 의문이기 때문에 결국 사회복지실천에 활용할 수 있는 방법은 단일화 접근 방법이라고 하였다(김융일 외, 2005). 사회복지실천을 지향해 왔던 통합적 접근이 전문적 기술 지향에 머물러 있었던 것은 사실이다. 그러므로 세부적인 사회복지실천 이론들을 살펴볼 것이다.

3. 통합적 접근 사회복지실천의 주요 이론 및 관점

1) 환경 속의 인간 관점

환경 속의 인간 관점은 사회복지실천에서 가장 오랫동안 추구되어 왔던 개념이다. 인간을 이해하기 위해서는 심리 내적인 특성뿐만 아니라 환경과 그를 둘러싼 상황까지 모두 고려해야 한다. 인간이 경험하는 각종 사회복지적인 문제의 원인을 개인과 환경 중 어느 한쪽의 결함으로 보기보다는 개인적 요소와 환경적 요소의 상호작용에 따른 결과로 본다.

'환경 속의 인간'은 개인과 가족, 집단체계의 사회적 기능을 향상시키며, 관련된 사회체계가 어떻게 영향을 미치고 상호작용하는가에 관심을 둔다. 인간과 환경은 분리할 수 없으며, 지속적인 상호작용과 상호 교환을 통하여 서로에게 영향을 미치고 서로를 형성하며, 상호 적응하는 호혜적 관계를 유지하고 있다고 본다. 또한 인간은 환경적 요구에 적응하고 때로는 환경을 자신의 요구에 맞게 수정·변화시킴으로써 발달해 가고 만족스러운 삶을 영위하는 존재라고 보고 있다. 그러므로 문제해결을 위한 사정과 개입 과정은 개인의 변화뿐만 아니라 사회환경의 변화에서도 찾아야 한다.

환경 속의 인간은 클라이언트의 문제와 힘의 균형에 초점을 두고 있다. 환경 속의 인간, 혹은 환경 속에서 상호작용하는 개인에게 초점을 맞추는 복수체계적 관점의 통합적 접근을 적용했다. 1920년대의 정신 역동의 조류로 인해 개인에게 초점을 두기도 했었으나 1950년대 이후, 개인과 환경의 상호작용에 대한 개입은 사회복지실천의 기초를 이루며 Compton과 Galaway, Pincus와 Minahan 등에 의해 지속적으로 강조되었다.

2) 일반체계 관점

일반체계 이론(general system theory)은 생물학자인 Bertalanffy에 의해 1940년대에 처음 제시된 이후 1960년대부터 주목받기 시작하였다. 일반체계는 행동을 단순한 원인에 입각하여 설명하기보다는 다양한 변인들 간의 상호작용을 이해할 수 있는 개념적 준거 틀을 제시함으로써 사회복지사들이 인간이 기능하는 다양한 체계를 동시에 고려하여야 한다는 인식을 갖게 해주어 사회복지실천에 많은 영향을 끼쳤다.

체계란 상호의존적이고 상호작용하는 부분들로 구성된 전체, 즉 '부분들 간에 관계를 맺고 있는 일련의 단위들(Bertalanffy, 1968: 38)'로 정의된다. 체계는 인과적인 관계 속에서 직접 또는 간접적으로 관련되어진 구성 요소들의 복합체이다. 이때 각 구성 요소는 어떠한 특정 기간 내에서 다른 구성 요소와 안정적으로 관련되어 있다(Buckley, 1967: 41). 이러한 맥락에서 체계의 속성은 '전체는 각 부분의 합보다 크다.'로 간략하게 정의된다. 따라서 체계를 구성하고 있는 부분들 간의 상호작용의 독특성이 체계의 특성을 만들어 낼 수 있다.

체계 이론이 정식으로 사회사업실천 이론에 도입된 것은 Hearn이 통합 이론을 구축하기 위해 일반체계를 도입한 것이 시초이다. 그 후, Bertalanffy (1968)의 일반체계도 사회사업에 체계 아이디어를 응용하는 데 기반이 되었다. 이들의 영향으로 위스콘신 대학의 Pincus와 Minahan(1973)은 체계 아이디어를 사회사업실천에 응용하는 방법을 출판하였고, Siporin(1975)과 Germain, Gitterman에 의해 새로운 생태학적 체계 이론이 개발되었다.

(1) 체계의 구조적 특성

모든 체계는 독특한 구조를 가지고 있다. 구조는 체계 성원들 사이에서 지속적으로 나타나는 안정된 관계 유형을 의미하며, 각 개인이 수행하는 기능에 기반을 두고 있다. 하나의 조직은 각각의 부분, 즉 구성 요소와는 다르고, 구성 요소에서는 발견되지 않는 관계 특성을 지니고 있다.

조직(organization)은 에너지 교환을 촉진하는 체계 성원들의 집합, 하나의 체계가 작동하고 기능하기 위해서는 상위체계에 의존해야 하며, 또한 그 체계의 하위체계에 방향을 제시해 주어야 한다. 이와 같이 부분들 간의 반복적인 상호 교환 과정에서 체계 내 구성 요소들 간에 역할이 분화되고, 하위체계와 위계질서가 형성된다.

하위체계는 호론(holon), 즉 부분인 동시에 전체인 총체(entity)로 볼 수 있다. 호론의 개념은 체계와 체계 성원들이 한 체계 이상의 수준에서 어떻게 작동하고 행동하는지를 이해하는 데 도움이 된다. 가족 내에서는 세대, 성, 흥미, 기능에 따라 하위체계가 형성된다.

① 개방체계와 폐쇄체계

개방체계란 다른 체계와 상호 교류하는 체계이며, 체계 내 사람들이 환경 또는 다른 체계들과 빈번한 상호작용을 하는 경우를 일컫는다. 따라서 개방적인 체계는 체계 내에서뿐만 아니라, 외부로부터와 외부로의 자유로운 에너지·정보·자원의 교환을 통해 체계 자체의 기능을 유지·발전시킬 수 있다.

폐쇄체계란 외부체계들과 상호 교류가 없거나, 혹은 교류할 수 없는 고립된 체계를 말하며, 폐쇄체계에서는 사람들이 주로 그 체계 안에서만 상호작용을 하고 체계 밖의 환경, 혹은 다른 체계와는 상호작용을 하지 않는다. 따라서 환경의 다른 에너지에 접근이 불가능하여 자체의 에너지만을 사용해야 하기 때문에 체계의 번영과 발전이 어렵다. 이러한 현상을 엔트로피(entropy)라고 한다.

② 대상체계, 상위체계, 하위체계

대상체계란 분석 대상이 되는 체계를 말하며 상위체계는 대상체계의 외부에 있으면서 그 체계에 기능적으로 영향을 미치는 사회적 단위이다. 하위체계는 2차적 또는 종속적인 체계로 큰 체계 속에 있는 보다 작은 체계로 이해될 수 있다. 예컨대 어떤 가족의 생활사가 연구자의 관심사라 할 때, 이 가족은 대상체계가 되고, 가족이 속해 있는 지역사회는 상위체계가 되며, 가족의 각 구성원들은 하위체계가 된다.

③ 경계와 공유 영역

경계란 체계의 외부와 내부 또는 한 체계와 다른 체계를 구분해 주는 구획, 선, 혹은 침투성을 지닌 테두리이다. 경계는 체계와 체계 사이에 이루어지는 상호 교류의 특징을 구분해 주기 때문에 체계의 독특성, 혹은 정체성을 유지하는 기능을 한다. 또한 경계는 체계 내부로의 에너지·정보·자원의 흐름(투입)과 외부로의 에너지·정보·자원의 유출(산출)을 규제한다.

공유 영역은 두 개의 체계가 함께 공존하는 곳으로 체계 간의 교류가 일어나는 곳이다. 즉, 어떤 대상체계가 상위체계나 하위체계가 교류하면서 만들어지는 독특한 상호작용의 유형, 혹은 공유된 경계이기도 하다. 경계와 공유 영역이 다른 점은 경계가 체계의 정체성을 유지하기 위해 필요한 것이라면, 공유 영역은 서로 다른 두 체계가 공통의 이익이나 관심을 추구하기 위해 필요하다(Norlin & Chess, 1997: 68-69).

④ 위계

각 체계 내에는 일련의 하위체계가 있고, 하위체계는 상위체계에 의존하며 그 역할과 권력·통제의 양에 따라서 등급이 정해지는데, 이것을 위계질서라 한다. 이러한 상위체계와 하위체계들 사이의 일련의 관계를 위계라 한다.

(2) 체계의 진화적 특성

체계는 완전한 변화나 완전한 현상유지 상태로는 존재하지 않는다. 그러므로 지속적으로 변화를 추구하며, 역동적 균형 상태를 유지하려는 속성이 있다. 이것이 체계의 진화적 속성이다. 진화적 속성을 나타내는 개념에는 균형, 항상성, 안정 상태가 있다. 체계의 진화적 속성은 기능주의 이론가인 파슨즈가 제시한 사회체계의 네 가지 기능인 적응, 목표 달성, 통합, 형태 유지를 통해서 이해할 수 있다.

① 균형

균형은 주로 폐쇄체계에서 나타나는데, 이는 체계가 고정된 구조를 가지고 주위환경과 수직적인 상호작용을 하기보다 수평적인 상호작용을 하면서 거의 교류를 하지 않는 상태이다. 즉, 외부와의 교류나 체계의 구조 변화가 거의 없는 고정된 평형상태를 말한다. 예를 들면 폐쇄적인 관료 조직이나 엘리트집단은 변화보다는 현상유지를 가장 바람직한 상태로 여기면서 다른 조직이나 집단과 거의 교류를 하지 않는다.

② 항상성

항상성은 균형보다 일정한 수준의 개방체계를 전제로 한다. 이는 환경과 지속적으로 상호작용하면서 정적인 균형보다 역동적인 균형을 이루고 있는 상태이다. 이때 체계의 구조는 크게 달라지지 않는다.

체계가 갖는 변화와 유지라는 두 가지 기능 중에서 항상성은 체계의 일관성을 유지하려는 기능이다. 항상성의 기능은 체계에 안정을 줄 뿐 아니라 외부의 정보를 적절히 통제함으로써 체계를 혼란과 무질서로부터 보호한다. 또한 미래에 대한 예측을 가능하게 함으로써 체계의 구성원들에게 안정과 편안함을 준다.

체계는 어떤 변화를 이루기 전에 먼저 체계 자체를 유지하려고 노력한다. 즉, 변화보다는 유지의 속성이 먼저 나타나는 것이다. 따라서 체계의 일관성을 유지하기 위해 체계는 일정한 범위 안에서만 변화하게 된다. 이러한 범위를 항상성의 범위라고 한다. 항상성의 범위는 체계가 자신의 모습을 일정하게 유지하기 위해서 필요한 체계 자체의 변화의 폭을 말한다. 예를 들어 보면 냉방기의 온도를 섭씨 25에서 30도로 맞추어 놓았다고 하자. 그러면 이 냉방기는 25도에서 30도의 범위 내에서 자율적으로 변화하게 된다. 이러한 변화의 폭이 바로 항상성의 범위이다.

항상성의 다른 예

어떤 가정에 저녁 10시부터 11시 사이에 잠자는 규칙이 있다. 어느 날 한 자녀가 12시에 잠을 자겠다고 하면, 이는 항상성의 범주를 벗어난 행동이 된다. 이 경우 부모는 12시에 잠을 자겠다는 행동을 의논하게 되고 이를 허락할 것인지 아니면 11시에 자도록 통제할 것인지를 결정해야 한다. 항상성의 원리에 의해서 부모는 자녀를 설득하여 11시에 자도록 한다. 만일 부모가 가정의 규칙을 확인하거나 조정하려는 노력 없이 자동적으로 자녀의 행동을 야단친다면 이는 단순 피드백이다. 항상성의 원리는 단순 피드백보다 체계 자체를 검토한다는 측면에서 상위의 행동이다. 자녀를 설득하는 방법으로서 가족회의를 열어 가족 규칙을 충분히 설명하고 이를 자녀가 받아들이도록 한다면 자녀는 가족 규칙을 이해하고 이를 내면화하려는 노력을 할 것이다. 이때 항상성 원리는 가족 규칙에 대해 일정한 논의를 거치는 점에서 단순 피드백보다 복잡한 활동이다.

③ 안정 상태

부분과의 관계를 유지하고 붕괴하지 않도록 에너지가 계속적으로 사용되는 상태로 체계가 거쳐 온 이전의 연속 상태를 의미한다. 환경과의 교류뿐 아니라 환경에 적응하기 위해 체계의 구조를 변화시키는 상태로서 개방체계에 존재한다. 안정 상태는 모든 사회체계의 기본 속성이며, 체계의 목표와 정체성을 유지하려는 체계의 의도적인 노력에 의해서 수정된다. 안정 상태는 고도의 조직성, 복잡성, 환경에 대한 개방성이 특징을 이룬다.

(3) 체계의 과정적 특성

체계가 생존, 성장, 변화하기 위해서는 체계 내부 및 외부와의 지속적인 정보 교환과 에너지 교환이 이루어져야 한다. 이것을 설명하는 개념이 의사소통과 투입 - 전환 - 산출이다.

① 의사소통

의사소통은 사람들 사이에서 정보를 전달하고, 개인들 간의 관계를 형성하며, 사회적 경험을 공유하는 연속적이고 상호적인 일련의 접촉이다. 가족 성원 두 사람이 의사소통을 할 때, 제3자가 상호작용에 합류하는 경우가 많은데, 이러한 가족 의사소통을 통해 삼각관계가 형성된다. 가족치료의 핵심은 가족이 역기능적 의사소통 유형을 이해할 수 있도록 원조하는 것이다.

② 투입-전환-산출

사회체계는 투입(input) - 전환(through-put) - 산출(output)이라는 교환 과정을 통해서 사회환경과 교류한다. 여기에서 투입이란 체계가 환경으로부터 에너지, 사물, 정보 등을 받아들이는 과정이며, 전환은 투입이 이루어지고 나면, 체계는 자신에게 적절하게 투입된 에너지를 변형시키게 되는 재조직화 과정을 거치는 것을 말한다.

산출은 체계가 전환 과정을 시작하며, 적극적으로 외부 환경에 반응하는데 내부에서 변형된 에너지를 환경으로 방출하는 것이다. 산출과 관련된 일반체계의 주요 개념으로 동등 종결성은 처음의 조건이 어떠하든 그리고 수단이 어떠하든 그 결과는 동일하다는 개념으로, 투입이나 전환에 관계없이 산출은 동일하다는 의미이다. 다중 종결성은 처음의 조건과 수단이 비슷하다고 할지라도 다른 결과가 야기된다는 의미이다. 다른 말로 하면 문제를 보는 방법에는 여러 가지가 있을 수 있으며, 사회복지사의 개입 방법도 여러 가지가 있을 수 있다.

③ 환류(feedback)

체계의 에너지 전환 과정에 의해 만들어진 산출은 환류를 통해서 다시 체계 내부로 투입된다. 이러한 환류는 체계의 평형을 유지하거나 변화를 촉진함으로써 체계를 혼란시키기도 한다. 부적 환류(negative feedback)는 체계의 항상성을 유지하고 변화를 극소화시키면서 체계 자체를 유지하는 환류로 이러한 환류는 체계 내의 부분만을 변화시키고 체계 전체는 유지하는 기능을 한다. 부적 환류에 의해 일어난 부분의 변화를 1차 수준의 변화라고 한다. 정적 환류(positive feedback)는 체계에 급진적이고 불연속적인 변화를 통해서 체계 전체를 변화시키는 환류로 정적 환류에 의해 일어난 변화를 2차 수준의 변화라고 한다.

3) 생태체계 관점

생태체계 이론은 일반체계와 생태학 이론(ecological theory)을 결합한 것으로서, 하나의 이론이라기보다는 다양한 이론들과 결합할 수 있는 '시각', 혹은 '관점'의 개념으로 이해할 수 있다. 또한 생태체계와 일반체계의 주요 개념들을 그대로 받아들이면서, 그 이론이 지닌 한계점을 극복하기 위해 생태학적 관점을 도입한 통합적 이론이라고 할 수 있다. 따라서 생태학 이론은 유기체와 환경이 어떻게 적응적 적합성과 균형을 이루는가, 그것들이 어떻게 그리고 왜 그에 실패하는가, 인간에게 유익한 것은 무엇인가, 어떻게 그들의 환경이 인간의 성장과 발달에 생물학적, 인지적, 사회적, 심리적으로 해가 되지 않게 할 수 있는가를 탐구한다(조흥식 외, 2010). 따라서 생태체계이론은 '환경 속의 인간'이라는 통합적 개념 속에서 인간을 이해하게 하므로 사회복지실천에 있어 통합적 관점을 갖게 한다.

생태체계 관점은 일반체계의 주요 개념들을 그대로 받아들이면서, 그 이론이 갖는 한계점을 극복하기 위해 생태학적 관점을 도입하였다. 즉, 생태체계 유기체들이 어떻게 상호 적응상태를 이루고 그들이 어떻게 상호 적응해 가는가에 초점을 두며, 인간과 인간이 주변 환경 간의 상호작용, 상호 의존성 또는 역동적 교류와 적응을 설명한다(사회복지교육연구센터, 2011).

생태체계는 흔히 생태체계론(ecosystems), 생태적 체계론, 생태적 관점 등과 호환되어 사용되는 것으로서 체계적 관점과 생태적 관점이 합성된 것이라 할 수 있다. Bronfenbrenner는 인간 발달과정을 분석하는 가운데, 체계론적 관점을 확대하여 '생태적 체계'라는 용어를 사용하였고, 이 용어는 Germain과 Gitterman이 생활모델(life model)이라는 그들의 사회복지실천 모델을 제시하는 가운데 생태체계 모델을 도입하면서 사회복지실천에 자리 잡게 되었다.

생태체계 관점은 인간과 물리적·사회적 환경 사이의 상호 교환을 개념화하는 현재의 접근들을 대표한다. 또한 이 관점은 인간행동에 대한 다양한 이론을 통합하고 있으며, 특히 생태학과 일반체계 개념들을 통합하고 있다. 따라서 생태체계 관점은 인간과 환경은 서로 분리되어 있는 것이 아니라 지속적인 상호 교류 안에서 존재하는 하나의 체계로서 본다. Siporin(1980)은 이러한 관계를 인간과 물리적·사회적·문화적 환경의 상호작용(mutual reciprocity)과정, 자원의 상호 보충적인 교환 과정으로 이해해야 한다고 제시한다. 따라서 생태체계 관점은 인간과 환경이 어떻게 서로 영향을 주고받는지를 보는 준거 틀을 제공해 준다. 또한 이 관점은 상황적, 환경적 맥락에서 클라이언트체계를 보기 때문에 사정과 계획 단계에 매우 유용한 관점이다.

생태체계 관점은 인간을 매우 복잡한 존재로 본다. 인간은 사고, 감정, 행동을 가진 생물학적, 심리학적, 영적, 사회적, 문화적 존재로서 환경을 구성할 뿐 아니라 환경에 의해 영향을 받는 상호 교환적인 위치에 있다(오창순 외, 2009). 따라서 생태학적 관점에서의 인간관은 한마디로 '환경 속의 인간'이라는 전체적 인간관을 가지고 있다. 이 이론은 인간에 대해 낙관론적 시각을 가지고, 인간과 환경은 지속적인 상호작용과 상호교환을 통해서 서로에게 영향을 미치고 서로를 형성하며, 상호 적응하는 호혜적 관계를 유지한다고 본다. 또한 생태체계 이론에서 인간의 발달은 진화적 시간에 따른 유전적 변화뿐 아니라 성숙 및 선택 과정에 의해 인간이 형성된다고 본다. 뿐만 아니라 인간은 환경과의 상호 교류를 지지, 혹은 방해하는 유전적 잠재력을 가진 것으로 보며, 인간행동은 성장하는 개인과 환경 사이의 상호작용의 산물로서 이해한다.

생태체계 관점에서는 다양한 체계 수준에서 이루어지는 개인들과의 관련성을 강조한다. 이러한 다양한 체계의 수준을 Bronfenbrenner는 생태학적 환경이라고 규정하고, 이러한 체계들 사이에는 위계질서가 존재한다고 보았다. 이들 체계는 다음과 같이 다양한 형태로 존재하며, 각각의 경계를 가진 자율성을 가지면서도 다른 체계와 긴밀한 상호작용을 전제로 하는 위계를 갖게 된다.

(1) 미시체계(micro system)

개인에게 가장 인접한 환경을 말한다. 이는 친밀한 사회환경 안에서 매일매일 겪는 상황과 직접 접촉하는 물리적 환경 내에서 경험하는 상황을 의미한다. 미시체계는 개인의 특성과 성장 시기에 따라 달라지는데 대부분의 사람들이 성장 과정에서 경험하는 미시체계는 집과 가족, 놀이터, 학교, 동아리, 운동 팀, 또래 친구, 교회 친구, 학교 선생님, 이웃 사람들 등이다. 건강한 미시체계는 상호 호혜성에 기반을 두고 있다. 예를 들어서 부모는 자녀의 합리적인 요청을 들어주고, 자녀는 부모의 합리적인 요청을 존중함으로써 서로 화답한다. 이처럼 개인에게 가장 인접한 환경인 미시체계가 효과적으로 기능하면 그 외의 체계에서도 성공할 기회가 많아진다(최옥채, 2011).

(2) 중간체계(meso system)

상호작용 중에 있는 여러 개의 미시체계를 말한다. 즉, 가정과 학교 간의 관계와 같이 개인을 둘러싸고 있는 두 가지 이상의 환경에서 일어나는 과정과 연결성을 말한다. 중간체계에서 주목할 점은 각각의 미시체계에 존재하고 있는 발달을 촉진하거나 저해하는 특징과 그러한 미시체계 환경에서 일어나는 과정들이 서로 작용하면서 만들어 내는 상승효과에 초점을 맞추는 것이다. 또한 중간체계의 개념에는 사람들이 서로 다른 환경에서 서로 다른 역할을 수행한다는 견해가 포함되어 있다. 예를 들어 가정에서 딸, 혹은 아들, 또래집단에서 친구, 운동장에서 운동선수와 같은 것이다.

중간체계의 풍부함은 중간체계의 빈약함과 마찬가지로 그들이 공유하거나 공유하지 않는 연결점과 가치관의 수 및 질에 따라 달라진다. 예를 들어 12살 아동의 연결점은 가족, 학교, 친구, 교회, 캠프 등 여러 개의 미시체계로 구성될 수 있다. 18세 청소년의 경우에는 동일한 미시체계일지라도 미시체계의 질과 상대적 중요성이 달라지는데, 이를 테면 여자 친구, 혹은 남자 친구가 중시되는 반면 캠프에는 관심이 없어진다(최옥채, 2011).

(3) 외부체계(exo system)

개인이 직접 참여하고 있지는 않지만, 개인의 발달에 영향을 주는 환경체계를 말한다. 따라서 개인은 외부체계에 직접 참여하지는 않지만 이러한 환경은 인간의 행동에 여러 가지 영향을 받는다. 예를 들어 어머니의 취업 여부에 따라 아동의 생활 패턴이 달라지는 것도 외부체계의 영향이라고 할 수 있다(사회복지교육연구센터, 2011).

(4) 거시체계(macro system)

개인이 속한 사회의 이념이나 제도의 일반적인 형태, 개인에게 영향을 미치는 환경 요소를 의미한다. 즉, 거시체계는 일반적인 문화, 정치, 사회, 법,

종교, 경제, 교육정책과 같은 광범위한 사회적 맥락을 의미한다. 이러한 거시체계는 개인의 삶에 직접적으로 개입하지는 않는다. 그러나 전체적으로 볼 때, 사회구조적인 맥락을 포함하고 있기 때문에 비록 간접적이긴 하지만 강력한 영향력을 행사한다. 일반적인 발달 연구에서 말하는 거시체계는 주로 사회구조와 같은 환경 변수를 규정하는 것으로 한정하고 있다. 이러한 거시체계는 역사적·사회적·문화적 세력(예: 전쟁, 조약, 선거, 입법 등)에 의해서 형성되고 수정되는 특징이 있다(최옥채, 2011).

(5) 시간체계

시간체계는 Bronfenbrenner가 처음 발표한 생태학적 모델에는 포함되어 있지 않으나 생태학적 관점에서 아동을 설명하는 데 필요한 체계로 간주되어 후에 새롭게 포함되었다. 시간체계는 개인의 전 생애에 걸쳐 일어나는 변화와 역사적인 환경을 포함하는 의미로서, 어떤 시대에 출생하여 성장하였는지에 따라서 개인은 발달과 삶에 영향을 받는다는 관점이다. 즉, 개인의 삶은 부모, 가족, 친구, 학교 등 개인을 둘러싼 미시체계에서부터 문화, 관습, 이념 등의 거시체계에 이르기까지 모든 생태체계로부터 영향을 받으며, 이러한 생태환경은 과거, 현재, 미래의 시간체계의 변화 속에서 작용하는 것이라는 의미이다(사회복지교육연구센터, 2011).

이상에서 살펴본 생태체계 관점은 일반체계 생태학이 생태학적 이론으로 발전하였고 생활모델 구성에 영향을 미쳤다.

제 3 절 사회복지실천에 대한 통합적 접근의 적용

통합적 접근 방법에서의 사회복지실천 모델은 Pincus와 Minahan의 4체계 모델, Goidstein의 단일화 모델, Perlman이 개발하고 Compton과 Galaway에 의해 정교화된 문제해결과정 모델, 그리고 Germain과 Gittrrman의 생활모델, 사례관리 등이 있다. 각 모델은 인간과 사회환경과의 상호작용을 중요시하면서도 사회복지실천의 목적과 사회복지사의 기능에서 상이하게 설명하고 있다. 따라서 각 모델의 개념에 대해 살펴보고자 한다.

1. 4체계 모델

Pincus와 Minahan의 4체계 모델은 포괄적이고 전체적인 관점에서 클라이언트체계를 사정할 수 있는 기초를 제공한다. 사회복지사로 하여금 인간과 그의 공식적·비공식적 자원체계 간의 연결에 초점을 두게 된다. 이 모델은 복잡한 여러 수준의 체계들과 연결되어 있는 상태로서의 사람들과 일한다는 점을 강조하고 있다(김융일 외, 2005).

Pincus와 Minahan은 사회복지실천에 공통적으로 적용할 수 있는 중심 기술과 개념이 요구된다고 주장하면서 사회복지사에게 요구되는 공통된 핵심 기술로 사정 기술을 들었다(Zastrow, 1995). 4체계는 클라이언트체계, 표적체계, 행동체계, 변화매개체계를 말한다.

1) 클라이언트체계

서비스나 도움이 필요한 사람을 지칭하며, 어떤 문제해결을 위해 사회복지사와 공동의 노력을 기울이겠다는 계약 상태에 있는 사람들이 클라이언트체계이다. 사회복지사는 클라이언트와 결과 목표에 대한 합의를 통해 목적을 명확히 할 수 있다. 목표는 사회복지사와 클라이언트 사이의 계약으로 구체화될 수 있고 변화할 수 있다.

2) 표적체계

변화매개체계가 그 활동 목적을 달성하기 위해 변화시킬 대상이 표적체계이다. 클라이언트체계가 변화의 대상인 경우는 클라이언트체계가 곧 표적체계가 된다. 즉, 변화매개인이 변화 또는 그 목표를 달성하기 위해 영향을 미칠 필요가 있는 사람들로서 클라이언트와 같을 수도 있고 다를 수도 있다. 표적체계는 외부에 있을 때, 클라이언트체계의 목표에 동조적이거나 적대적일 수 있다.

3) 행동체계

사회복지사(변화매개인)들이 변화 노력을 달성하기 위해 상호작용하는 사람들을 말한다. 즉, 클라이언트에게 도움을 주는 변화를 위해 사회복지사가 활동하는 이웃, 가족, 전문가 등이 포함된다. 계획된 변화 노력에서 사회복지사가 함께 일하는 사람들로 구성된 행동체계가 클라이언트 이외의 사람들을 포함할 때, 그들의 결과 목표 또한 고려되어야 한다.

행동체계의 구성원들이 클라이언트체계의 결과 목표에 찬성한다면 그들의 협력은 좀 더 쉽고 확고해질 수 있지만 그들은 또한 그들 나름대로의 개인적 이익을 위해 변화 노력에 참여할 수 있다. 클라이언트체계와 행동체계의 목표가 갈등적이고 행동체계의 구성원들이 클라이언트체계의 결과 목표를 희생시키면서 그들의 결과 목표를 성취하려고 한다면, 사회복지사는 클라이언트체계를 지원하여 행동체계에 영향을 미쳐야 한다.

4) 변화매개체계

계획된 변화를 향해 체계들과의 활동을 계획하는 사람을 말하며, 변화매개인은 도움을 주는 사람으로서 사회복지사를 말한다. 변화매개체계란 사회복지사와 이들이 소속된 조직이나 기관을 말한다. 사회복지기관은 그 기관 자체의 일반적인 서비스 초점을 개발하며, 기관의 결과 목표는 기관의 정책으로 해석되기도 하는데 사회복지사에게 영향을 미친다. 사회복지사 자신도 그가 달성하고자 하는 특정한 결과 목표를 가질 수 있으나 클라이언트의 목표에 우선해서는 안 된다. <표 6-3>은 변화매개체계에 따른 구분 내용이다.

표 6-3 변화매개체계에 따른 구분

<table>
<tr><th colspan="2">2차원 구분</th><th colspan="2">3차원 구분</th><th colspan="2">4차원 구분</th></tr>
<tr><th>구분</th><th>예</th><th>구분</th><th>예</th><th>구분</th><th>예</th></tr>
<tr><td rowspan="2">미시체계</td><td rowspan="2">개인, 가족, 소집단</td><td>미시체계</td><td>개인</td><td>미시체계</td><td>개인, 가족, 소집단, 직장</td></tr>
<tr><td rowspan="2">중간체계</td><td rowspan="2">가족, 소집단</td><td>중간체계</td><td>(미시체계 간 관계)
가정-학교, 가정-직장, 학교-이웃</td></tr>
<tr><td rowspan="2">거시체계</td><td rowspan="2">조직, 지역사회, 국가 사회</td><td>외부체계</td><td>학교, 지역사회, 지방정부</td></tr>
<tr><td>거시체계</td><td>조직, 지역사회, 국가 사회, 사회제도, 문화</td><td>거시체계</td><td>국가 사회, 사회제도화</td></tr>
</table>

2. 생활모델

생활모델은 생태학적 관점에서 나온 실천 모델로서 사람과 환경을 통합적으로 보고 개인과 환경 모두를 변화시켜야 한다는 견해를 갖는다. 생활모델은 Mayer에 의해 처음으로 개념화되었고 1970년대 초 Germain과 Gittrrman이 생태체계적 관점을 이론적 준거 틀로 도입하여 개발하면서 체계화되었다.

생활모델은 인간과 환경의 상호작용에 초점을 두며, 개인, 집단, 지역사회 등의 제반체계에 개입할 수 있는 실천 원칙과 기술을 통합한 것이다. 이론의 핵심은 개인은 환경과 상호작용하는 관계 속에서 지속적으로 적응해 나간다는 것이다.

환경과 적응하며 성장하는 개인이 있는 반면, 삶의 상황에서 지나친 스트레스로 인해 문제가 발생하는 개인도 있다. 개인의 연관성, 자신감, 삶의 만족 등은 환경에 대한 적응과 깊은 관계가 있다(양정남 외, 2009). 이 방법은 한 개인의 결점에 초점을 맞추지 않고 오히려 클라이언트의 장점과 삶의 과정상 나타나는 실천상의 관계에 초점을 맞추어 상호작용하도록 만들어진 모델이라는 점에서 기존의 실천 접근 방법과 다르다.

생활모델의 목표는 치료를 제공하는 것이 아니라 건강, 성장, 개인의 잠재성을 표현하도록 격려하고 성장과 행복을 조장하고 지속시킬 수 있는 환경을 만들어 내고 개인을 그 환경에 잘 적합하게 되도록 변화시키는 것이다(Germain & Gittrrman, 1997). 또한 인생의 전환기, 정신적인 충격과 외상, 역기능적 관계 패턴, 환경에서 오는 스트레스와 대처 방법 등을 포함하는 문제에 초점을 맞춘다. 따라서 사회복지사는 클라이언트와 환경 간의 상호작용과 관련된 생활을 통해 새로운 균형을 창출하고 더 나아가 적응 능력과 자율성을 획득하도록 노력한다.

3. 문제해결 모델

1950년대에 Perlman이 창안한 것으로 진단주의와 구성주의의 관점을 절충한 모델이며, 진단주의 학파 입장에서 기능주의 학파의 견해를 받아들였다. 클라이언트의 생활 상황이나 사회관계의 중심 개념일 뿐 아니라 정신세계적으로는 개인이 그 욕구를 충족하는 통로로서의 의미도 갖는다. 역할이란 개인이 그 인격을 표현하는 수단이며 자기개념이나 자기 동일성과 밀접한 관련을 가진다(Perlman, 1986). 문제해결이란 모든 인간에게 있어 통상적이고 기초적인 기능으로 문제를 주어진 상태에서 목적한 상태로 변화시키는 인지활동으로 본다(Mayer, 1994). 문제해결 모델은 초기 단계부터 사회복지사와 클라이언트가 함께 적절한 과정을 거쳐 단계적으로 실천 가능한 것으로부터 최종적 목표에 도달하는 것이 특징이다.

인간에 대한 관점은 종래의 병리적 인간관에서 벗어나 인간의 능력과 강점을 강조하며, 정신 내면적인 것과 클라이언트 자체에서 존재하는 문제보다는 클라이언트의 일상생활을 저해하는 것을 문제로 본다. 문제해결 과정은 이러한 일상의 문제를 풀어 가는 일종의 도구로 인식된다.

'지금-여기'를 강조하는데, 이것은 클라이언트가 현재 위기를 느낄 때에만 도움을 구한다는 신념 때문이다. 문제해결 접근에서는 기관이 클라이언트에게 기대하는 것과 클라이언트 자신이 기관에 기대하는 것을 미리 정확하게 아는 것이 중요하다. 계약에서 역할과 책임에 대한 내용을 명확히 하며, 종결 단계는 강조하지 않는다.

문제해결 모델의 활동적 구성 요소는 문제(problem), 사람(person), 장소(place), 과정(process) 등의 4P 개념으로 이루어져 있다. 이것은 특정한 문제를 가진 사람이 그 문제해결에 필요한 도움을 제공하는 장소를 찾아오면, 사회복지사는 그로 하여금 자신의 문제해결에 적극적으로 관여하게 하면서 문제해결에 필요한 자원을 제공해 주는 일련의 과정을 활용한다. Perlman은 이후에 전문가와 사회적 지지나 재화, 관계 등을 제공하는 제공물의 개념을 추가하여 6P로 확대했다.

Perlman이론의 기본 전제는 삶이란 갈등의 연속이요, 결정은 매일 계속해서 이루어지고 문제 또한 매일 계속 일어난다는 것이다. 그리고 인간은 문제에 대처할 능력이 있다고 본다.

이후에 발전된 Compton과 Galaway의 신 문제해결 모델은 1975년에 개발된 실천모델로서 1970년부터 발전한 미국의 체계이론에 많은 영향을 받았다. 신 모델은 개입의 초점을 개인과 환경의 상호작용에서 발생하는 생활

문제에 두고 문제해결을 위해 사회복지사가 클라이언트와 함께 활동하는 공동 참여의 과정을 사회복지실천으로 보았다. 또한 사회복지실천의 다양한 상황, 다양한 크기와 형태의 체계가 적절히 적용되는 방법을 제공하며, 문제해결 과정을 구체적이고 단계적으로 제시하고 있으며, 다양한 사회복지사의 역할을 설명하고 있다(이종복 외, 2007). Compton과 Galaway의 신 문제해결 모델은 Pincus와 Minahan의 4체계에 전문가체계와 문제인식체계를 첨가한 것이다.

4. 권한부여(empowerment) 모델

권한부여 모델은 개인, 집단, 가족, 지역사회가 그들 주위에 있는 자원과 도구를 확장하고 발견하는 것을 돕는 과정이며, 사람들의 자원과 자연적 가능성을 지지하고 강화시켜 주는 것과 관련이 있다. 클라이언트를 문제중심으로 보는 것이 아니라 강점중심으로 보는 권한부여 모델은 클라이언트의 잠재능력과 자원을 인정하고 클라이언트가 스스로 삶을 결정할 수 있도록 능력을 부여하는 것으로 클라이언트의 회복력을 전제로 하고 있다.

강점관점은 사회복지가 문제 지향적이고 사후 대처적인 해결을 지향하면서 파생되는 사회복지 고유성의 퇴색에 대해 사회복지 고유의 가치를 회복하려는 움직임의 연속선상에 있는 매우 의미가 큰 기능을 하고 있다고 볼 수 있다. 이러한 문제중심의 병리적 패러다임에서 강점관점으로의 패러다임 변화는 임상실천뿐만 아니라 학계에도 큰 의미를 갖는다(Saleebey, 1996). 우선 사회복지 전문직의 정체성과 관련된 전통적 구성체가 계속 존속되는 것과 달리 강점관점은 전문직에서 인식 틀이 변화할 수 있는 기회를 제공하고, 강점과 탄력성에 기초하여 개인, 가족, 지역사회와 더 평등주의적인 작업 관계에서 상호 협력할 수 있도록 해준다. 이를 통해 클라이언트뿐만 아니라 클라이언트의 지지체계, 혹은 환경이 전체적인 사회복지 과정에서 중심 역할로 이동하게 되었다. 사회복지사는 클라이언트의 강점과 자원을 찾고, 클라이언트의 결점과 문제로부터 상호 협력관계에 기초한 가능성과 강점으로 초점이 변화되고 있음을 이해할 필요가 있다.

사회복지사는 문제에 압도되어 강점을 놓쳐서는 안 되며, 클라이언트의 능력을 발견하고 끌어내 문제를 해결하고 원하는 목표를 성취하도록 도와야 한다. 강점관점은 사회복지 윤리헌장과 일치하며, 사회복지의 '환경 속의 인간' 관점과 유사하다. 강점관점에서는 진단이나 면담기술을 무시하지는 않지만 맥락과 거시적인 과정을 중시한다. 진단은 중립적이지 않다. 진단명은 클라이언트를 설명할 뿐만 아니라 클라이언트를 제한하고, 구속하며, 대상으로 취급해 클라이언트가 자신의 삶에서 의미 있는 사실들을 부차적인 것으로 취급하게 만든다(Graybeal, 2001).

이 모델에서는 사회복지사와 클라이언트와의 관계가 상호 협력적 파트너십으로 규정된다. 문제중심 접근 방법과 강점중심의 권한부여 모델을 비교해 보면 <표 6-4>와 같다.

표 6-4 문제중심 접근과 강점중심 권한부여 모델 비교

구분	문제중심	강점중심
관점	문제를 가지고 있는 개인과 고위험집단을 병리 또는 질병집단으로 분류	개인과 집단이 문제가 있음에도 불구하고 강점과 지질, 내적 자원을 가지고 있다고 믿음
개인	문제가 있는 개인과 집단을 다루어야 할 사례와 문제로 규정	개인을 독특한 존재, 즉 문제와 함께 자질, 자원, 역량, 장점을 가진 존재로 규정
용어	문제, 회복과 같은 병리 중심적 용어	회복력, 극복과 같은 가능성, 발전적 용어
전문가	개인, 가족, 집단의 삶을 조정하는 전문가	개인, 가족, 집단이 자신의 삶의 전문가
치료중심	치료의 핵심은 전문가의 협약에 의한 목표, 치료, 계획 등	치료의 중심은 개인, 가족, 집단의 강점, 욕구 등
원조과정	전문가에 의한 원조와 치료 계획	개인, 가족, 집단이 자신의 삶의 전문가
가능성	선택, 통제, 발달의 가능성은 중독, 남용, 병리, 나이 등에 의해 제한	선택, 통제, 발달의 가능성은 항상 개방
변화자원	전문적 서비스 전달과 지식과 기술	지역사회, 집단 구성원, 가족, 개인의 자질, 강점, 역량 등
원조목적	문제해결, 증상 조절	삶의 가치를 추구

출처: Saleebey(1999: 18); Compton & Galaway(1999).

5. 통합적 관점의 실천적 함의

통합적인 관점은 분리되어 각각의 입장만 강조한 협소한 실천이론 및 기술 발달에 상호작용을 강조하는 통합적·체계적 시각의 전환을 가져왔으며, 사회복지실천을 구성하는 공통점과 상이점을 명확히 함으로써 사회복지 전문직의 정체성 확립에 기여하였다. 또한 통합적 관점은 기존의 전통적 방법의 부인이 아닌 이들 안에서 사회복지실천의 공통점을 묶어 내고, 생태체계 관점에 근거하여 클라이언트와 환경의 상호작용에 관련된 다양한 체계에 대한 사정과 개입을 통하여 궁극적으로 클라이언트의 삶의 질 향상을 돕고자 하는 사회복지실천의 기본 틀이라고 할 수 있다.

CHAPTER

07

사회복지실천 현장에 대한 이해

사회복지사는 사회복지실천이 이루어지는 실천 현장을 이해해야 한다. 실천 현장은 클라이언트에게 사회복지서비스를 제공하는 장(場)을 의미한다. 좁은 의미의 사회복지실천 현장은 사회복지실천이 이루어지는 '구체적인 장소', 혹은 사회복지서비스를 직접 또는 간접적으로 클라이언트에게 제공하는 사회복지기관을 의미한다. 넓은 의미의 사회복지실천 현장은 물리적인 장소라는 개념을 넘어 사회복지실천이 이루어지는 분야, 혹은 서비스의 초점이 되는 문제, 클라이언트를 모두 포함한다. 이는 단순히 물리적인 공간이나 장소만을 뜻하는 것이 아니라 사회복지실천이 이루어지고 있는 실천 분야, 사회복지서비스를 제공하기 위해 직·간접적으로 관련되는 모든 전문 분야를 말한다. 최근 들어 사회복지실천 현장이 점차 확대되고 있으며, 세분화, 전문화됨에 따라 사회복지서비스를 전달하는 실천 현장에 대한 이해가 중요해지고 있다. 따라서 이 장에서는 다양한 사회복지실천 현장을 이해하고 사회복지사의 역할 및 사회복지실천 현장의 이슈와 문제 등을 살펴볼 것이다.

제 1 절 사회복지실천의 장

1. 사회복지실천 현장의 개념

사회복지실천 현장은 클라이언트에게 사회복지서비스를 직접적 또는 간접적으로 제공하는 장(場)을 의미하며, 사회복지실천 현장은 Perlman이 개별사회사업의 구성 요소로 제시한 개인(person), 문제(problem), 기관(place), 과정(process)을 강조한 4P의 한 요소로서 사회복지실천에서 중요한 부분을 차지한다. Perlman은 사회복지실천 현장(기관)이 클라이언트의 문제해결을 돕기 위해 지역사회 자원을 동원하고 일정한 사회사업의 목적과 체계 및 조직을 가지고 프로그램을 제공한다고 강조하였다.

좁은 의미의 사회복지실천 현장은 사회복지실천이 이루어지는 '구체적인 장소' 혹은 사회복지서비스를 직접 또는 간접적으로 클라이언트에게 제공하는 사회복지기관을 의미한다. 종합사회복지관, 노인복지회관 등이 그 예이다.

넓은 의미의 사회복지실천 현장은 물리적인 장소라는 개념을 넘어 사회복지실천이 이루어지는 분야(field), 혹은 서비스의 초점이 되는 문제, 클라이언트를 모두 포함한다. 이는 단순히 물리적인 공간이나 장소만을 뜻하는 것이 아니라 사회복지실천이 이루어지고 있는 실천 분야, 사회복지서비스를 제공하기 위해 직·간접적으로 관련되는 모든 전문 분야를 말한다.

예를 들어 대상별로는 아동, 청소년, 노인, 장애인 등으로 분류하고, 영역별로는 의료, 약물 남용, 정신보건 등으로 분류하며, 장소별로는 학교, 병원, 교도소 등으로 분류할 수 있다. 최근 들어 사회복지실천 현장이 점차 세분화되고 전문화됨에 따라 사회복지서비스를 전달하는 실천 현장에 대한 이해가 중요해지고 있다.

2. 사회복지실천 현장의 분류

사회복지실천 현장은 사회환경의 변화와 새로운 욕구 출현에 의해 점차 다양하게 확대되어 가고 있는 추세이다. 사회복지가 수행되는 장과 프로그램 및 사회 서비스가 본질적으로 변화하는 특성을 가지고 있기 때문에 실천 현장을 명확하게 분류하기에는 어려움이 따른다.

1) 기관의 기능이나 목적에 따른 분류

기관의 주된 기능과 목적에 따라 1차 현장과 2차 현장으로 분류할 수 있다. 1차 현장은 기관의 주된 기능과 목적이 사회복지서비스를 제공하는 것으로 사회복지사들이 중심이 되어 활동한다. 지역사회의 종합사회복지관, 노인복지관, 사회복귀시설 등이 있다. 이때 사회복지사가 개입하는 사회문제는 아동·노인·배우자 학대, 물질 남용, 노숙, 만성 정신질환, 빈곤 등의 문제들을 포함한다. 또한 사회복지사가 지원하는 클라이언트집단은 아동, 청소년, 가족, 노인, 인종 및 민족, 난민 등이 있다.

2차 현장은 기관의 1차적 기능은 따로 있으며, 필요에 의해서 사회복지서비스를 제공한다. 사회복지 전문기관은 아니지만 사회복지서비스가 기관 운영과 서비스의 효과성에 긍정적 영향으로 인해 사회복지사의 개입이 부분적으로 이루어지고 있는 실천 현장을 말한다. 예를 들면 학교, 의료기관, 교정시설, 기업, 읍·면사무소, 동 주민자치센터 등이 있다.

2) 기관의 설립 주체와 재원 조달 방식에 따른 분류

공공기관과 민간기관으로 구분되며, 공공기관은 관료적 위계질서에 의해 통제되고 정부의 지원에 의해 운영되며, 사회복지사의 업무도 정부의 규정이나 지침에 의해 지도감독을 받게 된다. 서비스를 계획하고 관리, 지원하는 행정체계와 서비스를 직접 제공하는 집행체계로 나누어지는데, 읍·면·동 주민자치센터가 그 예이다.

민간기관은 사회복지 관련 사업을 목적으로 하는 기관으로 기부금이나 후원금, 재단 전입금, 기타 서비스 이용료 등을 주요 재원으로 한다. 서비스를 직접 제공하는 사회 서비스기관과 간접 서비스나 행정지원을 위해 조직된 협의체로 나누어진다. 사회복지법인 및 재단법인, 사단법인, 시민사회단체, 종교단체 등을 운영하는 비영리기관을 총칭한다.

3) 서비스 제공 방식에 따른 분류

행정기관은 서비스 제공 방식에 따라 간접적 서비스를 제공하는 행정기관과 직접적 서비스를 제공하는 서비스기관으로 분류할 수 있다. 행정기관은 사회복지서비스 전달체계를 효율적으로 운영하기 위해 행정업무를 수행하고 기관 간 연계 및 협의 업무를 담당한다. 관련 주요 부처로는 중앙정부의 사회복지 행정기관인 보건복지부, 행정안전부, 고용노동부, 교육부, 문화체육관광부 등과 민간 행정조직으로는 사회복지협의체 등이 있다.

서비스기관은 주요 대상이나 문제영역에 따라 분류되며, 클라이언트에게 직접 서비스를 제공하는 것을 목적으로 한다. 예를 들면 아동상담소, 지역사회복지관, 보육시설 등이 있다.

4) 주거서비스 제공 여부에 따른 분류

주거서비스 제공 여부에 따라 생활시설과 이용시설로 분류된다. 먼저 생활시설은 주거서비스를 포함한 제반 사회복지서비스를 제공하는 기관으로 장애인생활시설, 아동단기보호시설, 청소년쉼터, 노인전문요양시설, 미혼모시설, 그룹홈 등을 말한다.

이용시설은 주거 서비스는 제공하지 않고 지역사회에 거주하는 클라이언트를 대상으로 사회복지서비스를 제공하는 기관으로 종합사회복지관, 노인복지회관, 장애인복지관, 청소년상담센터, 지역자활센터, 성폭력피해상담소, 영유아보육시설 등을 말한다.

제 2 절 우리나라 사회복지실천 현장

사회복지실천 현장은 사회복지실천 과정에 중요한 영향을 미치기 때문에 전문 사회복지사로서 활동하기 위해서는 사회복지실천 현장의 특성을 이해하고 각 현장에 적합한 역할과 기능을 수행하는 것이 필요하다. 우리나라에서 사회복지사가 주로 활동하고 있는 지역사회복지관, 아동·청소년, 장애인, 노인, 여성, 정신보건, 의료 영역, 자활, 공공복지 부문 등 사회복지실천 영역을 구분하여 소개하고자 한다.

표 7-1 사회복지관 사업 내용

기능	사업분야	사업 및 내용
사례관리 기능	사례발굴	지역 내 보호가 필요한 대상자 및 위기 개입대상자를 발굴하여 개입계획 수립
	사례개입	지역 내 보호가 필요한 대상자 및 위기 개입대상자의 문제와 욕구에 대한 맞춤형 서비스가 제공될 수 있도록 사례개입
	서비스 연계	사례개입에 필요한 지역 내 민간 및 공공의 가용자원과 서비스에 대한 정보 제공 및 연계, 의뢰
서비스 제공 기능	가족 기능 강화	• **가족관계증진사업:** 가족원 간의 의사소통을 원활히 하고 각자의 역할을 수행함으로써 이상적인 가족관계를 유지함과 동시에 가족의 능력을 개발·강화하는 사업 • **가족기능보완사업:** 사회구조 변화로 부족한 가족기능, 특히 부모역할 보완을 위해 주로 아동·청소년 대상으로 실시되는 사업 • **가정문제해결·치료사업:** 문제가 발생한 가족에 대한 진단·치료·사회복귀 지원사업 • **부양가족지원사업:** 보호대상 가족을 돌보는 가족원의 부양부담을 줄여주고 관련 정보공유 등 부양가족 대상 지원사업 • **다문화가정, 북한이탈주민 등 지역 내 이용자 특성을 반영한 사업**
	지역사회 보호	• **급식서비스:** 지역사회에 거주하는 요보호 노인, 결식아동 등을 위한 식사제공 서비스 • **보건의료서비스:** 노인, 장애인, 저소득층 등 재가복지사업 대상자들을 위한 보건·의료 관련 서비스 • **경제적 지원:** 경제적으로 어려운 지역사회 주민들을 대상으로 생활에 필요한 현금 및 물품 등을 지원하는 사업 • **일상생활 지원:** 독립적인 생활능력이 떨어지는 요보호 대상자들이 시설이 아닌 지역사회에 거주하기 위해 필요한 기초적인 일상생활 지원서비스 • **정서서비스:** 지역사회에 거주하는 독거노인이나 소년소녀가장 등 부양가족이 없는 요보호 대상자들을 위한 비물질적인 지원서비스

기능	사업분야	사업 및 내용
서비스 제공 기능	지역사회 보호	• **일시보호서비스:** 독립생활이 불가능한 노인, 장애인 또는 일시적인 보호가 필요한 실직자·노숙자를 위한 보호서비스 • **재가복지봉사서비스:** 가정에서 보호를 요하는 장애인, 노인, 소년·소녀가정, 한부모가족 등 가족기능이 취약한 저소득 소외계층과 국가유공자, 지역사회 내에서 재가복지봉사서비스를 원하는 사람에게 다양한 서비스 제공
	교육문화	• **아동·청소년 사회교육:** 주거환경이 열악하여 가정에서 학습하기 곤란하거나 경제적 이유로 학원 등 타 기관의 활용이 어려운 아동·청소년에게 필요한 경우 학습내용 등에 대하여 지도하거나 각종 기능교육 • **성인기능교실:** 기능 습득을 목적으로 성인사회교육사업 • **노인 여가·문화:** 노인대상으로 제공되는 각종 사회교육 및 취미교실운영사업 • **문화복지사업:** 일반주민을 위한 여가·오락프로그램, 문화 소외집단을 위한 문화프로그램, 각종 지역문화행사사업
	자활지원 등 기타	• **직업기능훈련:** 저소득층의 자립능력배양과 가계소득에 기여할 수 있는 기능훈련을 실시해 창업 또는 취업을 지원하는 사업 • **취업알선:** 직업훈련 이수자 기타 취업희망자들을 대상으로 취업에 관한 정보제공 및 알선사업 • **직업능력개발:** 근로의욕 및 동기가 낮은 주민의 취업욕구 증대와 재취업을 위한 심리·사회적인 지원프로그램 실시 사업 • **그 밖의 특화사업**
지역 조직화 기능	복지네트워크 구축	지역 내 복지기관·시설과 네트워크를 구축함으로써 복지서비스 공급의 효율성을 제고하고, 사회복지관이 지역복지의 중심 역할을 강화하는 사업(지역사회연계사업, 지역욕구조사, 실습지도)
	주민 조직화	주민이 지역사회 문제에 스스로 참여하고 공동체의식을 갖도록 주민조직 육성을 지원하고, 주민협력강화에 필요한 주민의식을 높이기 위한 교육을 실시하는 사업(주민복지증진사업, 주민조직화사업, 주민교육)
	자원 개발 및 관리	지역주민의 다양한 욕구 충족 및 문제해결을 위해 필요한 인력, 재원을 발굴하여 연계 및 지원하는 사업(자원봉사자 개발·관리, 후원자 개발·관리)

출처: 2022 사회복지관 운영관련 업무처리 안내(2022). 보건복지부.

1. 지역사회복지관

지역사회복지관이란 지역사회를 기반으로 일정한 시설과 전문 인력을 갖추고 지역주민의 참여와 협력을 통하여 지역사회복지문제를 예방하고 해결하기 위해 종합적인 복지 서비스를 제공하는 시설을 말한다. 여기서 지역사회복지란 주민의 복지증진과 삶의 질 향상을 위해서 지역사회 차원에서 전개하는 사회복지를 말한다(보건복지부, 2021).

사회복지관 사업의 대상은 사회복지서비스 욕구를 가지고 있는 모든 지역주민으로 한다. 다만 국민기초생활보장 수급자, 차상위계층 등 저소득 주민, 장애인, 노인, 한부모가정 등 취약계층 주민, 직업·부업 훈련 및 취업 알선이 필요한 주민, 유아, 아동 또는 청소년의 보호 및 교육이 필요한 주민, 기타 긴급지원이 필요하다고 인정되는 주민을 우선적인 사업 대상으로 한다. 사회복지관 사업의 내용은 <표 7-1>과 같다.

2. 아동복지시설

아동복지시설은 아동이 건강하게 출생하여 행복하게 자랄 수 있도록 복지서비스를 제공하는 시설을 말한다. 아동복지법 제2조에서 아동을 18세 미만의 자로 규정하고 있으며, 이들에 대한 서비스를 제공하는 아동복지시설은 아동복지법 제52조에 의거한 아동양육시설, 아동일시보호시설, 아동보호치료시설, 공동생활가정, 자립지원시설, 아동상담소, 아동전용시설, 지역아동센터가 있고, 아동복지법 제45조에 의거한 아동복지전담기관인 아동보호전문기관, 가정위탁지원센터가 있다. 아동복지시설의 종류와 사업 내용은 <표 7-2>와 같다.

표 7-2 아동복지시설

시설의 유형		내용
아동 복지시설	아동양육 시설	보호대상아동을 입소시켜 보호, 양육 및 취업훈련, 자립지원 서비스 등을 제공하는 것을 목적으로 하는 시설
	아동일시 보호시설	보호대상아동을 일시보호하고 아동에 대한 향후의 양육대책수립 및 보호조치를 행하는 것을 목적으로 하는 시설

시설의 유형		내용
	아동보호 치료시설	아동에게 보호 및 치료서비스를 제공하는 다음의 시설 • 불량행위를 하거나 불량행위를 할 우려가 있는 아동으로서 보호자가 없거나 친권자나 후견인이 입소를 신청한 아동 또는 가정법원, 지방법원소년부지원에서 보호위탁된 19세 미만인 사람을 입소시켜 치료와 선도를 통해 건전한 사회인으로 육성하는 것을 목적으로 하는 시설 • 정서적·행동적 장애로 인하여 어려움을 겪고 있는 아동 또는 학대로 인하여 부모로부터 일시 격리되어 치료받을 필요가 있는 아동을 보호·치료하는 시설
	공동생활 가정	보호대상아동에게 가정과 같은 주거여건과 보호, 양육, 자립지원 서비스를 제공하는 것을 목적으로 하는 시설
	자립지원 시설	아동복지시설에서 퇴소한 사람에게 취업준비기간 또는 취업 후 일정 기간 동안 보호함으로써 자립을 지원하는 것을 목적으로 하는 시설
	아동 상담소	아동과 그 가족의 문제에 관한 상담, 치료, 예방 및 연구 등을 목적으로 하는 시설
	아동전용 시설	어린이공원, 어린이놀이터, 아동회관, 체육·연극·영화·과학실험전시 시설, 아동휴게숙박시설, 야영장 등 아동에게 건전한 놀이·오락 등 각종 편의를 제공하여 심신의 건강유지와 복지증진에 필요한 서비스를 제공하는 것을 목적으로 하는 시설
	지역아동 센터	지역사회 아동의 보호·교육, 건전한 놀이와 오락 제공, 보호자와 지역사회의 연계 등 아동의 건전육성을 위해 종합적인 아동복지 서비스를 제공하는 시설
아동복지 전담기관	아동보호 전문기관	학대받은 아동의 발견, 보호, 치료에 대한 신속처리 및 아동학대 예방을 담당하는 시설로 ① 아동학대 신고접수, 현장조사 및 응급보호, ② 피해아동 상담·조사를 위한 진술녹화실 설치·운영, ③ 피해아동 및 가족과 아동학대행위자를 위한 상담·치료 및 교육, ④ 아동학대예방 교육 및 홍보, ⑤ 피해아동 가정의 사후관리, ⑤ 아동학대사례전문위원회 설치·운영 및 자체사례회의 운영
	가정위탁 지원센터	보호대상아동에 대한 가정위탁사업을 실시하는 시설이며, 수행하는 업무는 ① 가정위탁사업의 홍보 및 가정위탁을 하고자 하는 가정의 발굴, ② 가정위탁을 하려는 가정에 대한 조사 및 가정위탁 대상 아동 교육, ③ 위탁가정의 사례관리, ④ 친부모 가정으로의 복귀 지원, ⑤ 가정위탁 아동의 자립계획 및 사례관리 등

출처: 2022 아동분야 사업안내. 보건복지부.

3. 청소년복지시설

청소년기본법은 "청소년은 9세 이상 24세 이하의 자"로 규정하고 있어 대상 업무가 아동과 중복되기도 하나 청소년은 발달 측면에서 부모에게 전적으로 의존하는 아동기에서 경제적·심리적으로 완전히 독립된 성인기로 전환해 가는 과정에 위치한 연령층의 집단이다. 청소년복지는 청소년이 정상적인 삶을 영위할 수 있는 기본적인 여건을 조성하고 조화롭게 성장 발달할 수 있도록 제공하는 사회적·경제적 지원을 말하며, 주요시설은 청소년복지지원법 제31조에 의거한 청소년쉼터와 청소년활동진흥법 제10조에 청소년활동시설을 청소년수련관, 청소년수련원, 청소년문화의 집, 청소년특화시설, 청소년야영장, 유스호스텔, 청소년이용시설로 분류하고 있다(청소년활동진흥법, 2022).

>> 표 7-3 청소년복지시설

	유형	내용
청소년 복지시설	청소년쉼터	가출청소년에 대하여 가정·학교·사회로 복귀하여 생활할 수 있도록 일정 기간 보호하면서 상담·주거·학업·자립 등을 지원하는 시설
	청소년 자립지원관	일정 기간 청소년쉼터 또는 청소년회복지원시설의 지원을 받았는데도 가정·학교·사회로 복귀하여 생활할 수 없는 청소년에게 자립하여 생활할 수 있는 능력과 여건을 갖추도록 지원하는 시설
	청소년 치료재활센터	학습·정서·행동상의 장애를 가진 청소년을 대상으로 정상적인 성장과 생활을 할 수 있도록 해당 청소년에게 적합한 치료·교육 및 재활을 종합적으로 지원하는 거주형 시설
	청소년 회복지원시설	감호 위탁 처분을 받은 청소년에 대하여 보호자를 대신하여 보호할 수 있는 자가 상담·주거·학업·자립 등 서비스를 제공하는 시설
청소년 활동시설	청소년수련관	다양한 청소년수련거리를 실시할 수 있는 각종 시설 및 설비를 갖춘 종합수련시설
	청소년수련원	숙박기능을 갖춘 생활관과 다양한 청소년수련거리를 실시할 수 있는 각종 시설과 설비를 갖춘 종합수련시설
	청소년문화의 집	간단한 청소년수련활동을 실시할 수 있는 시설 및 설비를 갖춘 정보·문화·예술 중심의 수련시설

유형		내용
	청소년특화시설	청소년의 직업체험·문화예술·과학정보·환경 등 특정 목적의 청소년활동을 전문적으로 실시할 수 있는 시설과 설비를 갖춘 수련시설
	청소년야영장	야영에 적합한 시설 및 설비를 갖추고, 청소년수련거리 또는 야영편의를 제공하는 수련시설
	유스호스텔	청소년의 숙박 및 체류에 적합한 시설·설비와 부대·편익시설을 갖추고, 숙식편의 제공, 여행청소년의 활동지원을 기능으로 하는 시설
	청소년이용시설	수련시설이 아닌 시설로서 청소년활동 실시와 청소년의 건전한 이용 등에 제공할 수 있는 시설

출처: 2022 아동분야 사업안내. 보건복지부.

4. 장애인복지시설

장애인의 인간다운 삶과 권리보장을 위해 장애인의 의료, 교육, 직업 재활, 생활환경 개선 등을 제공하여 장애인의 생활안정에 기여하는 등의 장애인 복지서비스를 제공하는 시설을 말한다. 시설의 종류에는 장애인 거주시설, 장애인 지역사회재활시설, 장애인 직업재활시설, 장애인 의료재활시설이 있다.

표 7-4 장애인복지시설

유형		내용
장애인 거주시설	장애유형별 거주시설	장애유형이 같거나 유사한 장애를 가진 사람들을 이용하게 하여 그들의 장애유형에 적합한 주거지원, 일상생활지원, 지역사회 생활자원 등의 서비스를 제공하는 시설
	중증장애인 거주시설	장애정도가 심해 항상 도움이 필요한 장애인에게 주거지원, 일상생활지원, 지역사회생활지원, 요양서비스를 제공하는 시설
	장애영유아 거주시설	6세 미만의 장애영유아를 보호, 재활에 필요한 주거지원, 일상생활지원, 지역사회생활지원, 요양서비스를 제공하는 시설
	장애인 단기거주시설	보호자의 일시적 부재로 도움이 필요한 장애인에게 단기간 주거서비스, 일상생활지원서비스, 지역사회생활서비스를 제공하는 시설
	장애인 공동생활가정	장애인들이 스스로 사회에 적응하기 위하여 전문 인력의 지도를 받으며 공동으로 생활하는 지역사회 내의 소규모 주거시설

유형		내용
장애인 지역사회 재활시설	장애인 복지관	장애인에 대한 각종 상담 및 사회심리·교육·직업·의료재활 등 장애인의 지역사회생활에 필요한 종합적인 재활서비스를 제공하고 장애에 대한 사회적 인식 개선사업을 수행하는 시설
	장애인 주간보호시설	장애인을 주간에 일시 보호하여 장애인에게 필요한 재활서비스를 제공하는 시설
	장애인 체육시설	장애인의 체력증진 또는 신체기능 회복활동을 지원하고 이와 관련된 편의를 제공하는 시설
	장애인 수련시설	장애인의 문화·취미·오락활동 등을 통한 심신수련을 조장·지원하고 이와 관련된 편의를 제공하는 시설
	장애인 생활 이동지원센터	이동에 상당한 제약이 있는 장애인에게 차량 운행을 통한 출퇴근 및 외출 보조나 그 밖의 이동서비스를 제공하는 시설
	한국수어 통역센터	의사소통에 지장이 있는 청각·언어장애인에게 한국수어 통역 및 상담서비스를 제공하는 시설
	점자도서관	시각장애인에게 점자간행물 및 녹음서를 열람하게 하는 시설
	점자도서 및 녹음서 출판시설	시각장애인을 위한 점자간행물 및 녹음서를 출판하는 시설
	장애인 재활치료시설	장애아동을 포함한 장애인에게 언어·미술·음악 등 재활치료에 필요한 치료·상담·훈련 등의 서비스를 제공하고 서비스를 이용한 자로부터 비용을 수납하여 운영하는 시설
장애인 직업재활 시설	장애인 보호작업장	직업능력이 낮은 장애인에게 직업적응능력 및 직무기능 향상 훈련 등 직업재활훈련 프로그램을 제공, 보호가 가능한 조건에서 근로기회를 제공, 이에 상응하는 노동의 대가로 임금을 지급하며, 장애인 근로사업장이나 경쟁적인 고용시장으로 옮겨 갈 수 있도록 돕는 역할을 하는 시설
	장애인 근로사업장	직업능력은 있으나 이동 및 접근성이나 사회적 제약으로 취업이 어려운 장애인에게 근로기회를 제공, 최저임금 이상의 임금을 지급하며, 경쟁적인 고용시장으로 옮겨 갈 수 있도록 돕는 역할을 하는 시설
	장애인 직업적응 훈련시설	직업능력이 극히 낮은 장애인에게 작업활동, 일상생활훈련 등을 제공하여 기초작업능력을 습득시키고 작업평가 및 사회적응훈련을 실시하여 장애인보호작업장 또는 장애인근로사업장이나 경쟁적인 고용시장으로 옮겨 갈 수 있도록 돕는 역할을 하는 시설
장애인 의료재활시설		장애인을 입원 또는 통원하게 하여 상담·진단·판정·치료 등 의료재활서비스를 제공하는 시설
장애인 생산품 판매시설		장애인 생산품의 판매활동 및 유통을 대행하고, 장애인 생산품이나 서비스·용역에 관한 상담, 홍보, 판로개척 및 정보제공 등 마케팅을 지원하는 시설

출처: 2022 장애인복지 사업안내. 보건복지부.

5. 노인복지시설

노인복지시설은 노인이 인간다운 생활을 영위하면서 자기가 속한 가족과 사회에 적응하고 통합될 수 있도록 필요한 자원과 서비스를 제공하는 시설이다.

표 7-5 노인복지시설

유형		내용
노인주거 복지시설	양로시설	노인을 입소시켜 급식과 일상생활에 필요한 편의를 제공함을 목적으로 하는 시설
	노인공동 생활가정	노인들에게 가정과 같은 주거여건과 급식, 일상생활에 필요한 편의를 제공함을 목적으로 하는 시설
	노인복지주택	노인에게 주거시설을 임대하여 주거의 편의·생활지도·상담 및 안전관리 등 일상생활에 필요한 편의를 제공함을 목적으로 하는 시설
노인의료 복지시설	노인요양시설	치매·중풍 등 노인성질환 등으로 심신에 상당한 장애가 발생하여 도움을 필요로 하는 노인을 입소시켜 급식·요양과 그 밖에 일상생활에 필요한 편의를 제공함을 목적으로 하는 시설
	노인요양 공동생활가정	치매·중풍 등 노인성질환으로 심신에 상당한 장애가 발생하여 도움을 필요로 하는 노인에게 가정과 같은 주거여건과 급식·요양, 일상생활에 필요한 편의를 제공함을 목적으로 하는 시설
노인여가 복지시설	노인복지관	노인의 교양·취미생활 및 사회참여활동 등에 대한 각종 정보와 서비스를 제공, 건강증진 및 질병예방과 소득보장·재가복지, 그 밖에 노인의 복지증진에 필요한 서비스 제공을 목적으로 하는 시설
	경로당	지역노인들이 자율적으로 친목도모·취미활동·공동작업장 운영 및 각종 정보교환과 여가활동을 할 수 있도록 장소제공을 목적으로 하는 시설
	노인교실	노인들에 대하여 사회활동 참여욕구를 충족시키기 위하여 건전한 취미생활·노인건강유지·소득보장 기타 일상생활과 관련한 학습프로그램 제공을 목적으로 하는 시설
재가노인 복지시설	방문요양 서비스	가정에서 일상생활을 영위하고 있는 노인으로서 신체적·정신적 장애로 어려움을 겪는 노인에게 필요한 각종 편의를 제공, 지역사회 안에서 건전하고 안정된 노후를 영위하도록 하는 서비스

유형		내용
	주·야간 보호서비스	부득이한 사유로 가족의 보호를 받을 수 없는 심신이 허약한 노인과 장애노인을 주간 또는 야간 동안 보호시설에 입소시켜 필요한 편의를 제공, 생활안정과 심신기능 유지·향상을 도모하고, 가족의 신체적·정신적 부담을 덜어주기 위한 서비스
	단기보호 서비스	부득이한 사유로 가족의 보호를 받을 수 없어 일시적으로 보호가 필요한 심신이 허약한 노인과 장애노인을 보호시설에 단기간 입소시켜 보호함으로써 노인 및 노인가정의 복지증진을 도모하기 위한 서비스
	방문 목욕서비스	목욕장비를 갖추고 재가노인을 방문해 목욕을 제공하는 서비스
	그 밖의 서비스	그 밖에 재가노인에게 제공하는 서비스로서 보건복지부령이 정하는 서비스
노인보호전문기관		시·도지사가 노인보호전문기관 지정, 운영, 노인학대신고, 상담, 보호, 예방 홍보, 24시간 신고/상담용 긴급 전화(1389) 운영

출처: 2022 노인보건복지 사업안내. 보건복지부.

6. 가족·여성복지시설

가족복지는 가족의 욕구와 문제를 스스로 충족시킬 수 있도록 그 잠재력을 개발하고, 가족의 역할과 기능을 활성화시키며, 생활의 질적 향상을 위해 여러 가지 형태로 사회가 개입하는 것이다. 하지만 현실적으로 가족복지 분야의 우선적 관심 대상은 한부모가족, 조손가족, 재혼가족, 다문화가족 등 구조적으로 어려움을 겪을 가능성이 높은 가족들과 가정폭력, 가족 구성원 간의 심각한 갈등 등 기능적 차원에서 문제가 있는 가족들이다. 여성복지 분야의 주요 대상이 미성년 자녀를 양육하는 한부모, 매 맞는 여성, 결혼이주여성, 미혼모 등을 포함하고 있기 때문에 가족복지와 여성복지를 함께 살펴보고자 한다.

표 7-6 가족·여성복지시설

유형		내용
건강가정지원센터		가정문제 예방·상담 및 치료, 건강가정의 유지를 위한 프로그램 개발, 가족문화운동 전개, 가정 관련 정보 및 자료제공
가정폭력상담소		피해자 보호를 위한 서비스와 함께 가정폭력 재발 방지를 위한 행위자 교정 및 치료 프로그램 실행과 사전예방 실시
여성 긴급전화 1366		가정폭력 피해자에 대한 1차 위기상담, 의료기관, 상담기관, 법률구조기관, 보호시설 등에 서비스 연계, 정보안내 등을 제공
가정폭력 피해자 보호시설	단기 보호시설	피해자 등을 6개월의 범위에서 보호하는 시설
	장기 보호시설	피해자 등에 대하여 2년의 범위에서 자립을 위한 주거편의 등을 제공하는 시설
	외국인 보호시설	외국인 피해자 등을 2년의 범위에서 보호하는 시설
	장애인 보호시설	장애인복지법의 적용을 받는 장애인인 피해자 등을 2년의 범위에서 보호하는 시설
한부모가족 복지시설	모자가족 복지시설	모자가족에게 다음의 어느 하나 이상의 편의를 제공하는 시설 • **기본생활지원**: 생계가 어려운 모자가족에게 일정 기간 동안 주거와 생계를 지원 • **공동생활지원**: 독립적인 생활이 어려운 모자가족에게 일정 기간 동안 공동생활을 통하여 자립을 준비할 수 있도록 주거 등을 지원 • **자립생활지원**: 자립욕구가 강한 모자가족에게 일정 기간 동안 주거를 지원
	부자가족 복지시설	부자가족에게 다음의 어느 하나 이상의 편의를 제공하는 시설 • **기본생활지원**: 생계가 어려운 부자가족에게 일정 기간 동안 주거와 생계를 지원 • **공동생활지원**: 독립적인 생활이 어려운 부자가족에게 일정 기간 동안 공동생활을 통하여 자립을 준비할 수 있도록 주거 등을 지원 • **자립생활지원**: 자립욕구가 강한 부자가족에게 일정 기간 동안 주거를 지원
	미혼 모자가족 복지시설	미혼모자가족과 출산 미혼모 등에게 다음의 어느 하나 이상의 편의를 제공하는 시설 • **기본생활지원**: 미혼 여성의 임신·출산 시 안전 분만 및 심신의 건강 회복과 출산 후의 아동의 양육 지원을 위하여 일정 기간 동안 주거와 생계를 지원 • **공동생활지원**: 출산 후 해당 아동을 양육하지 아니하는 미혼모 또는 미혼모와 그 출산 아동으로 구성된 미혼모자가족에게 일정 기간 동안 공동생활을 통하여 자립을 준비할 수 있도록 주거 등을 지원

유형		내용
	일시지원 복지시설	배우자(사실혼 관계에 있는 사람 포함)가 있으나 배우자의 물리적·정신적 학대로 아동의 건전한 양육이나 모의 건강에 지장을 초래할 우려가 있을 경우 일시적 또는 일정 기간 동안 모와 아동 또는 모에게 주거와 생계를 지원하는 시설
	한부모가족 복지상담소	한부모가족에 대한 위기·자립 상담 또는 문제해결 지원 등을 목적으로 하는 시설

출처: 건강가정기본법(2020). 한부모가족지원법(2021). 가정폭력방지 및 피해자보호 등에 관한 법률(2020).

7. 정신보건시설

정신장애인과 가족의 욕구에 기초하여 정신장애인의 지역사회 생존과 적응에 필요한 다양한 재활과 복지서비스를 개발, 연결, 제공하며 정신장애인의 능력 고취와 기능수준 향상을 통해 사회 복귀를 돕기 위해 설립된 시설을 말한다.

표 7-7 정신재활시설의 구체적인 종류 및 사업

종류		사업
1. 생활시설		가정에서 생활하기 어려운 정신질환자 등에게 주거, 생활지도, 교육, 직업재활훈련 등의 서비스를 제공하며, 가정으로의 복귀, 재활, 자립 및 사회적응을 지원하는 시설
2. 재활훈련시설	주간 재활 시설	정신질환자 등에게 작업·기술지도, 직업훈련, 사회적응훈련, 취업지원 등의 서비스를 제공하는 시설
	공동 생활 가정	완전한 독립생활은 어려우나 어느 정도 자립능력을 갖춘 정신질환자 등이 공동으로 생활하며 독립생활을 위한 자립역량을 함양하는 시설
	지역 사회전환 시설	지역 내 정신질환자 등에게 일시 보호 서비스 또는 단기 보호 서비스를 제공하고, 퇴원했거나 퇴원계획이 있는 정신질환자 등의 안정적인 사회복귀를 위한 기능을 수행하며, 이를 위한 주거제공, 생활훈련, 사회적응훈련 등의 서비스를 제공하는 시설
	직업 재활 시설	정신질환자 등이 특별히 준비된 작업환경에서 직업적응, 직무기능 향상 등 직업재활훈련을 받거나 직업생활을 할 수 있도록 지원하며, 일정한 기간이 지난 후 직업능력을 갖추면 고용시장에 참여할 수 있도록 지원하는 시설

종류		사업
	아동·청소년 정신건강 지원시설	정신질환 아동·청소년을 대상으로 한 상담, 교육 및 정보제공 등을 지원하는 시설
3. 중독자재활시설		알코올 중독, 약물 중독 또는 게임 중독 등으로 인한 정신질환자 등을 치유하거나 재활을 돕는 시설
4. 생산품판매시설		정신질환자 등이 생산한 생산품을 판매하거나 유통을 대행하고, 정신질환자 등이 생산한 생산품이나 서비스에 관한 상담, 홍보, 마케팅, 판로개척, 정보제공 등을 지원하는 시설
5. 종합시설		제1호부터 제4호까지의 정신재활시설 중 2개 이상의 정신재활시설이 결합되어 정신질환자 등에게 생활지원, 주거지원, 재활훈련 등의 기능을 복합적·종합적으로 제공하는 시설

출처: 정신건강증진 및 정신질환자 복지서비스 지원에 관한 법률 시행규칙 [별표 10].

8. 노숙인 등 복지시설

노숙인 등이란 상당한 기간 동안 일정한 주거 없이 생활하는 사람이나 노숙인시설을 이용하거나 상당한 기간 동안 주거 없이 생활하는 사람, 상당한 기간 동안 주거로서의 적절성이 현저히 낮은 곳에서 생활하는 사람을 말하며(노숙인 등의 복지 및 자립지원에 관한 법률, 제2조 정의) 노숙인시설이란 이 법에 따른 18세 이상의 노숙인 등을 입소시켜 숙식을 제공하고 재활 및 자활프로그램을 운영하는 등의 서비스를 제공하는 위한 노숙인복지시설, 노숙인종합지원센터를 말한다.

표 7-8 노숙인복지시설

유형	내용
노숙인일시보호시설	노숙인 등에 대한 일시적인 잠자리 제공, 급식 제공, 응급처치 등 일시보호 기능을 주로 수행하면서 종합지원센터에 상담 의뢰, 병원진료 연계, 생활물자 지원·보관 등 부가적 서비스를 제공
노숙인자활시설	건강상에 특별한 문제가 없고 일할 의지 및 직업능력이 있는 노숙인 등을 입소시켜 생활지도·상담·안전관리 또는 전문적인 직업상담·훈련 등의 복지서비스를 직접 제공하거나 직업훈련기관 또는 고용지원기관 등과의 연계를 통해 노숙인 등의 자활·자립을 지원

유형	내용
노숙인재활시설	신체장애, 정신장애, 그 밖의 질환 등으로 인하여 자립이 어렵고 치료와 보호가 필요한 노숙인 등을 입소시켜 치료 및 각종 재활 프로그램을 제공하고 사회적응훈련을 실시함으로써 노숙인 등의 신체적·정신적 재활을 통한 자립기반 조성을 지원
노숙인요양시설	건강상의 문제 등으로 인하여 단기간 내 가정 및 사회복귀가 어려운 노숙인 등을 입소시켜 상담·치료 또는 요양서비스를 제공
노숙인급식시설	노숙인 등에게 필요한 급식서비스를 제공
노숙인진료시설	노숙인 등에 대한 진단·치료·재활 등 의료서비스를 제공
쪽방상담소	쪽방 밀집지역에서 쪽방 거주자에 대한 상담, 취업지원, 생계지원, 그 밖의 행정지원 서비스를 제공
노숙인종합지원센터	주거·의료·고용 지원을 위한 상담 및 복지서비스 연계, 응급조치, 복지서비스 이력 관리, 심리상담

출처: 노숙인 등의 복지 및 자립지원에 관한 법률 시행규칙 [별표 2].

9. 지역자활센터

「국민기초생활 보장법」상 자활사업을 통해 근로 능력 있는 저소득층이 스스로 자활할 수 있도록 집중적·체계적인 자활 지원 서비스를 제공함으로써 자활 의욕 고취 및 자립 능력 향상을 지원하는 시설이다. 지역자활센터는 기초수급자 및 차상위계층의 자활 촉진에 필요한 사업을 수행하는 핵심 인프라로서의 역할을 수행토록 하고 있다. 기초자치단체인 시·군·구에 1개소씩 설치를 목표로 2020년 기준으로 50개 기관을 지정, 운영 중이다(한국지역자활센터협회, 2020).

10. 학교 현장

학교에서 일어나는 학생의 문제들을 개인의 문제만이 아닌 개인을 둘러싼 환경과의 상호작용의 문제로 보고 이러한 심리·사회적 문제들을 학생-학교-가정-지역사회의 연계를 통해 예방하고 해결함은 물론, 모든 학생이 자신의 잠재력과 능력을 최대한 발휘할 수 있도록 최상의 교육 환경과 공평한 교육 기회를 제공한다.

궁극적으로는 교육의 본질적인 목적을 달성하고, 또한 학생복지를 달성할 수 있도록 도와주는 교육 기능의 한 부분이며, 사회복지의 전문 분야이다.

교육복지 투자우선지역 지원사업은 교육부 산하 광역·지역 교육청 주관 도시 저소득 지역 교육복지사업을 실시하고 있으며, 학교 내 사회복지사를 상주시켜 프로그램을 운영하는 사업이다. 이 사업은 2017년 6월 현재 전국 1,665개의 초·중·고등학교에서 실시되고 있다(교육부 사업 소속 1,535개, 지자체지원 125개, 민간지원 5개). Wee는 학교, 교육청, 지역사회가 연계하여 학생들의 건강하고 즐거운 학교생활을 지원하는 다중의 통합 지원 서비스망이다. 그 외 학습부진 및 학교 부적응 학생뿐만이 아닌 일반 학생들도 행복한 학교생활을 할 수 있도록 학교에는 Wee클래스, 지역 교육청에는 Wee센터, 시·도 교육청에는 Wee스쿨이 운영되고 있다. Wee클래스는 전국 8,059개교에서 운영되고 있다(www.wee.go.kr, 2021). 그 외 지자체나 민간단체, 사회복지공동모금회, 학교사회복지사협회에서 외부 지원사업으로 학교사회복지사 파견사업을 진행하고 있다.

11. 교정기관과 시설

교정기관과 시설은 법무부의 교정국과 보호국 산하 기관과 시설, 즉 지방교정청과 교도소 등을 포함하는 교정기관과 시설, 보호관찰소 등의 보호시설로 구분하고 있는데, 2011년 8월 4일 사회복지사업법 제2조의 개정을 통해 갱생보호사업을 사회복지사업으로 규정하고 있으므로 이들 현장은 사회복지실천 현장이다.

1995년 6월 1일에 한국갱생보호공단을 설립, 갱생보호회의 권리와 의무를 공단에서 승계하였으며 2009년 3월 27일부터 기관명을 한국법무보호복지공단으로 변경, 본부와 각 지방검찰청 소재지에 22개의 지부와 2개의 센터를 운영하고 있다. 한국법무보호복지공단은 법무보호복지를 통한 건전한 사회복귀와 함께 효율적인 범죄예방 활동을 목적으로 하고 있는데, 주요사업으로는 교도소에서 출소한 보호대상자들을 위한 지원사업인 숙식제공, 직업훈련, 취업지원 및 창업지원, 주거지원, 가족희망복원 프로그램 등을 통하여 자립을 지원하고 있으며 사회성향상교육, 멘토링·사후관리 등을 실시하고 있다.

숙식제공으로는 무의탁 보호대상자에게 지부, 센터, 지소에서 운영하는 생활관에서 원활한 사회복귀를 위해 최대 2년 동안 숙식을 제공하며, 취업 활동을 통한 저축 등을 장려하고 사회 진출에 필요한 사회성향상교육을 실시하여 조기에 자립할 수 있도록 도와주는 프로그램이다. 출소자들의 안정된 주거로 취업 및 생계기반 마련을 위해서 전국 지부(센터) 및 지소에서 최장 2년간 무상 거주할 수 있다. 직업훈련으로는 일정한 기술이 없어 취업에 애로가 있거나 새로운 기술을 배우고자 하는 대상에게 희망·적성·경력 등을 고려하여 취업이 용이한 직종의 자격증을 취득할 수 있도록 학원 등에 위탁교육을 실시하는 프로그램이다. 기술 습득을 위한 민간 전문학원 또는 기능취득전문 처우센터 등록, 훈련분야의 자격증을 취득하여 취업경쟁력 강화, 자격증을 취득한 분야별 업종으로의 취업알선을 통한 자립기반을 마련할 수 있도록 유도하고 있다.

주거지원 사업으로는 법무부와 국토교통부, 한국토지주택공사가 연계, 범죄와 구금으로 해체된 가정기능을 복원하기 위하여 부양가족이 있는 생계곤란 보호대상자들에게 임대주택을 저렴하게 지원하는 프로그램으로 주거지원 신청자 중 부양가족, 경제여건, 자립의지 등을 고려하여 종합심사를 통해서 최대 10년간 거주 공간을 지원함으로써 자립기반 마련, 장기간 해체되었던 가족관계를 회복할 수 있도록 지원하고 있다.

9급 교정직공무원은 만 20세 이상이면 응시할 수 있으며, 사회복지직 응시 자격요건은 정신보건사회복지사나 사회복지사 2급 이상 자격소지자이다. 공채 시험과목은 국어, 영어, 한국사, 교정학개론, 형사소송법개론이며, 교정직공무원 특채 시험과목 중에 사회복지분야 시험과목은 사회복지학개론·교정학개론 2과목이다.

12. 의료사회복지

의료사회복지란 병원에서 제공하는 의료적 치료를 조정, 보강하여 질병의 원인이 될 수도 있고, 질병 치료 과정에 장애가 될 수도 있는 사회경제적·정서적 문제해결을 돕고, 퇴원 후 환자가 그의 가정이나 지역사회에 복귀하여 가정 적절하게 사회적 기능을 발휘할 수 있도록 도와주는 것으로 이는 사회복지 지식과 기술로 의료에 접근하는 사회복지의 한 영역이다.

최근 들어 의료의 활동이 치료적인 면에서 보건 활동 면으로 확대되어 가고 있는 추세이다. 즉, 의료는 병을 다루는 치료에 초점을 갖는 치료체계이지만 보건이란 일반적으로 건강의 유지와 질병 예방에 초점을 둔 체계이다. 의료 사회복지실천 현장으로는 지역사회 보건사업, 호스피스, 재활 사회사업, 병원 내에서의 사회복지사업 등이 있다.

우리나라 의료 사회복지실천 현장은 병원 위주이며 특히 대학병원을 중심으로 의료사회복지 활동이 활발한 편이다. 의료법 시행규칙 제38조에 "종합병원에는 사회복지사업법에 따른 사회복지사 자격을 가진 자 중에서 환자의 갱생, 재활과 사회복귀를 위한 상담 및 지도 업무를 담당하는 요원을 1명 이상 둔다."고 규정하고 있다.

13. 사회복지전담공무원

사회복지전담공무원은 저소득층의 지원과 대상자의 욕구 충족 및 사회적 자활을 지원하고 사회복지사업의 효율적이고 전문적인 서비스를 강화하기 위하여 도입되었다.

사회복지사업법 제14조에는 사회복지전담공무원의 역할을 '관할지역 내의 사회복지를 필요로 하는 사람 등에 대하여 그 생활실태와 가정환경 등을 파악하고, 사회복지에 관하여 필요한 상담과 지도를 행한다'라고 규정되어 있으나, 실제로 지방공무원으로서 사회복지전담공무원들이 현장에서 수행하고 있는 업무영역은 매우 광범위하다. 실제로 사회복지직의 89%가 읍·면·동 주민자치센터에서 근무하고 있으며, 각 읍·면·동에는 1~2명(전국 평균 1.7명)의 사회복지 전담공무원이 복지업무의 대부분을 담당하고 있다. 사회복지전담공무원의 지위는 1992년 개정된 사회복지사업법에 법적 근거 및 배치기준이 명시되었고, 이후 지방공무원 임용령의 개정으로 사회복지직렬이 5급에서 9급까지 신설되기에 이르렀다.

사회복지 전담공무원이 맡고 있는 업무를 분야별로 나누어 보면, 보건복지부의 업무로는 공공부조로서 기초생활보장사업 및 자활사업, 의료급여, 사회복지서비스로서 저소득 노인, 아동, 장애인 지원사업, 소년소녀가장 지원사업, 노인일자리사업, 경로당 지원사업, 아동급식사업, 각종 차상위계층 지원사업 등을 담당하고 있다. 또한 여성가족부의 보육료감면사업과 저소득 모·부자가정 지원사업, 청소년위원회의 청소년관련사업, 국토교통부의 주거 복지사업, 교육부의 유치원교육비 감면과 방학 중 아동급식사업, 국가보훈처의 유공자지원사업, 통일부의 북한이탈주민 지원사업 등을 담당하고 있다. 게다가 지방공무원으로서 각 지방정부의 시책사업과 행정업무를 동시에 수행하고 있다.

이와 같은 사회복지 전담공무원의 역할은 공공부조제도의 효과적 집행과 전문적인 사회복지서비스 수행, 공공전달체계의 중추로서 과학적이고 사실을 반영한 자산조사로 요약될 수 있으며, 이는 사회복지사로서의 역할과 공무원으로서의 역할을 동시에 수행한다. 즉, 사회복지 전담공무원은 법과 규정에 따라 정책을 집행하고 자격을 심사하는 공무원으로서의 역할과 대인복지서비스를 제공하는 사회복지사로서의 역할을 동시에 수행하고 있다.

사회복지직 공무원은 일반직 공무원과 같은 연봉체계와 복지혜택을 받고 있으므로 젊은이들의 선망의 대상이 되고 있는데, 우리 사회가 안고 있는 양극화와 고령화 등과 같은 복지환경의 변화에 따라 사회복지 전담공무원의 역할은 앞으로도 더욱 확대되고 중요성 또한 증대될 전망이다.

14. 군사회복지

최근 들어서 군대 현장에서 병사들의 집단생활 적응력 향상과 복지증진을 위해서 활동하는 군사회복지사에 대한 관심이 증가하고 있다. 2003년 군에서의 구타, 가혹행위, 성폭력 등의 문제들에 대한 국민적 관심이 이슈화 되면서부터 국방부에서는 이에 대한 대대적인 개선방안을 마련한 데 이어, 2005년에 있었던 '연천 총기난사 사건'이 계기가 되어 군사회복지의 필요성을 절감하게 되어 2005년 5월부터 육군기본권 상담관 모집(시범사업) 시 사회복지사가 참여하게 되었다. 군대는 특성상 집단적인 병영생활을 하므로 이에 적응하지 못한 신세대 병사들의 병영생활 스트레스로 인한 사고가 자주 발생하므로 사고예방 및 인권문제, 제대군인의 사회적응 지원 등이 요구되고 있다.

따라서 군사회복지사는 군인들의 안정과 적응을 위해서 심리적인 접근을 하며, 군부대에 부적응자나 인터넷중독 등 각종 중독자를 관리하고, 지원하며, 제대군인들의 사회복귀를 위한 프로그램도 운영한다. 욕구조사를 통해 문제를 파악하여 주변 자원과 연계해 주기도 하고 군인 개개인의 가정문제, 개인문제들에 대해 상담제공, 군인가족의 복지서비스를 실시한다. 군사회복지사 또한 다른 분야의 사회복지사들처럼 지역사회 자원들을 연계하여 중개해 주기도 하고, 군인가족을 지원하는 프로그램을 진행하기도 한다.

2008년 3월 1일, '군인복지기본법'이 시행되었고, 동법을 근거로 창군 이래 최초로 '군인복지 실태조사'를 실시하였으며, 국방부에 '군인복지위원회'가 설치되는 등 군사회복지를 위한 국방정책과 법령에서 진일보한 진전이 있었으나 군인복지기본법상에는 군과 관련기관에 군사회복지 전문가가 제도적으로 활동할 수 있는 근거조항이 마련되어 있지 못하고, 군사회복지의 수혜대상이 간부와 그 가족 위주의 잔여적 대상으로 병사와 제대군인 등에 대한 복지를 다루지 않고 있으므로 군사회복지 발전을 위한 제도적 장치가 미흡한 것으로 평가되고 있으므로(조흥식 외, 2013: 481) 향후 법 개정 등을 통하여 군사회복지사 제도를 활성화해 나가야 할 것이다.

민간에서는 2005년 6월에 '군사회복지연구회'가 출범하여 2006년 9월 '한국군사회복지학회'를 창립하였으며, 2008년 4월에는 민법 제32조 및 국방부 및 그 소속청 소관 비영리법인의 설립 및 감독에 관한 규칙 제4조의 규정에 의하여 비영리법인을 설립하였다(한국군사회복지학회, http://www.kamtsw.com). 또한 광주대 사회복지전문대학원에 '군사회복지론'이 개설됐었다. 앞으로 군(軍)사회복지사 제도가 확립된다면 군 영역이 사회복지실천 현장으로 확대되어 사회복지사들의 활동이 증가할 것으로 기대된다.

제 3 절 사회복지실천 현장의 이슈와 문제

1. 사회복지실천 현장의 문제들

1) 개인문제

개인적, 사회적 문제에 직면해 있는 개인을 일대일로 만나 문제해결을 원조하는 활동을 개별지도 또는 개별실천이라고 하며, 개별실천은 클라이언트로 하여금 주변 환경에 적응하도록 도움을 제공하고 개인에 영향을 미치는 사회, 경제적 결핍 상태를 완화시켜 주기 위한 활동으로 대부분의 사회복지실천 현장에서 가장 빈번하게 활용되는 접근 방법이다.

개별 실천 활동은 국민기초생활 업무, 저소득층 자활보호 대상의 자활과 관련된 업무, 재가복지업무, 독거노인과 상담, 실직자를 위한 상담, 직업훈련을 원조하는 활동, 미혼모상담, 입양상담, 아동을 위한 가정 사업과 관련된 조사 및 상담, 학대피해아동을 보호하고 가정에 개입하는 활동, 환자들의 의료비 문제 및 퇴원 및 생활에 대한 상담, 학교 부적응 학생에 대한 상담, 정신보건센터에서 정신장애인 상담 등을 들 수 있다.

2) 가족문제

현대 가족의 변화 추세는 규모가 점차 축소되고, 구성은 단순화되고 있으며, 개인의 자발적 선택에 의한 유연한 가족 구성의 가능성이 높아지고 있다. 또한 초혼 연령의 증가와 이혼과 재혼, 다양한 혼인 형태의 증가로 다양한 가족 유형이 생겨나고 있어 가족문제를 다룰 때 이러한 변화를 고려하여야 한다.

가족의 주요 기능도 사회 변화에 따라 달라지고 있다. 또한 가족 주기도 결혼연령의 상승, 출산 자녀 수의 감소, 평균수명의 연장 등으로 인해 출산과 양육기는 짧아지고, 자녀들을 출가시킨 후 노부부만 남는 빈둥지 시기는 점차 길어지고 있어 노년기 가족문제가 중요한 가족 대상 실천의 문제로 대두되고 있다. 아울러 외국인 노동자와 결혼이주여성이 증가하고 있어 다문화가족의 문제가 사회적 이슈로 등장하고 있다.

가족을 단위로 서비스를 제공하고, 가족 구성원들 간의 관계에 개입하여 문제를 해결하거나 경감시키기 위한 실천 활동이 가족과의 실천이다. 가족과의 실천은 주로 부부간의 갈등, 부모와 자녀와의 갈등, 다세대 간의 갈등 등이 다루어진다.

3) 집단문제

집단실천은 자신의 문제를 해결하거나 성장을 원하는 구성원들에게 사회복지사가 의도적으로 집단 경험의 기회를 제공함으로써 집단 성원의 요구와 문제를 해결하고 개인의 성장·발달 및 사회화에 기여하는 사회복지실천의 한 방법이다. 집단실천은 주로 우울증, 정신질환, 약물복용, 약물중독, 음주문제를 가지고 있는 사람, 알코올중독자, 성폭력 피해자, 이혼 후 충격 상태에 있는 사람 등 동일하거나 비슷한 문제를 가지고 있는 사람들을 대상으로 실시할 수 있다. 이때 사회복지사는 집단역동에 대한 전문적인 지식을 활용해서 집단 내의 상호작용을 촉진하고 그 과정에 개입하여 집단 성원의 변화를 유도하게 된다.

4) 지역사회문제

지역사회 수준의 실천은 지역에 속한 주민들이 자신들의 사회적 기능 향상을 위해 필요한 의식 개혁, 환경 개선, 지역사회 조직화 등을 자발적·주체적·협력적으로 해 나갈 수 있도록 사회복지사가 안내자, 조력자, 조정자, 운동가, 전문가 등의 역할을 수행하는 것을 말한다. 이러한 활동을 수행하기 위해서 사회복지사는 지역사회 주민들의 욕구 충족에 필요한 자원들을 확인·발굴하여야 한다.

지역사회복지실천에는 지역사회 보호 활동과 지역사회 조직 활동이 혼합되어 있다. 가족의 기능이 약화되어 노인, 장애인, 아동 등의 보호가 절실히 요구되는 가운데 이들을 시설 보호가 아닌 지역사회가 중심이 되어 결식을 예방하고 경제적, 정서적인 안정을 도모하는 것이 지역사회 보호 활동이다. 예를 들면 급식지원 서비스, 보건의료 서비스, 경제적 지원 서비스, 일상생활 지원 서비스, 정서지원 서비스 등이 있다.

지역사회조직 활동은 지역사회의 문제를 해결하기 위하여 주민의 협력 아래 계획을 세우고 거기에 지역사회의 자원을 서로 연결하고, 조정하는 과정을 총괄하는 사회복지사의 활동이다. 예를 들면 주민 조직 강화 및 교육, 복지 네트워크 구축, 주민복지증진 사업, 자원봉사 관리사업, 사회조사 및 직원교육 등이 있다.

제 4 절 사회복지실천 현장의 문제와 사회복지사의 역할

사회복지사는 클라이언트의 문제나 욕구를 파악하여 적절한 개입을 할 수 있는 능력이 있어야 하고, 지역 내의 사회 자원 및 관계망에 대한 지식을 가지고 클라이언트와 기관, 단체들과 효율적 의사소통을 할 수 있어야 한다. 사회복지사는 기관의 성격과 담당하는 업무에 따라 한 가지 역할을 주로 수행하기도 하지만, 서로 다른 역할을 동시에 수행해야 하는 경우가 많기 때문에 상황에 맞는 적절한 역할을 수행해야 한다.

1. 직접 서비스 제공자

사회복지사는 클라이언트와 직접 대면하여 클라이언트의 욕구와 문제를 해결하기 위해 심리적인 치료 및 상담과 같은 직접 서비스를 제공한다. 또한 클라이언트가 필요로 하는 정보를 제공하거나 집단이나 대중에게 효과적인 사회기술을 교육하는 기능을 말한다.

주요 활동으로는 개인적인 문제해결을 위한 상담, 부부 및 가족치료, 집단활동 서비스, 교육자, 혹은 정보제공자 역할을 한다.

2. 체계와 연결하는 역할

클라이언트는 종종 기존의 사회기관이 제공하지 못하는 자원을 필요로 하고, 유용한 자원에 대한 정보가 부족하거나 그것을 이용할 능력이 부족하다. 그래서 사회복지사는 사람들을 다른 자원과 연결시키는 역할을 수행하며 클라이언트를 다른 체계와 연계하는 역할을 한다.

1) 중개자(broker)

중개자는 클라이언트가 필요로 하는 지역사회의 자원이나 서비스체계를 연계하는 역할로서 사례관리의 핵심적 기능을 수행한다. 중개자는 주민이 필요로 하는 법률적 도움이나 다른 자원을 얻도록 도와주며, 지역사회의 다양한 집단, 기관, 단체들이 상호 이익을 도모하기 위해 교류할 수 있도록 돕는 역할을 한다. 예를 들면, 주민들이 스스로 필요로 하는 자원이 어디에 있다는 것을 가르쳐 줌으로써 이에 접근할 수 있게 해주는 것이다.

중개자의 역할을 위해서는 사회복지사가 지역사회의 자원이나 기관의 특성에 대해 충분한 지식과 정보를 갖고 있어야 한다. 능력을 갖춘 사회복지사가 되려면 클라이언트의 욕구를 파악하는 능력뿐 아니라 이를 충족시킬 수 있는 자원체계에 대한 정보에 정통해야 할 필요가 있다(엄명용 외, 2000).

2) 사례관리자(case manager) · 조정자(coordinator)

사례관리자는 클라이언트의 욕구나 문제가 무엇인지를 파악한 후 필요한 자원이나 서비스를 개발하고 연계시켜 주며 이러한 서비스가 서비스의 목표에 따라 지속적으로 잘 제공되고 있는지를 관리하고 도와주는 역할이다. 특정 기관의 제한된 자원만으로는 클라이언트의 문제를 효과적으로 해결할 수 없거나 다른 체계에 의뢰하는 것만으로 문제해결을 하기에 능력, 기술, 지식 또는 자원이 부족할 경우 사회복지사는 클라이언트의 욕구를 사정하고 다른 체계에서 제공되는 재화와 서비스의 전달을 조정하고 시기적절하게 서비스와 재화를 제공받도록 보장한다(강선영 외, 2009).

3) 중재자(mediator)

클라이언트와 서비스 제공자 사이에 단절이 발생해서 클라이언트는 종종 받아야 할 서비스를 받지 못하는 경우가 있다. 서비스가 거절되는 경우는 서비스 제공자가 임의로 받을 자격이 있다는 사실을 적절하게 표현하지 못했거나, 클라이언트와 서비스 제공자 사이에 긴장이 발생했기 때문이다. 그런 경우에 사회복지사는 서비스를 전달하는 과정에 존재하는 장애물을 제거할 목적으로 중재자의 역할을 수행한다(강선영 외, 2009).

중재자는 기관이나 조직의 차원에서 서로 다른 두 집단 간의 갈등이나 이해관계를 관철시키는 역할자로서 견해가 다른 개인이나 집단 사이의 의사소통을 향상하고 타협하도록 도우며, 양측이 서로의 입장을 이해하고 있는지 확인해야 한다.

4) 옹호자(advocate)

옹호란 사회정의를 지키고 유지하려는 목적으로 개인, 집단, 지역사회의 입장에서 직접적으로 대변·개입·지지하는 행동을 포함한다. 사회복지실천 초창기부터 사회복지사의 주요 역할인 옹호자의 역할은 클라이언트 개인이나 집단의 권익 보호를 위해 새로운 자원이나 서비스를 제공하도록 대신 촉구하는 정치적인 역할을 수행하며, 특히 클라이언트가 필요한 것을 얻을 힘이 거의 없을 때에 적절하다. 클라이언트와 자원과 연결시킨다는 점에서 볼 때, 옹호는 클라이언트를 대신하여 자원과 서비스를 획득하는 활동 과정을 말한다. 예를 들어 여성 또는 동성애자의 고용차별이나 인권침해에 대항하여 새로운 법률을 제정하도록 노력하거나 시민운동을 조직하는 사회운동가로서의 역할을 들 수 있다.

3. 체계 유지 및 강화 역할

1) 조직 분석가(organizational analyst)

기관 구조와 정책, 서비스 전달체계와 과정을 분석하고 보다 효율적으로 운영될 수 있도록 복지기관이나 조직을 만드는 역할을 하며, 조직이론과 행정이론에 관한 지식은 이 역할을 수행하는 데 필수적이다.

2) 촉진자(facilitator · expeditor)

서비스 전달을 방해하는 요인을 정확하게 파악한 후 사회복지사는 서비스 전달체계를 강화하는 방법을 계획하고 실행할 책임이 있다. 여기에 기관 행정가들에게 관련된 정보 데이터를 제공하고, 문제를 제기하는 임원회의를 추천하며, 저항하는 행정가에게 압력을 행사하기 위해 다른 직원들과 합동으로 작업하고, 필수적인 기관 내부 서비스 교육에 참가하는 등의 활동을 포함한다.

3) 팀 성원(team member)

많은 기관과 공공기관에서 사회복지사는 클라이언트의 문제와 서비스 전달에 협력하는 임상 팀의 일원으로 활동하게 된다. 팀은 보통 정신과 의사, 내과 의사, 심리학자, 사회복지사, 간호사, 직업적 치료사, 레크리에이션 치료사 등으로 구성된다. 여러 기관 및 공공기관에서 전문가나 기관과 팀 협력을 통해 클라이언트의 문제를 복합적으로 사정하여 타 전문가가 제공할 수 있는 유용한 정보를 클라이언트에게 연계하는 독특한 역할이다. 팀 구성원으로서 사회복지사는 가족 역동과 관련된 자료 수집에 기여하고, 가족 구성원과의 치료적 작업에 관여한다.

4) 자문가(consultant)

자문은 사회복지사가 클라이언트에 대한 지식, 기술, 태도를 발전시키고 수정해서 클라이언트에게 효과적으로 서비스를 전달할 수 있도록 하는 과정이다. 즉, 자문은 사회복지사나 서비스 제공자가 다른 직종의 전문가에게 클라이언트의 문제해결을 위한 자문을 제공하는 것을 말한다. 또한 사회복지사도 약물남용, 아동학대, 성문제 또는 전문지식이 필요한 특정한 문제에 대해서는 의사, 간호사, 정신과 의사, 심리학자, 전문 사회복지사 등으로부터 자문을 받아야 한다.

4. 연구와 조사 활용자(researcher)

연구자는 관심 있는 주제에 관한 문헌연구나 자신의 실무에 대한 평가, 프로그램에 대한 분석, 지역사회 욕구조사 등의 활동을 통해 이론적 또는 실천적인 전문직으로 발전시키는 활동을 수행하는 역할을 한다. 즉, 지식 개발을 위해 조사나 연구 등을 수행하고 관련 분야에서의 조사, 연구 및 실무의 진행과 평가 등을 통해 전문 이론의 발전을 도모하고 동료들과 그 결과를 공유한다. 또한 사회복지사는 자신이 제공한 서비스를 과학적이고 체계적으로 평가할 책임이 있으며 이러한 과정을 위해 사회복지사는 연구를 수행하고 또한 연구들을 활용해야 한다.

5. 체계 개발 역할(system development)

1) 프로그램 개발자(program developer)

사회복지사는 클라이언트의 욕구 발생에 대응하여 서비스를 개발할 기회가 있다. 예를 들어 교육적인 프로그램, 지지집단, 기술개발 프로그램 등이 있는데, 현재 사용하는 개입에 대한 자료수집 등을 사정하여 기관의 서비스를 확대하거나 증진시켜야 한다.

2) 기획가(planner)

사회복지사는 지역사회 기획가에 대한 접근성이 떨어지는 작은 지역사회, 시골 지역, 신흥도시에서 보통 지역사회 지도자와 함께 기획하는 역할을 맡을 필요가 있다. 이 역할에서 그들의 공식, 비공식적으로 영향력 있는 사람들과 함께 욕구의 발생에 대응하여 프로그램들을 계획한다. 그러한 욕구들은 아동보호 프로그램, 노인과 장애인들을 위한 운송 수단, 레크리에이션 프로그램, 건강보호 프로그램 등을 포함한다.

3) 정책 및 절차 개발자(policy & procedure developer)

정책 및 절차 개발 과정에서 참여자는 클라이언트의 욕구를 평가하고 어떠한 정책과 절차들이 클라이언트에게 최선인지, 혹은 부적합한지 평가하는 가장 중요한 전략적 위치에 있다. 따라서 사회복지사는 정책 및 절차와 관련된 의사결정에 적극적으로 참여해야 하지만 이러한 활동의 참여 정도는 대체로 기관의 행정 방식에 의해 결정된다.

사례를 통해 생각해 보기

한 사회복지사가 빈곤가족을 돕고 있는데 5세 된 남아가 다지증으로 여섯 개의 발가락을 지니고 있다. 사회복지사는 어렵게 생활하는 부모의 동의를 얻어 아동의 발가락 사진을 찍고 무허가 주택(합판과 천막, 끈을 사용하여 지은 집)을 촬영하여 자료를 만들고 지역사회의 자원을 발굴하기 위해 나섰다.

시내에 있는 라이온스클럽 총무와 전화 접촉을 시도하여 회장과 면담 시간을 정하고 자료를 챙겨서 찾아가 다지증 수술에 필요한 비용의 1/3을 후원 받기로 하였다. 또한 사회복지사는 자료를 들고 수술하기로 한 병원의 원무 과장을 만나서 이러한 사실을 말하고 병원의 협조를 구하였다. 그 결과 병원에서 필요한 경비의 1/3을 부담하기로 하였다. 끝으로 사회복지사는 분식점 등을 방문하여 이러한 사실을 전하고 모금을 하기 시작하여 나머지 1/3을 조성하였다.

1. 위 사례를 통해서 사회복지사의 역할을 나열해 보십시오.

2. 위 사례를 통해서 사회복지사의 기능을 나열해 보십시오.

PART 02

사회복지실천 과정에 대한 이해

제8장 사회복지실천의 과정

제9장 사회복지실천의 과정 : 접수 및 자료 수집

제10장 사회복지실천의 과정 : 사정

제11장 사회복지실천의 과정 : 계획

제12장 사회복지실천의 과정 : 개입

제13장 사회복지실천의 과정 : 종결 및 평가

제14장 사례관리

CHAPTER

08

사회복지실천의 과정

생활상의 부적응문제를 지닌 클라이언트가 사회복지서비스를 제공하는 기관에 찾아와 담당 사회복지사를 만나면서부터 사회복지실천 과정이 시작된다. 사회복지실천의 과정은 사회복지사가 클라이언트와 클라이언트를 둘러싼 다양한 환경 내의 체계들을 변화시키기 위해 그의 전문적 가치와 지식에 기초하여 개입하는 과정을 말한다. 사회복지실천 과정에 대해서 학자들은 조금씩 다른 입장을 취하지만 전 과정에 대한 기본적 입장에는 큰 차이가 없다. 이 교재에서는 사회복지실천 과정의 순서를 접수 및 자료 수집-사정-계획-개입-종결과 평가 순으로 살펴볼 것인데, 그에 앞서 이 장에서는 실천 과정에 대한 개요를 다룰 것이다.

제 1 절 사회복지실천의 과정

1. 사회복지실천 과정의 개념

사회복지실천 과정은 사회복지사가 클라이언트와 클라이언트를 둘러싼 다양한 환경 내의 체계들을 변화시키기 위해 전문직 가치와 지식에 기초하여 개입하는 과정이다. 즉, 클라이언트와 그를 둘러싼 다양한 환경의 변화를 위해서 잘 계획된 전문적 개입 과정이라고 할 수 있다. 잘 계획된 전문적 개입을 위해 학자들은 전 과정에 대한 절차를 면밀하게 구조화하여 효과적 개입이 되도록 다양한 입장을 표명하고 있다.

2. 사회복지실천 과정의 구성

사회복지실천 과정에 대한 학자들의 다양한 입장을 살펴보면, 셰퍼 등은 원조 과정을 접수와 관계 형성, 자료 수집과 사정, 계획과 계약, 개입과 모니터링, 평가와 종결로 구분하고 있다(양정남 외, 2009). Hepworth & Larsen은 원조 과정을 탐색·사정·계획, 변화와 목표 달성, 종결과 평가의 3단계로 구분하고 있다. 노턴은 사정, 계획, 초기 단계, 핵심 단계, 종결, 평가의 6단계로 구분하고 있다(Hepworth & Larsen, 1990).

우리나라의 김융일 등(1995)은 접수 및 참여 유도, 자료수집·사정·계획, 개

표 8-1 사회복지실천 과정에 대한 학자들의 다양한 관점

학자 명	사회복지실천 과정
셰퍼 외	접수와 관계 형성 → 자료 수집과 사정 → 계획과 계약 → 개입과 모니터링 → 평가와 종결
웹워스와 라슨	탐색·사정·계획 → 변화와 목표 달성 → 종결과 평가
코어노여	준비 → 초기 → 탐색 → 사정 → 계약 → 개입 → 평가 → 종결
커스트 애쉬만과 헐	관계 형성 → 사정 → 계획 → 수행 → 평가 → 종결 → 사후 지도
김융일 외	접수 및 참여 유도 → 자료 수집·사정·계획 → 개입 → 평가 및 종결
장인협	사정 → 계획 → 개입 → 평가 → 종결

입, 평가 및 종결로 나누고 있고, 장인협(1999)은 사정, 계획, 개입, 평가, 종결의 5단계로 나누고 있다. 이렇게 사회복지실천 과정은 학자들에 따라 다르게 구분되고 있다. 각 학자들의 사회복지실천 과정에 대한 다양한 관점을 정리해 보면 <표 8-1>과 같다.

위와 같이 학자에 따라 조금씩 다른 입장을 취하지만 클라이언트와 그를 둘러싼 환경에 대한 변화를 돕는 사회복지실천의 전 과정에 대한 기본적 입장에는 큰 차이가 없다. 그리고 각 학자들마다 사회복지실천의 효과성을 높이기 위해 전 과정이 잘 계획된 구조화된 과정이 될 것을 강조하고 있다는 것을 알 수 있다. 각 과정들은 명확하게 구분되기보다는 내용에 따라 과제가 중복되고 순환되기도 한다.

이 책에서는 사회복지실천 전 과정을 <그림 8-1>과 같이 다루고자 한다.

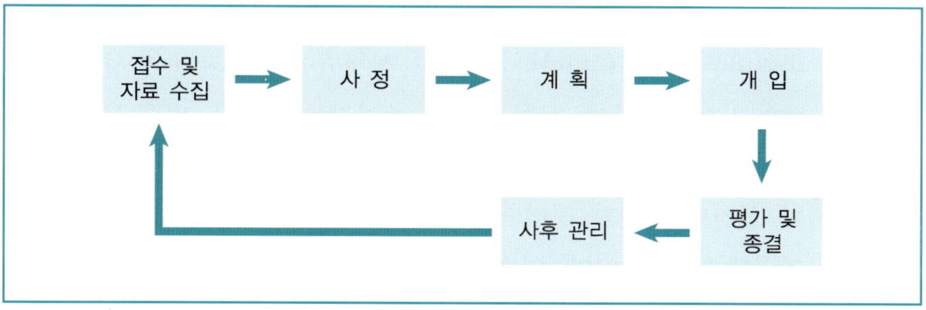

>> 그림 8-1 사회복지실천 전 과정

초기 단계에서는 클라이언트의 자격을 심사하고 클라이언트와 계약, 업무 동의 및 원조 여부를 결정하는 일과 나아가서는 정확한 문제 파악을 위한 사정과 구체적 개입을 위한 목표 설정을 주요 활동으로 삼는다. 향후 이들 활동들은 전반적 원조 과정의 성공 여부를 가늠하는 초석이 되며, 이 점에서 사회복지실천 과정에서 차지하는 초기 단계의 중요성을 짐작할 수 있다.

클라이언트는 초기 면접에서 사회복지사와의 첫 대면을 하게 된다. 초기 면접에서 클라이언트는 치료자가 과연 자신에게 도움을 줄 수 있는지에 대한 신중한 관찰을 보이기도 한다. 초기 단계가 갖는 이러한 중요성으로 인해 사회복지사와 클라이언트의 활동은 다른 단계와 구분되는 고유한 특징과 의미를 지닌다.

초기 단계 활동을 마친 후 사회복지사와 클라이언트는 개입 단계로 들어가게 된다. 이 단계를 문제해결 과정이라고도 한다. 이 단계는 사회복지사가 클라이언트에게 영향력을 행사하며, 의도적인 변화를 일으키는 과정으로 결과적으로 클라이언트는 자신이 직면한 문제를 해결하거나 자신의 능력과 잠재력을 개발하는 것이 핵심적인 내용이다.

이 단계에서는 사회복지사와 클라이언트가 선택된 목표들을 성취하기 위해 다양한 전략들을 실행하게 된다. 이러한 점에서 개입 단계를 행동 지향적 단계로 설명하기도 한다. 즉, 이전 단계에서 사회복지사와 클라이언트 간에 이미 합의된 구체적인 개입들 및 기술들에 관한 계획을 행동으로 전환시킴을 의미한다.

종결 단계에서 실천의 과학화는 초기 과정과 개입 과정을 거치면서 실행되어 온 일체의 과정들이 사정 단계에서 설정되었던 목표가 달성되었는지, 혹은 클라이언트에게 기대되었던 변화가 일어나게 되었는지를 객관적으로 검증하고 판단하는 것을 의미한다. 그리고 설정되었던 목표가 달성되고 기대되었던 변화가 일어났다면, 실천 노력은 종결지어야 한다. 비록 목표 달성이 되지 않았더라도 종결이 불가피한 경우도 있으며, 사회복지사의 의사와는 무관하게 실천의 관계가 정리되는 경우도 있을 수 있다.

평가는 어떻게 하는 것이며, 어떤 내용을 평가할 것인지, 평가 시 유의할 점은 무엇인지, 종결은 어떻게 하는 것이며, 종결 시에 클라이언트의 반응과 태도, 그리고 거기에 대응하는 사회복지사의 자세 등에 관한 내용을 살펴보고자 한다.

CHAPTER

09

사회복지실천의 과정 : 접수 및 자료 수집

사회복지실천 과정은 도움을 받기 위해 찾아온 클라이언트를 기관의 사회복지사가 처음으로 만나서 접수하고 긍정적인 원조 관계를 수립하면서 관련된 정보와 자료를 수집하고 사정하는 것이다. 사회복지실천 과정은 전문적인 사회복지사의 역할에 의해 수행되며 초기 과정은 원조 서비스에 대한 사정, 신청자의 욕구 평가, 욕구가 충족될 수 있는 방법의 결정, 서비스를 위한 적격 정성의 결정 또는 타 기관에 의뢰하기 위한 예방적 활동과 목적에 관한 중요한 장면으로 이루어진다.

사회복지실천 과정은 변화나 기능 향상을 위해 도움이 필요한 개인과 가족, 집단에 대하여 전문적 지식과 기술을 갖춘 사회복지사가 계획된 원조를 단계적으로 제공하여 문제해결을 돕는 전문적인 과정이다. 따라서 사회복지실천에는 일정한 계획적이고 조직적·체계적 절차와 단계를 포함한다. 따라서 제9장에서는 사회복지실천 과정의 사례 발굴과 접수, 그리고 자료 수집 방법을 알아보고 접수 단계에서의 사회복지사의 역할을 알아보고자 한다.

제 1 절 사례 발굴 및 접수

1. 사례 발굴 및 접수 과정

일반적인 사회복지실천 과정은 도움을 받기 위해 찾아온 클라이언트를 기관의 사회복지사가 처음으로 접촉하여 접수(intake)하고 긍정적인 원조 관계를 수립하면서 관련된 정보와 자료를 수집, 사정하고 개입 목표와 계획을 세우는 초기 단계와 계획된 대로 원조 활동을 수행하면서 이를 점검, 진행해 나가는 중간 단계, 원조 활동의 효과를 평가하고 원조 관계가 만족스럽고 긍정적으로 끝나도록 하는 종결 단계가 있다.

표 9-1 사회복지실천 단계와 주요 과제

실천 단계	주요 과제 내용	단계 명칭
1단계 2단계	접수, 문제 또는 욕구 확인 피원조자와의 신뢰 관계 형성 : 초기 불안감, 저항감 해소	접수 단계 개시 단계
3단계 4단계	문제나 욕구와 관련된 정보 및 자료 수집 수집된 정보와 자료의 사정	조사 단계 초기 단계*
5단계 6단계	문제의 원인, 범위와 해결 목표의 설정 피원조자와의 문제와 욕구에 대한 동의 및 원조 계약 체결	진단 단계 초기 단계*
7단계 8단계 9단계	문제해결을 위한 구체적인 변화 전략 수립 변화 창출 : 치료, 원조, 개입, 교육, 고통 제거, 동기 조성, 자원 연결, 행동 변화 변화 정도의 평가 : 제공된 서비스의 효과 측정, 사후 지도	치료 단계 중간 단계*
10단계	원조 관계의 종결	종결 단계*

출처: 박종삼(2002: 83).
*단계 명칭은 심리 사회 모델과 기능적 모델(*표)의 명칭임.

사회복지실천 과정은 학자들마다 약간의 차이를 두지만(표 9-2 참조) 일반적으로 초기 단계, 중간 단계, 종결 단계로 구분하고 있으나 사회복지실천 과정은 이런 단계에 따라 그대로 이루어지지는 않는다.

표 9-2 사회복지실천 과정에 대한 다양한 입장

Sheafor	Johnson	Northen	김융일 외	장인협	양옥경 외	엄명용 외
• 접수와 관계 형성 • 자료 수집과 사정 • 계획과 계약 • 개입과 점검 • 평가와 종결	• 사정 • 계획 • 직접적 개입 활동 • 간접적 개입 활동 • 평가 및 종결	• 사정 • 계획 • 초기 단계 • 핵심 단계 • 문제해결 단계 • 종결 • 평가	• 접수 및 참여 유도 • 자료 수집, 사정, 계획 • 개입 • 평가 및 종결	• 사정 • 계획 • 개입 • 평가 • 종결	• 접수 • 자료 수집 및 사정 • 목표 설정 및 계약 • 개입 • 평가 및 종결	• 초기 단계 - 접수와 관계 형성 • 중간 단계 - 개입 수행 • 종료 단계 - 평가와 종결

출처: 엄명용 외(2000); 이영분 외(2001); 도광조(2008) 참고 재구성.

사회복지 현장에서 실천 개입에서는 클라이언트와 그를 둘러싼 환경에 대한 변화를 돕는 사회복지실천 전 과정에 대한 기본적인 입장 차이가 없음을 여러 학자들의 다양한 입장을 통해서도 알 수 있다.

Perlman(1957)은 개시(접수)기 → 중간기 → 종료기, Hollis(1965)는 조사 단계 → 진단 단계 → 치료 단계, Compton과 Galaway(1989)는 관여 단계 →사정·평가 단계 → 행동 단계, 기능적 모델에서는 초기 단계 → 중간 단계 →종결 단계로 구분하고 있다.

사회복지실천의 전 과정은 접수 및 관계 형성 후에 자료 수집 및 사정을 하고 계획, 개입을 한 뒤 평가 및 종결을 하며, 사후 관리를 하는 과정 순으로 돌아가고 있다.

2. 접수

접수(intake)란 문제 및 욕구를 지닌 사람이 전문가의 도움을 받고자 사회복지기관을 찾아왔을 때, 사회복지사가 그의 문제와 욕구를 확인하여 그것이 기관의 정책과 서비스에 부합하는지의 여부를 판단하는 과정이다(양옥경 외, 2000). 즉, 사회복지사는 클라이언트의 문제와 욕구를 규명하고 그에 대한 기관의 원조 과정 절차와 기관의 기능을 명확하게 하여 앞으로의 원조에 대한 협조적인 관계 여부를 판단하는 과정이다. 접수 과정은 전문적 관계의 과정을 결정하는 중요한 첫 만남이다. 사회복지사는 짧은 시간에 클라이언트와 긍정적인 신뢰 관계를 맺고 앞으로 전개될 변화 과정에 있어 클라이언트의 변화 동기를 높이고 적극적이고 협조적인 자세를 결정짓게 되기 때문에 사회복지사의 접수 과정에서의 역할은 매우 중요하다.

접수 과정에서 사회복지사의 주요 활동으로는 클라이언트와의 관계 형성과 클라이언트의 문제 및 욕구 확인, 기관의 서비스에 대한 정보 제공, 서비스 수혜 여부 결정, 원조 과정 안내, 관련 서식 작성 등이 있다.

3. 면접기술

초기 면접기술을 일부 학자들은 면접의 과정과 단계, 면접의 기술로 분류하고 있다. 면접기술에 체계적으로 접근하려면, 면접의 단계를 먼저 나누고 이에 따른 면접기술을 살펴보는 것이 바람직할 것이다. 언어적 면접기술로는 최소한의 격려, 재진술, 바꾸어 말하기, 명료화, 감정이입적 반영, 질문하기, 해석, 요약 등이 있다. 그리고 면접기술로 중요한 것은 적극적 경청이 있다. 경청은 어느 면접 상황에서나 핵심이 된다. 즉, 사회복지사는 클라이언트가 무엇이라고 말하는지 그리고 질문이나 반응에 클라이언트는 어떻게 반응하는지 경청한다. 사회복지사의 적극적 경청은 문제로 인해 힘들어하는 클라이언트에게 사회복지사의 진심을 전달해 주며, 면접 과정에서 중요한 기술이다.

사회복지사는 적극적 경청을 효과적으로 하기 위해서 아래와 같은 여러 가지 기술을 활용한다.

- 무엇이 말해지고 있는지(what is said), 어떻게 말해지는지(how it is said)를 주의 깊게 경청한다.
- 클라이언트의 말을 중단시키지 않고 문장과 아이디어를 다 말할 수 있게 한다.
- 클라이언트가 이야기를 계속하도록 격려하기 위해 침묵을 활용한다. 이는 클라이언트에게 끄집어내기 어려운 생각과 감정을 언어화할 수 있는 시간을 줄 것이다.
- 클라이언트의 의미를 반추하고 명료화한다.

- 중요한 부분을 확실히 하기 위해 질문을 하고 해결을 위해 노력한다.
- 타당한 내용을 탐색한다.
- 클라이언트가 무엇을 말하는지(생각), 어떻게 말하는지(감정), 무엇을 느끼는지(감정), 그리고 무엇을 하는지(행동) 사이의 유사점과 차이점을 살펴본다.
- 사회복지사의 인식이 정확한지 알아보기 위해 클라이언트의 피드백을 이끌어 낸다.

적극적 경청은 원조 관계의 다른 모든 양상의 기반이 된다. 사회복지사가 적극적으로 경청하고 클라이언트를 이해할 수 없다면, 어떤 것도 효과적으로 진행될 수 없을 것이다(Hutchins & Vaught, 1997: 66-67).

제 2 절 자료 수집

자료 수집이란 정보를 모으는 활동 전반적인 것으로 정보란 사실적인 자료들을 말한다. 사회복지사가 수집하는 정보가 사실로 확인될 때, 그것은 모두 자료가 된다. 사회복지사는 신뢰할 수 있는 자료를 모으기 위해 모든 노력을 기울여야 한다.

1. 자료 수집

초기 면접과 접수가 이루어진 후 사회복지사는 본격적으로 클라이언트의 문제를 확인할 필요가 있다. 여기에서 클라이언트의 문제라는 것은 알려진 문제뿐만이 아니라 클라이언트가 인식하고 말하는 문제가 아닌 부분까지를 말한다. 클라이언트의 욕구와 문제를 볼 때는 특징적인 모습, 그 문제의 발생 횟수까지 상세하게 찾아봐야 한다. 그렇게 하기 위해서는 충분한 자료 수집이 이루어져야 한다. 자료 수집 과정에서 사회복지사는 클라이언트의 사생활 보호와 인간의 존엄성에 대한 믿음을 나타내며, 비밀보장을 해야 함을 명심해야 한다.

클라이언트의 정보를 알기에 앞서 사회복지사는 반드시 클라이언트의 동의를 받아야 하는데, 이 정보가 필요한 이유가 무엇이며, 그 자료는 어떻게 활용되어지는지 등에 대하여 분명하게 밝혀야 한다. McMahon(1996)은 자료 수집을 문제, 인간, 환경이라는 범주로 구분했다. 따라서 McMahon의 구분으로 자료 수집을 살펴보고자 한다.

1) 문제

문제는 사회복지사와 접촉체계에 의해 자료 수집 및 개입의 대상으로 식별되는 욕구, 관심사, 이슈, 어려움 등을 의미한다. 충족되어야 하는 욕구가 무엇인가? 제일 먼저 어떤 문제를 다룰 것인가를 결정하기에 앞서 사회복지사는 체계의 각 문제의 범위, 지속 기간, 심각성에 대하여 분명하게 이해할 필요가 있다(권구영 외, 2008). 사회복지사는 문제의 심각성을 이해하기 위해 그 문제가 육체적인 문제일 경우 그 문제가 불치의 것인가? 치료의 가능성은 있는가?까지도 이해해야 한다.

2) 인간

자료 수집에서 문제를 지닌 인간은 주요 범주가 된다. 여기서 관심의 범주는 문제를 가진 각 개인의 대처능력이 된다. 문제를 가지고 있는 개인이 어느 정도의 기능을 유지하고 증진시킬 수 있는가? 과거에 이러한 유사한 문제를 어떻게 대처하고 어떻게 대처할 수 없었는가? 그리고 문제와 관련하여 어느 정도의 육체적, 심리적, 정신적 힘을 가졌는가? 사회복지사는 문제해결을 향한 개인의 동기화된 정도를 나타내 주는 표시를 찾아야 한다.

3) 환경

자료 수집의 기본 범주 중 마지막은 문제와 인간을 둘러싸고 있는 환경이다. 환경에서의 무엇이 인간과 문제와 관계를 만들어 내는가를 사회복지사는 다양한 방법을 통해서 문제의 범위, 지속 기간, 심각성을 탐구한다.

2. 자료 수집 방법

문제 규정의 진술을 하기 위해서는 충분한 자료 수집을 이루어져야 한다. 자료 수집 방법을 Cournoyer(2000)가 개발한 자료 수집 모형으로 설명하자면 다음과 같다. 클라이언트와 함께 문제의 현재 상태를 탐색하고(칸 1), 문제가 과거에는 어떠했고 어떻게 현재 상태로 발전되었는지를 추적한다(칸 2). 이러한 절차를 수행함으로써 많은 클라이언트들은 자신에 대한 개인적인 사실들뿐만 아니라 환경에 대한 여러 가지 요소들을 자연스럽게 설명하기 시작할 것이다. 필요하다면 클라이언트가 현재 자신에 대해 가지고 있는 관점을 조사(칸 3)한 뒤, 그들의 과거 경험(칸 4)을 다시 조사한다(표 9-3 참조).

그리고 사회적, 물리적 환경을 포함한 현재의 환경(칸 5)과 과거에는 어떠했는지에 대해 클라이언트에게 설명하도록 한다(칸 6). 마지막으로 만약 문제와 환경이 과거와 같이 계속 된다면, 미래가 어떠할 것인가를 상상해 보게 한다(칸 7, 8, 9). 클라이언트 자신, 그리고 가진 문제, 그들이 처한 환경이 바뀐다면 그로 인한 발생 가능한 결과도 고려해 본다(권구영 외, 2008).

표 9-3 자료 수집 모형

내용	현재	과거	미래
문제	1	2	7
인간	3	4	8
환경	5	6	9

출처: Cournoyer(2000).

자료 수집과 사정은 거의 동시에 반복적으로 행해진다. 즉, 사회복지사는 자료를 수집하면서 문제를 분석한다. 자료 수집 방법으로는 다음과 같은 방법이 있다.

1) 클라이언트가 작성한 서식

클라이언트가 접수 시에 작성하는 서식에는 주로 나이, 성별, 직업, 종교, 학력, 연락 주거 상황, 연락처 같은 인적 사항과 클라이언트가 원조를 바라는 문제, 가족 관계, 기관에 오게 된 경위 등의 정보가 기록되어 있다.

2) 클라이언트의 구두보고

클라이언트의 구두보고는 문제행동에 대한 진술이나 감정표현, 사건의 보고 등과 같은 클라이언트의 이차적인 정보이다. 그러나 클라이언트의 구두보고는 사회복지사가 직접 관찰한 것이 아니라 클라이언트의 왜곡된 인지작용, 잘못된 기억, 편견으로 객관성과 타당성을 확보하기가 어렵다. 따라서 사회복지사는 순환적 질문을 하거나 중요한 타인으로부터 부수적인 자료를 수집하여 참고해야 한다. 특히 가족 내 학대문제나 성폭력과 관련된 사건은 더욱 객관적 자료 수집에 신중해야 한다.

3) 비언어적 행동의 직접적 관찰

언어적 의사소통보다 비언어적인 의사소통이 클라이언트의 사고와 감정을 전달하는 자료를 제공하는 경우의 수가 많다. 클라이언트의 비언어적 행동은 클라이언트의 분노, 상처, 불안, 두려움과 같은 정서적 상태에 대한 주요 정보를 제공해 준다. 따라서 사회복지사는 클라이언트의 비언어적인 표현인 목소리의 변화나 떨림, 눈물, 꽉 다문 입술이나 주먹, 다양한 행동 등을 민감하게 인지해야 한다. <표 9-4>는 사회복지사의 비언어적 반응 행동 내용이다.

표 9-4 사회복지사의 비언어적 반응 행동 목록

내용	바람직한 반응	바람직하지 않은 반응
얼굴 표정	• 직접적인 눈 맞춤 • 따뜻하고 관심 어린 얼굴 표정 • 클라이언트와 동등한 눈높이 • 적절한 표정 • 이완된 입모양 • 미소 어린 표정	• 눈 맞춤을 회피함 • 사물이나 사람에 대한 고정된 시선 • 신경질적으로 눈썹 추켜올리기 • 지나치게 고개 끄덕임 • 하품 • 얼거나 딱딱한 표정 • 부적절한 미소 • 입술 물어뜯기
자세	• 팔과 손이 자연스러운 자세 • 적절한 제스처 • 약간 앞으로 숙인 자세 (주의 집중하나 편안한 자세)	• 경직된 몸의 자세 : 팔짱 끼기 • 클라이언트에게 등 돌리기 • 의자 흔들기 • 손가락 움직임

내용	바람직한 반응	바람직하지 않은 반응
		• 책상 위에 발 올리기 • 강조하기 위해 손가락질하기
목소리	• 시끄럽지 않으나 잘 들리는 목소리 • 부드러운 톤 • 클라이언트의 메시지에 대한 적절한 반응 • 적절한 말소리	• 듣기 힘든 혼잣말 • 단조로운 목소리 • 문법이 틀린 문장 • 긴 침묵 • 신경질적인 웃음 • 큰소리로 떠듦
물리적 거리	• 적절한 의자 간격	• 지나친 간격이나 밀착 • 책상이나 다른 장애물

출처: Hepworth, Rooney & Larsen(2002: 173-174); 방미진 외(2011: 286 재인용).

4) 상호작용의 직접 관찰

상호작용의 직접 관찰은 매우 중요하다. 사회복지사는 상호작용을 직접 관찰하기 위해 재현이라는 방법을 사용한다. 이 기법은 초기 면접에서 클라이언트에게 있었던 상황을 재현하여 실제 있었던 상호작용 패턴을 관찰한다. 실제 자녀문제로 방문한 부부 사이에 전혀 문제가 없고 대화가 많다고 강조했었지만, 자녀문제에 대한 관점과 의사결정에 관한 장면을 재연시켰을 때 사실과 다른 부분을 발견, 확인함으로써 개입의 초점을 확인하기도 한다.

5) 클라이언트의 자기 점검

클라이언트의 자기 점검은 클라이언트에게 문제 행동에 관련된 감정, 행동, 사고를 기술하도록 과제를 부여하여 클라이언트를 개입시키는 방법이다. 자기 점검을 수행하는 과정에서 클라이언트는 자신의 상황에 대한 통찰력을 얻을 수 있고 기록된 관찰을 논의하는 과정에서 자연스럽게 목표 설정이 되기도 하고 변화에 대한 동기가 부여되기도 한다.

6) 부수적 출처로부터의 정보

클라이언트와 관계가 있는 주변의 모든 사람들은 클라이언트 문제에 대한 객관적인 자료를 제공해 준다. 특히 법적 절차에 의해 의뢰된 학대문제나 약물문제를 가진 비자발적인 클라이언트의 경우 자신이 오게 된 문제에 대해서 부정하는 성향이 높아서 적절한 개입 계획을 수립하는 데 장애 요인이 되기도 한다. 학대자의 경우 문제 상황이 심각할수록 상황에 대한 정보의 제공이 허위일 가능성이 많다(최선령, 2000). 따라서 이에 대한 객관적 정보수집이 필수적이다.

7) 심리검사와 사정도구

클라이언트의 문제와 관계된 자료를 수집하고 분석하는 데 심리검사 도구나 척도 사용이 늘고 있다. 객관적인 자료를 얻을 수 있는 검사도구는 사회복지실천의 개입에 대한 효과성을 검증하는 데도 큰 도움이 되고 있다. 검사도구로서는 클라이언트의 심리 사회적 기능을 측정하기 위한 자기보고식 검사지, 설문지, 다양한 척도 등이 있으며, 소시오그램, 생태도, 가계도는 클라이언트 문제를 사정하는 데 자주 사용되고 있다.

8) 사회복지사의 개인적 경험

사회복지사의 개인적 경험도 중요한 자료 수집 방법이다. 잘 훈련된 사회복지사는 클라이언트와의 면접 시 언어적, 비언어적 반응에 대해서 민감하면서도 적절한 대응으로 클라이언트의 문제를 잘 이해할 수 있다.

CHAPTER

10

사회복지실천의 과정 : 사정

클라이언트의 문제와 관련된 자료 수집이 이루어지면, 모아진 자료에 근거하여 문제해결을 목적으로 사정(assessment)이 이루어진다. 사정의 목적은 클라이언트의 문제가 무엇인지, 어떤 원인 때문인지 그리고 그 문제를 해결하거나 줄이기 위해 무엇이 변화되어야 하는지에 대해 답하는 사회복지실천 과정의 핵심적인 단계에 해당한다. 사정은 잠정적인 결론에 도달하기 위해 수집된 정보로부터 사회복지사가 추론하는 사고 과정으로서 사정 동안 사용가능한 정보들이 서비스 이용자의 상황을 이해하고 행동 계획의 토대를 구축하기 위해 조직화되는 연구 과정이다. 사정이 종결되었을 때, 사회복지사는 문제를 정확히 묘사할 수 있고 클라이언트의 상황을 개선하기 위해 변화가 필요한 것을 분명히 규정할 수 있게 된다. 이 장에서는 사정의 목적과 내용, 사정도구 활용법 등에 대해서 살펴볼 것이다.

제 1 절 사정이란 무엇인가?

1. 사정의 정의

사회복지실천에서 많은 사람들이 사정에 대해 다양한 정의를 내리고 있는데, Johnson과 Yanca(2001)는 사회복지실천 과정에서의 첫 단계이자 원조 과정의 핵심적 역할을 하는 복합적 과정으로서 '조사, 진단, 치료'의 제 측면들을 포괄한다고 설명했다. Barker는 "무엇이 문제인지, 이의 원인이 무엇인지 그리고 이를 최소화하거나 해결하기 위해서 무엇을 변화시켜야 하는지에 대한 획득"이라고 하였다(Barker, 2003). Brown(1992)은 사정과 진단의 용어를 상호 교환적으로 사용하고 있으며, 사정은 자료 분석의 결과이며, 특정한 이론 준거 틀을 자료에 적용하는 것으로 보았다. Nurakawa(1995)는 진단이란 치료가 필요한지의 여부를 암시하는 판단이라고 했다.

한편 Hamilton(1951)은 조사라는 용어를 설명하면서 이는 불쾌한 의미를 내포하고 있으므로 연구라는 용어를 사용해야 한다고 지적했다. 결국 여기서 말하는 연구는 사정에서의 사례 조사라는 의미를 내포하고 있다고 보아야 한다. Hepworth과 Larsen(1993)은 사정을 사회복지사와 클라이언트가 함께 참여하는 하나의 과정이라고 보았다. 이 과정은 클라이언트의 공통된 욕구와 관련된 자료를 수집, 분석하며 종합하는 데 있어 협력이 강조되는 것이 특징이다.

Hollis(1990)는 사회복지실천에서 진단은 사회복지실천 치료에 필요한 것으로서 문제의 본질, 문제의 원인적 요인, 그리고 문제에 대한 개인의 태도를 정확하게 충분히 규정하는 하나의 시도라고 하였다. 진단 과정에 영향을 미칠 수 있는 다양한 조건들로서 동기, 인종, 민족적 배경, 계층, 직업과 교육 등을 제시했다.

한편 많은 학자들이 사정과 진단을 광범위하게 동일한 뜻으로 사용하고 있다. Loewenberg(1983)는 사정의 과정을 첫째, 탐구 및 정보 수집, 둘째, 정보의 분석과 해석, 셋째, 정보에 대한 결정, 넷째, 사정 진술의 준비, 그리고 계약과 평가의 단계로 설명했다.

2. 사정의 목적

사회복지사가 사정을 실시하는 목적은 클라이언트의 문제가 무엇인지, 그 문제해결을 위한 강점과 자원을 확인하기 위해서 다음과 같은 질문을 하게 된다(Brown, 1992; 엄명용 외, 2006).

- 클라이언트는 어떤 사람인가?
- 클라이언트는 자신의 문제를 무엇이라고 생각하는가?
- 현재문제가 실제적인 문제인가?
- 문제의 기원과 얼마나 오래 지속되어 왔는가?
- 클라이언트는 왜 이 시점에서 도움을 구하는가?
- 클라이언트는 동기가 있으며 문제해결 능력이 있는가?
- 클라이언트는 그간 문제해결을 위해 어떤 노력을 해 왔으며, 효과가 있었는가?
- 어떤 사람·환경과 관련되어 있으며, 어떤 사람이나 집단이 영향을 받는가?
- 서비스 이용자에게 영향을 줄 수 있는 중요한 사람들은 누구인가?
- 서비스 이용자의 강점(strength)과 약점은 무엇인가?
- 클라이언트의 목표와 기간에 대한 기대는 현실적인가?

3. 정보의 출처

사회복지실천에서 사정을 위한 정보의 출처에는 ① 클라이언트의 이야기나 비언어적 행동 관찰, ② 클라이언트가 작성한 문서, ③ 사회복지사의 관찰, ④ 심리검사 결과, ⑤ 클라이언트의 주위 환경, ⑥ 사회복지사의 개인적 경험이 있다(Hepworth & Larsen, 1990).

1) 클라이언트의 이야기

가장 중요한 정보는 클라이언트와의 면담 과정에서 얻을 수 있다. 그러나 클라이언트가 이야기 하는 정보, 즉 자신이 느끼는 기분이나 감정, 생각, 문제해결을 위한 노력, 문제의 역사, 문제의 원인에 대한 클라이언트의 의견 등이 모두 포함된다. 그러나 클라이언트의 이야기는 주관적이며 기억착오나 편견, 불신, 자아 인식능력의 한계로 인해 자신에 관해서 정확한 정보를 제공하지 못할 수 있으므로 다른 출처에서 얻은 정보를 가지고 보완할 필요가 있다.

2) 클라이언트의 비언어적 행동 관찰

언어적인 측면보다도 비언어적 행동, 즉 몸짓, 얼굴 표정, 어조, 눈빛, 손놀림이나 몸동작, 옷차림과 외모 등은 어떤 면에서 클라이언트의 감정과 사고를 더 정확하게 판단할 수 있는 근거가 될 수 있으므로 사회복지사는 클라이언트의 비언어적인 측면들을 세밀하게 관찰할 수 있는 능력을 갖추어야 한다.

3) 클라이언트가 작성한 서류

초기 면접에서 클라이언트가 직접 작성한 서류에는 이름, 성별, 나이, 직업, 주소나 연락처, 문제, 가족 구성원 등과 관련된 정보를 기술하는데, 이는 클라이언트를 이해하는 데 중요한 정보원이 될 수 있다. 사회복지기관에서 사용하는 초기 면접지의 내용은 다음과 같다.

- **클라이언트의 기본 정보** : 이름, 성별, 나이, 결혼 관계, 주소, 전화번호, 직업, 종교 등
- **가족 관계** : 동거 중인 가족을 중심으로 가족원 이름, 나이, 직업, 교육 정도 등
- **주요문제** : 클라이언트가 생각하는 자신의 문제가 무엇이며, 언제부터 어떤 과정으로 지속되었는지에 대한 내용
- **기관에 오게 된 동기**
- **의뢰 이유** : 타 기관이나 가족으로부터 의뢰된 경우, 의뢰된 이유
- **서비스 이용 경험** : 과거에 어떤 사회복지기관에서 어떤 서비스를 받았는지에 대한 내용

4) 상호작용의 관찰

클라이언트와 그의 삶에 중요한 사람들인 배우자, 가족 구성원, 집단 구성원 간의 상호작용 관찰을 통해서 유익한 정보를 얻을 수 있다. 가족뿐만 아니라 필요한 경우에는 친구나 동료 간의 상호작용도 중요한 정보원이 될 수 있다. 사회복지사는 흔히 클라이언트가 보고한 것과 실제 관찰한 것 사이에 상당한 차이가 있음을 발견하게 된다. 그러나 주의할 점은 사회복지사가 부정확하게 관찰하였을 가능성이 있으므로 다른 출처에서 얻은 정보와 일치하는지 검토해 보아야 한다. 그러나 상호작용의 관찰을 통해서 얻은 정보는 클라이언트의 언어적 보고에 의한 정보보다 타당성이 높은 편이다.

5) 심리검사 결과

최근 사회복지실천 현장에서 사용할 수 있는 많은 심리검사 도구들이 개발, 보급되고 있다. MBTI, MMPI, 자아존중감, 우울증 검사, 결혼 만족도 등이 있다.

이 중 일부 검사는 훈련을 받은 전문가에 의해 실시되어야 하는 것도 있다. 이 경우 사회복지사는 전문가에게 검사를 의뢰하여 그 결과를 심리 사회적 사정이나 치료 계획에 통합시킬 수 있다.

6) 사회복지사의 개인적 경험

클라이언트와의 직접적인 상호작용에 근거한 사회복지사의 개인적 경험은 중요한 정보의 출처이다. 그러나 이 방법을 사용할 때 유의할 점이 있다. 클라이언트가 사회복지사를 대할 때 평소와 다르게 행동할 수 있고 사회복지사 또한 부정적인 첫인상이나 역전이로 인해서 클라이언트의 있는 그대로의 모습을 바로 보지 못할 수도 있다. 또한 모든 인간은 주관적이기 때문에 우리 자신의 대인간 패턴과 인지에 의해 영향을 받을 수 있다. 따라서 클라이언트와의 상호작용에 대해 타당성 있는 결론을 내리기 위해서는 자아 인식이 잘 이루어져야 한다.

제 2 절 사정의 특성과 내용

1. 사정의 특성

사회복지실천 과정에서 효과적인 문제 사정을 위해서는 클라이언트의 관여가 절대적으로 필요하며, 강점에 관심을 두어야 한다. 사회복지사는 문제에 대한 유일하고 명료한 정의는 존재하지 않는 것을 인식할 수 있어야 하며, 사정은 한 번에 완료되는 것이 아니라 사회복지사가 클라이언트를 만나서 종결하는 시점까지 지속되는 진행 과정이라는 것을 알고 있어야 한다.

Johnson과 Yanca는 사정의 중요 특징에 대해서 다음과 같이 제시하고 있다(양옥경 외 2005; 김경호, 2010).

첫째, 사정은 지속적인 과정이다. 즉, 시정은 클라이언트를 돕는 과정 전반에 걸쳐 진행된다. 초기 단계에서 사정은 문제 파악을 위한 핵심적인 사안이지만 진행되면서 새로운 정보를 접하게 되며 이로 인해 클라이언트에 대한 새로운 이해를 할 수 있게 된다.

둘째, 사정은 상황 속의 클라이언트 이해와 함께 개입 계획과 행동을 위한 기초를 제공하는 이중 초점을 가진다. 따라서 클라이언트와 관련된 체계들의 욕구와 그 충족을 방해하는 요소, 문제나 한계, 변화에 대한 동기, 저항에 대한 정보를 수집해야 한다.

셋째, 사정은 클라이언트와 사회복지사가 함께 참여하는 상호과정이다. 사정의 기본인 자료수집이 사회복지사와 클라이언트의 상호과정 속에서 이루어지므로 사정 역시 상호작용 속에서 클라이언트의 반응을 이해하며 진행된다.

넷째, 사정에는 사고의 전개 과정이 있으며 이론적 지식을 기반으로 한다. 사고 과정에서 사회복지사는 클라이언트의 정보가 논리적이며 일관성이 있는지 살펴보면서 지속적으로 필요한 정보를 수집하고 수집된 정보를 전체적인 맥락 속에 통합하여 사고할 줄 알아야 한다.

다섯째, 사정은 수평적, 수직적 탐색을 통해서 이루어진다. 초기에는 수평적 정보, 즉 현재의 관계, 능력, 기능 등을 중심으로 클라이언트의 욕구를 발견하고 시간이 흐르면서 수직적 탐색, 즉 과거력, 개인력, 문제의 역사 등에 대한 정보를 수집해 나간다.

여섯째, 사정은 클라이언트의 욕구를 파악하고 욕구 충족에 방해가 되는 것은 무엇인가를 구체화함으로써 문제해결 과정을 원활하게 만들 수 있다.

일곱째, 실천 과정에서 클라이언트의 강점이 구축될 수 있도록 사정에서는 클라이언트 및 생태체계의 강점들을 확인해야 한다. 개인적 성장은 강점으로부터 출발하므로 클라이언트의 신체적, 정서적, 행동적 강점들에 대한 면밀한 사정이 우선되어야 한다.

여덟째, 사정은 개별적이다. 클라이언트는 그 사람 나름대로 독특한 상황에 처해 있으므로 개별화된 사정이 요구된다.

사회복지사가 클라이언트의 상황을 사정할 때 사용하는 기술로 의사소통 기술이 가장 중요하며, 클라이언트가 지닌 문제의 특성에 따라서 알맞은 사정도구를 활용하여 클라이언트에 대한 이해를 촉진할 수 있다. 클라이언트를 사정할 때 클라이언트 자신만큼 중요한 정보원은 없다. 사회복지사는 클라이언트가 제공하는 정보가 어느 정도 신뢰성과 일관성이 있는가를 분석하고 점검해야 한다. 그러나 클라이언트를 완전히 이해하는 데는 항상 한계가 있는 점을 알고 성급한 결론을 내리려고 해서는 안 될 것이다.

2. 사정의 내용

사정은 모아진 자료의 해석을 통해서 클라이언트가 지닌 문제를 규정하여 실천 방향을 결정하는 과정이다. 문제가 규정되면 문제의 중요성과 변화의 시급성을 기준으로 표적 문제를 찾아서 구체적인 개입 목표를 결정하게 된다. 이때 클라이언트의 충족되지 않은 욕구를 인지하고 욕구 충족의 장애물을 규명하여 이를 제거해 나가게 된다.

1) 문제의 발견

초기 사정의 과제는 문제를 발견하는 데 있다. Johnson은 문제 발견을 위한 세 가지 단계를 제시하고 있다(김융일 외, 1995).

첫째, 클라이언트의 해결되지 않은 욕구가 무엇인지 확인한다. 둘째, 욕구충족에 장애가 되는 요인을 파악한다. 그 장애물이 클라이언트의 내부, 혹은 환경에 있는지를 탐색한다. 셋째, 문제해결과 개입 방향이 드러나도록 문제를 규명한다. 예를 들어 경제적 어려움에 처한 한부모 여성 가장의 경우, 이 클라이언트의 미해결된 욕구는 경제력이고, 이를 충족하지 못하도록 방해하는 요인은 특정 기술이 없다거나 어린 자녀를 양육하면서 일자리를 병행해야 하는 어려움일 수도 있다. 따라서 클라이언트의 문제를 경제활동을 위한 취업과 아동 양육의 문제로 규명하게 되면 직업훈련과 구직 활동 및 일하는 시간에 아동을 돌봐 줄 보육기관에 대한 정보 제공 등을 통해서 문제해결을 지향할 수 있다.

사회복지사는 클라이언트들이 보편적으로 직면하게 되는 문제의 유형을 알고 있어야 한다. 클라이언트들이 직면하게 되는 가장 빈번한 문제들은 다음과 같다(Ashman & Hull, 1993; 김융일 외, 1995; 이상호 외, 2010 재인용).

- **인간관계 갈등** : 주변 사람들과의 관계에서 명백한 어려움이 있는 문제를 말한다.
- **사회관계 불만족** : 사람들이 느끼는 사회적 관계에서의 불만족을 말한다. 소극적이거나 부끄러움을 많이 타는 성격으로 인해서 대인관계에서 자기주장을 잘하지 못하므로 손해를 본다고 느끼는 사람의 문제이다.
- **공식조직과의 문제** : 직장 상사가 자신을 무시한다거나 바라는 만큼의 급여를 주지 않는다고 불만을 갖는다.
- **역할 수행문제** : 자신의 지위에 따라 사회적, 문화적으로 기대하는 행동양식을 수행하는 데 어려움을 느끼는 문제이다.
- **생의 전환기에서 파생하는 문제** : 사람들은 일생 동안 진학, 취업과 전직, 결혼, 임신, 이혼 등과 같은 중요한 전환기를 겪는데, 이에 적응하지 못하고 심각한 정서적인 혼란을 겪거나 대처하지 못해 문제 상황에 놓이게 된다.
- **심리 행동상 문제** : 우울증, 불안, 강박증과 같은 심리·정신적 문제나 범죄행위 등과 같은 통제되지 않는 행동이 문제를 일으킬 수 있다.
- **자원 부재나 결핍문제** : 기본적인 욕구 해결을 위해 필요한 자원이 없거

나 부족한 상황에서 문제에 직면할 수 있다. 예를 들어서 생활비 부족이나 의료서비스 부재 등이 이에 해당한다.

- **의사결정의 어려움** : 무엇인가 선택해야만 하는 생의 중요한 갈림길에서 정보 부족이나 자기 결정 능력의 부족 등으로 인해서 감정적인 혼란을 겪으며 객관적이고 합리적인 선택을 하지 못하는 경우를 말한다.
- **다문화적인 갈등** : 서로 다른 문화나 인종 간의 문제로 인해서 파생되는 갈등으로 인한 문제이다.

이외에도 클라이언트들이 겪는 문제 유형에는 지식과 경험의 부족, 스트레스 사건에 대한 정서적 반응, 질병과 장애, 중요한 관계의 상실로 인해서 다양한 문제가 발생할 수 있다.

2) 정보의 발견

Brown과 Levit은 사정 시 정보를 수집하는 유용한 지침으로 다음의 열두 가지 질문을 제시했다(Brown & Levit, 1979; 이상호 외, 2010).

- 누가 문제체계에 관여되어 있는가? 클라이언트가 지닌 문제에 누가 관여되어 있는지를 알아보는 것이다.
- 참여자들은 어떻게 관여하고 있는가? 문제체계에 연관된 사람들이 상호 간에 어떤 식으로 상호작용해 문제 행동을 촉진시켰는가를 알아보는 것을 말한다.
- 클라이언트가 문제에 어떤 의미를 부여하는가? 클라이언트가 자신의 문제를 인지하는 방식이 행동을 동기화하기 때문에 클라이언트가 문제의 원인을 어떻게 생각하고 의미부여를 하는지 알아보아야 한다. <표 10-1>은 변화를 방해하는 의미부여 형태의 구체적 내용이다.

표 10-1 변화를 방해하는 의미부여 형태

- **사이비 과학적 설명**
  "요즘 바이오리듬상 우리가 서로 맞지 않는 것 같아.", "그 행동은 유전적인 것 같아."
- **심리적인 낙인**
  "지적 장애가 있어 기대할 바가 없어.", "주의력 결핍 과잉 행동장애가 있어 산만해."
- **다른 사람에게 변화의 능력이나 동기가 없다는 믿음**
  "그 사람은 바뀔 수가 없어.", "천성이 게을러서 뭘 제대로 할 수 있겠어."
- **변화될 수 없는 외적인 요인**
  "내가 부잣집에 태어났더라면.", "내가 키만 조금 컸더라면."
- **변화할 수 없는 내적 속성에 대한 잘못된 믿음**
  "나는 원래 성적 욕구가 없는 사람이야.", "나는 원래 재수가 없는 사람이야."
- **무력함에 대한 비현실적인 감정**
  "나는 아무것도 할 수 없어. 그저 되는대로 살아야지."
- **고정된 철학적·종교적 원칙**
  "인간은 죄인이니까 하는 일이 다 악할 수밖에 없어."
- **인간 본질에 대한 가정을 주장**
  "그 나이의 아이들은 다 그래.", "여자의 행복이란 다 남자 만나기 나름이야."
- **문제에 관련된 타인의 한계점 주장**
  "그 사람은 너무 둔해서 내 감정을 이해하지 못해.", "그녀가 너무 멍청한 것 같아."

출처: Hurvitz(1972); 양옥경 외(2005) 내용 수정.

- 어디서 문제 행동이 일어나는가? 문제 행동이 일어나는 장소에 대해서 아는 것은 문제 행동을 촉진시키는 상황적 요인을 발견하는 데 도움이 된다.
- 언제 문제 행동이 일어나는가? 문제 행동이 일어나는 시간적 요인을 알면, 문제 행동이 일어나는 시기와 줄어들어 시기의 차이점을 통해 문제에 발생하는 요인과 관련된 사람들의 행동을 더 깊이 있게 탐색해 볼 수 있다.
- 문제 행동이 일어나는 빈도는 어느 정도인가? 문제 행동이 얼마나 클라이언트의 전반적 삶에 폭넓게 영향을 미치는지를 이해하는 데 도움을 준다.
- 문제 행동은 언제부터 있어 왔는가? 문제 행동의 역사를 알아보는 것으로 문제 행동이 언제 시작되었으며, 어떤 과정을 거쳐 지금까지 진행되

어 왔는지를 알아보는 것이다.

- 문제와 관련하여 채워지지 않은 욕구는 무엇인가? 클라이언트는 자신의 문제가 무엇인지 잘 모를 수 있고 또 안다고 하더라도 피상적으로 이야기하기 쉬우므로 사회복지사는 주의 깊게 관찰해서 클라이언트가 진정으로 바라는 욕구가 무엇인지를 발견해야 한다.
- 문제에 대한 클라이언트의 정서적 반응은 어떠한가? 이 질문은 감정이 지나칠 경우 오히려 문제가 더 악화될 수 있으므로 문제에 대한 클라이언트의 정서적 반응을 탐색하는 것은 문제해결에 중요한 부분이다.
- 클라이언트는 그동안 문제에 어떻게 대처해 왔으며 문제를 해결하는 데 어떤 기술이 필요한가? 이 질문은 클라이언트가 스트레스 대처 수준과 문제해결 능력을 파악하는 데 도움이 된다. 과거에 유사한 어려움을 어떻게 대처해 왔는지, 지금은 무엇 때문에 과거와 같은 대처를 하지 못하는지에 대한 실마리를 찾을 수 있다.
- 클라이언트는 어떤 장점과 기술을 가지고 있는가? 클라이언트의 문제해결을 위해 활용 가능한 자원이 무엇인지를 발견하는 데 도움이 되는 질문이다. 사회복지사는 클라이언트가 미처 모르는 자신의 강점을 발견할 수 있도록 돕고, 문제해결에 필요한 기술이 무엇인지를 적극적으로 찾아내어 활용할 수 있도록 도와야 한다.
- 필요로 하는 외적 자원은 무엇인가? 사회복지사는 이 질문을 통해서 클라이언트가 필요로 하는 자원을 얻을 수 있는 자격과 과정에 대한 정보를 제공, 자원과 클라이언트를 연결해 주는 매개자 역할을 할 수 있다.

3) 문제 형성

사정의 세 번째 영역은 클라이언트가 호소하는 문제와 욕구, 욕구 충족을 방해하는 요인들을 고려하여 문제를 형성하고 그것을 통해 목표 설정과 개입 계획을 세우는 것이다. 또한 그동안 얻어낸 정보들을 분석하여 사회복지사가 전문적 소견으로 판단하는 것이다.

Johnson은 문제 형성을 하기 위해서는 첫째, 무엇보다도 우선 충족되지 못한 욕구를 찾아내고, 둘째, 어떤 요인들이 욕구 충족을 방해하는지를 고려해야만 한다고 하였다. '충족되지 못한 욕구가 구체적으로 무엇인가'라는 질문은 문제 형성에서 가장 중요한 질문이다. 즉, 클라이언트가 제시하는 문제를 충족되지 못한 욕구와 필요로 바꾸어 재진술해야 클라이언트를 돕기가 쉽다. 예를 들어 남편이 일에만 열중하고 대부분의 시간을 직장에서만 보내는 것에 불만을 가지는 클라이언트의 경우, 그녀가 제시한 남편의 일중독 문제를 남편으로부터 존중받고 싶고 남편에게 자신이 중요한 존재임을 느끼고 싶어 하는 욕구로 바꾸는 것이다. 그리고 문제에 관련된 두 사람이 서로의 욕구를 어떻게 만족시킬 수 있을지 타협하도록 하는 개입의 목표가 설정될 수 있다. 즉, 남편이 직장 일도 책임 있게 하면서 존중과 사랑을 받고 싶은 아내의 욕구를 만족시키기 위해 서로가 어떻게 노력해야 할지를 타협하게 된다.

"욕구 충족을 방해하는 요인들은 무엇인가?"라는 질문은 무엇보다 욕구가 분명히 규정되었을 때 가능하다. 욕구가 분명히 규정되면 그 욕구를 충족시키지 못하게 하는 요인들이 무엇인지 파악하여 문제 형성을 하게 된다. 앞의 예에서 남편이 아내와 같이 시간을 보내지 못하는 이유는 최근 옮긴 회사에 새롭게 적응하는 일과 지나친 업무부담, 그리고 경제불황에 따른 해고의 위협 등으로 몹시 피곤한 상태였기 때문이다. 또한 아내는 지금 살고 있는 곳으로 이사한 지 6개월밖에 되지 않아 사람을 사귀지 못했으며 전에 살던 곳은 너무 멀어 왕래가 불편했다. 아내의 성격이 내성적이어서 거의 친구도 없이 지내고 있으며, 결혼한 지 2년이 되어도 아이가 없어 남편이 자신과의 결혼생활에 회의를 느낄까 불안한 상태였다. 결국 이 부부의 욕구 만족을 방해하는 요인은 새로운 환경에의 적응과 대화 부족이라 정리할 수 있다.

제 3 절 사정의 도구

1. 가계도

가계도는 2~3세대에 걸친 가족의 역사를 도표로 그린 것으로 과거의 결혼 관계, 부모의 자녀 양육 기간, 가족성원 사이의 관계 양상 등에 대한 상세한 정보를 제공한다. 일반적으로 가계도는 3세대 이상에 걸친 가족 구조를 도식화하고 구성원에 관한 정보를 보여주기 때문에 가족 유형과 클라이언트가 가족과 어떤 관계를 맺으며 성장하였는지를 쉽게 알아볼 수 있으므로 현재 제시된 문제의 근원을 파악할 수 있다는 장점이 있다.

Bowen(1978)은 가계도를 통해 가족 양상의 다세대 전이를 파악할 수 있다고 하였다. 가족체계에서 나타나는 특성들은 몇 세대를 두고 스스로 되풀이되는 경향이 있어, 어떤 한 세대에서 발생한 사건이나 관계 양상의 형태는 조금씩 다를지라도 양상 속에 숨겨진 동일한 속성은 여러 세대에 걸쳐 이어질 수 있다. 이 같은 현상이 발생하는 이유는 다음 세대 간 전 세대의 관계 양상을 은연중에 모방할 수 있기 때문이다(엄명용 외, 2008). 보통 3세대 이상의 가족에 관한 정보가 도식화되어 있는 가계도를 통해 우리는 한 세대에서 다음 세대로 이어지며 반복되는 가족기능, 가족 관계, 가족 구조 등의 양상을 찾아볼 수 있으므로 클라이언트가 지닌 성격 특성이나 문제의 원인에 대한 통찰력을 갖도록 하는 데 매우 유용한 도구이다.

1) 가계도의 특성

가계도의 특성은 첫째, 일정 기간 동안의 클라이언트 가족의 역사와 주된 사건을 한눈에 볼 수 있게 해주는 사정도구이다. 둘째, 가족 계보를 중심으로 가족의 3세대 이상에 대한 정보를 보여주는 것으로 결혼이나 별거, 이혼, 질병, 사망 등 중요한 생활사건이나 인종, 민족, 종교, 직업 등 인구 사회학적 특성이 표시되어야 한다. 셋째, 사회복지사와 가족 구성원들이 세대 간 맥락에서 정서적, 행동적 문제 유형을 검토하는 데 유용하다. 넷째, 각 세대의 가족에 대한 중요한 정보를 얻을 수 있다. 다섯째, 가족 내에서 반복되는 정서나 행동의 유형을 확인하고 이해할 수 있다. 여섯째, 가계도는 과거의 결혼 관계, 한부모의 가족 부양 기간, 부모의 이혼 및 재혼에 대한 상세한 정보를 제공하므로 가족의 문제와 문제에 기여하는 중요한 요인 및 가족 유형을 알 수 있다. 일곱째, 클라이언트와 사회복지사가 함께 가계도를 작성하면서 가족을 하나의 단위로 보는 기회를 가질 수 있다(김경호, 2010).

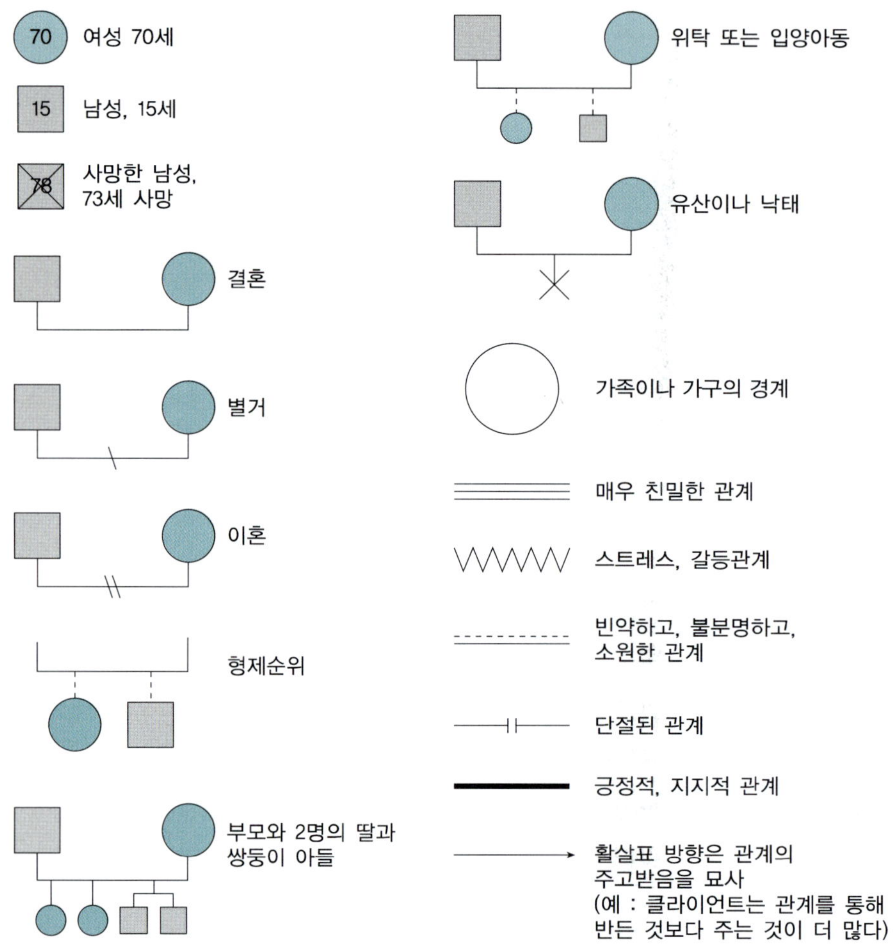

출처: Sheafor & Horejsi(1997); 장주미 외(2010: 196) 재인용.

그림 10-1 가계도 작성에 사용되는 상징 기호

2) 가계도 작성

남성은 □, 여성은 ○로 표시하고, 클라이언트는 네모나 동그라미의 이중 테두리로 표시하며, 동일 세대 가족 구성원은 수평선으로 그린다. 자녀는 부모의 수평선 아래에 수직선으로 연결하며, 자녀는 출생 순위별로 왼쪽부터 오른쪽으로 나열한다. 가족 구성원의 나이는 네모나 동그라미 안에 표기하고, 질병, 출생이나 사망 년도, 사망 연령, 사망 원인, 성격 특성, 교육 정도,

종교 등 중요한 정보는 문자로 기록한다. 가계도에 포함될 가족 구성원의 특징은 가족이 현재 나타내고 있는 문제의 성격에 따라 사회복지사가 판단하여 얼마든지 추가할 수 있다. <그림 10-1>은 가계도 작성에 사용되는 상징 기호이며, <그림 10-2>는 실제 사례이다.

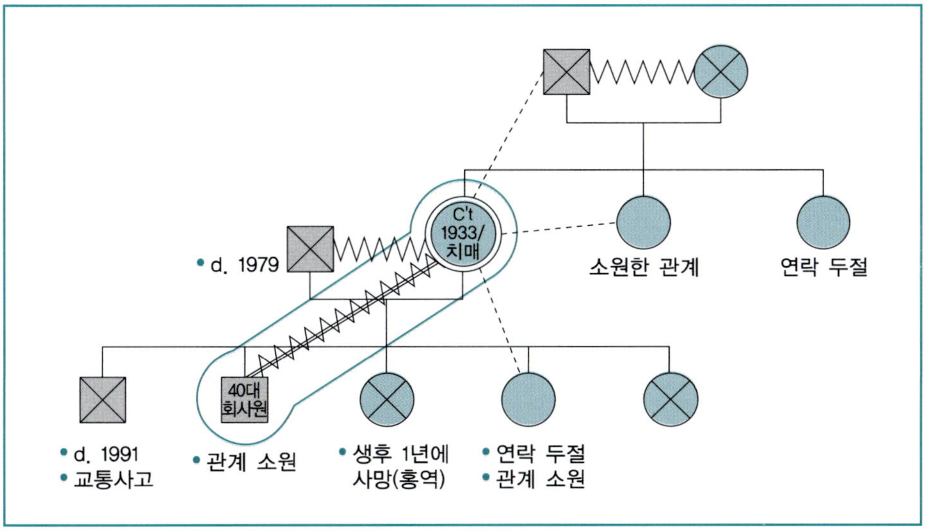

그림 10-2 가계도 사례

2. 생태도

생태도는 Ann Hartmann(1978)이 개발하였으며, 클라이언트의 상황에서 의미 있는 체계들과의 관계를 그림으로 표현함으로써 특정문제에 대한 개입계획을 세우는 데 매우 유용한 도구이다. 예를 들면 클라이언트나 가족의 지역사회 자원의 이용, 비공식적 자원과 자연적 사회관계망, 사회활동과 흥미, 종교활동, 모임, 상호작용에서 지지와 스트레스 등을 그림으로 보여준다(김기태 외, 2007).

생태도는 종이와 필기도구만 있으면 쉽게 그릴 수 있는데, 그 특징을 몇 가지로 정리하자면 다음과 같다.

- 개인이나 가족의 생활공간에 존재하는 생태체계들을 다양한 방법으로

쉽게 작성할 수 있다.

- 중요한 주변 환경체계들과의 관계나 가족을 둘러싼 자원이나 에너지 흐름의 방향을 표시할 수 있다.
- 가족기능에 영향을 미치는 개인적, 사회적, 심리적, 영적(spiritual) 영향 요인을 묘사하기 위해 사회복지사와 클라이언트가 함께 노력할 필요가 있다.
- 가족의 적응과 대처능력을 향상시킬 수 있는 외부 요인들을 찾아내 표시할 수 있다.
- 조정되어야 할 갈등 요인, 연결, 동원, 추구되어야 할 자원들을 확인해 낼 수 있다.
- 가족의 주요 환경체계를 그려서 가족체계의 요구와 자원 간의 균형을 보여준다.
- 클라이언트가 가족에게 유용한 자원이나 환경이 무엇인지 알 수 있으며, 가족체계에 스트레스를 주는 체계나 이런 체계와 가족 간의 관계에 대한 정보를 얻을 수 있다.

생태도 작성을 끝낸 뒤에 확인된 문제점을 사회복지사와 클라이언트가 공동으로 인식한 후, 변화시킬 점과 이에 필요한 자원 및 행동 목록을 확인할 수 있으며, 이들 목록 가운데 우선순위를 정해서 사회복지사와 클라이언트가 문제해결을 도모해 나가게 된다.

1) 생태도 작성

- 종이의 중앙에 클라이언트체계를 상징하는 원을 그린다.
- 원안에 가족 구성원들이 표시된 간단한 가계도를 그린다.
- 원 주변에 가족체계에 영향을 미치는 주변 환경체계들을 그린다.
- 가족체계와 주변 환경체계들과의 교류 상황을 파악한다(외부체계들이 가족 구성원들을 지지하는 자원인가, 아니면 갈등이나 스트레스를 주는 요인인가? 에너지의 흐름을 화살표로 나타낸다).
- 직선은 긍정적 관계, 선이 굵으면 강한 관계, 선이 가늘면 약한 관계, 점선은 미약한 관계, 선 위에 그려진 사선은 긴장이나 갈등 관계를 나타낸다.

<그림 10-3>은 생태도의 사례이다.

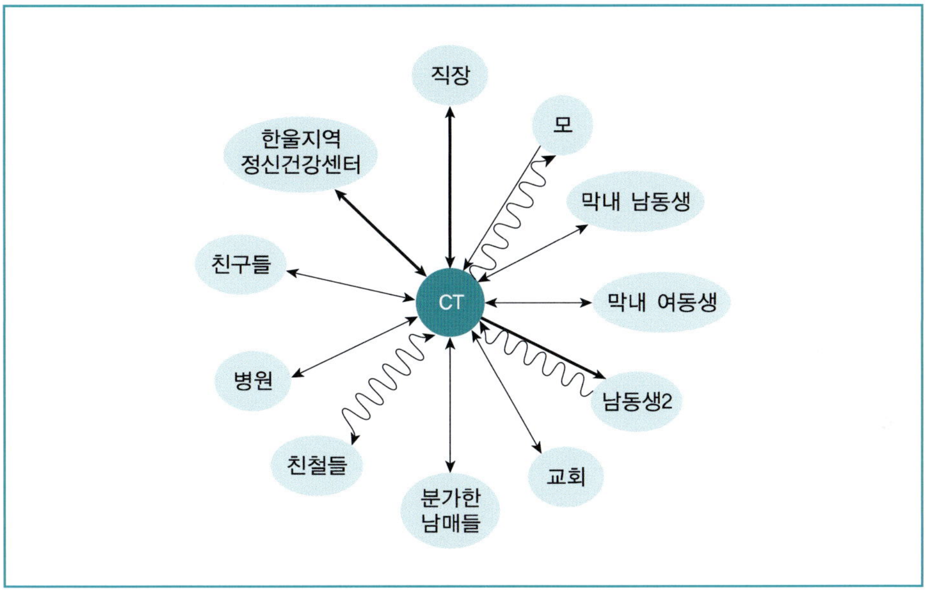

그림 10-3 생태도 사례

3. 사회도

1) 개념과 특징

사회도(sociogram)는 Moreno와 Jennings(1950)가 개발한 것으로 상징을 사용해서 집단 내 구성원들 간의 상호작용을 그림으로 나타내는 것으로 구성원들 간의 개인적 수용과 거부 및 집단 내의 대인관계를 평가하는 데 사용하는 사정도구이다. 이러한 관계가 상호적이지 않고 일방적일 때는 그것을 화살표로 표현하게 된다. 사회도는 집단과 일하는 사회복지사가 집단 내의 소외자, 하위집단, 연합 등을 파악할 수 있는 유용한 도구로 그 내용은 <그림 10-4>와 같다.

사회도의 특징으로는 첫째, 집단 구성원 간의 개인적 수용과 거부, 집단 내의 대인관계를 사정하기 위한 도구이다. 둘째, 집단 내 대인관계에서 끌리는 매력의 정도, 집단 구성원 간의 사회적 유대관계를 측정한다. 셋째, 집단 구성원들 간의 선호도와 무관심, 배척의 정도와 유형을 파악할 수 있으며,

하위집단 형성 여부를 알 수 있다. 마지막으로 다양한 시점에서 작성된 사회도는 집단 구성원 간의 안정성과 변화를 나타낸다.

2) 사회도를 통해서 알 수 있는 정보

- 집단 성원 성별, 성원 간 친화력과 반감 유형과 방향(일방적인지 쌍방향인지)
- 하위집단 형성 여부, 소외된 성원 여부, 삼각관계 형성 여부 등
- 결속의 강도(친밀한 성원끼리는 가깝게, 소원한 성원은 멀게 그림)

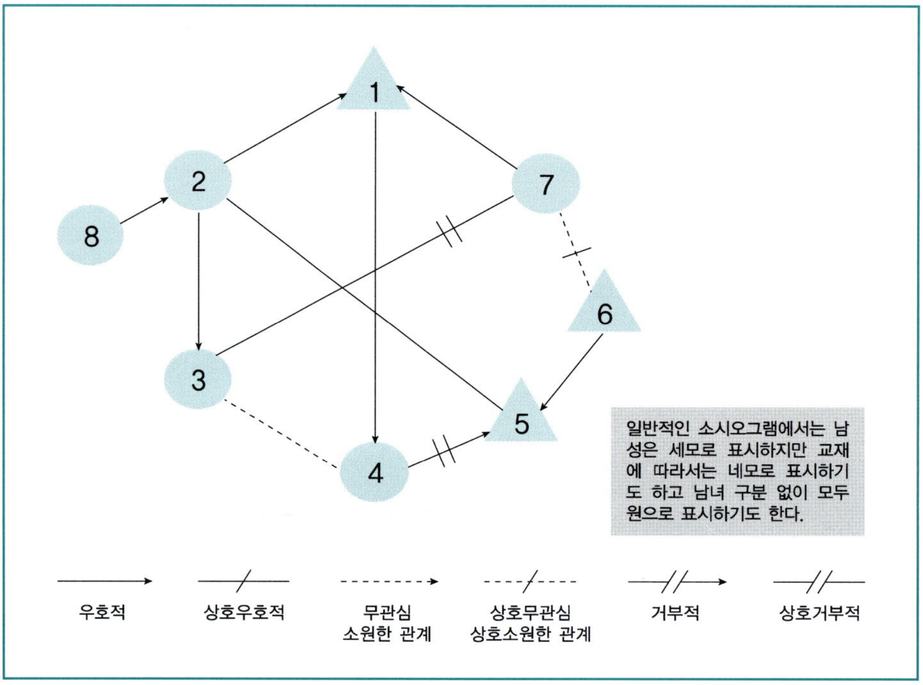

그림 10-4 사회도 사례

4. 사회적 지지망

클라이언트의 문제해결을 위해서 사회적 지지망(social network map)을 알아보는 것은 중요하다. 이 과정에서 클라이언트는 자신이 인식하지 못했던 지지망을 확인하고 이를 강점으로 활용할 수 있게 된다. 사회복지실천 분야에서는 Tracy와 Whittaker가 개발한 클라이언트의 사회적 지지 자원을 사정하

는 사회적 망 지도를 널리 사용하고 있는데, 그 내용은 <표 10-2>와 같다.

망 지도는 두 단계로 사정을 하는데, 첫째로 망 지도는 가족, 친척, 직장이나 학교 등에서 형성된 유대, 클럽·조직체·종교집단을 통해 관계를 맺은 유대, 친구, 이웃, 기관이나 공식적 서비스 제공자의 7개 영역에서 망 구성원을 규명한다. 두 번째로는 개인과 망 구성원들 간의 관계에 관한 일련의 질문이 주어진다. 여기에는 망 구성원들이 개인에게 제공하는 사회적 지지(구체적 지지, 정서적 지지, 정보 조언), 관계의 친밀 정도, 접촉 빈도, 관계 지속 기간 등이 포함된다.

표 10-2 사회적 지지망

		생활 영역 (앞의 그림 내용)	나에게 구체적 도움을 준다	나에게 정서적 도움을 준다	나에게 정보· 조언을 준다	나에게 비판적 일 때가 있다	도움의 방향은?	친밀한 정도는?	접촉 빈도는?	알고 지낸 기간
명		1. 가족 2. 친척 3. 직장·학교 4. 클럽, 조직체, 종교 활동 5. 친구 6. 이웃 7. 전문가 8. 기타	1. 가끔 2. 자주 3. 항상	1. 가끔 2. 자주 3. 항상	1. 가끔 2. 자주 3. 항상	1. 가끔 2. 자주 3. 항상	1. 서로 돕는 관계 2. 내가 그 사람에게 3. 그 사람이 나에게	1. 별로 가깝지 않다 2. 가까운 편이다 3. 매우 가깝다	0. 보지 못함 1. 1년에 몇 번 2. 1달에 한 번 정도 3. 1주일에 한번 정도 4. 거의 매일	1. 1년 미만 2. 1~5년 3. 5년 이상
성명	No									
	01									
	02									
	03									
	04									
	05									
	06									

출처: Tracy & Whittaker(1990); 이원숙(2008) 재인용.

CHAPTER

11

사회복지실천의 과정 : 계획

사회복지실천 과정에서 계획은 원조 과정에 있어서 클라이언트의 변화에 초점을 두고 사정과 개입을 연계하는 다리 역할을 한다. 계획 수립(planning)은 사정을 마친 후에 수집된 자료 분석을 근거로 사회복지사와 클라이언트가 상호 합의 하에 목표를 설정하여 구체화시키고, 이를 달성하기 위한 계획을 구체화하며, 가장 적절한 행동을 설정하는 과정이다. 이 장에서는 계획 수립의 단계를 알아보고 목표 설정을 어떻게 할 것인가와 계약을 다룰 것이다. 잘 짜인 계획은 이후의 실천 과정에 활력을 주며, 문제해결에 기여하게 된다.

제 1 절 계획 수립에 대한 이해

계획은 원조과정에 있어서 변화에 초점을 두고 사정과 개입을 연계하는 다리 역할을 해야 한다. 계획 수립(planning)은 사정을 마친 후에 수집된 자료를 근거로 사회복지사와 클라이언트가 상호 합의 하에 목표를 설정하여 구체화시키고, 이를 달성하기 위한 계획을 구체화하며, 가장 적절한 행동을 설정하는 과정이다. 클라이언트가 현 상황에서 벗어나기 위한 바람직한 변화의 방향을 설정하기 위해서 사회복지사는 시간, 기술, 윤리, 기관의 기능을 고려해야 한다. 계획 수립 단계에서 사회복지사가 알아야 할 목표 설정과 계약 내용은 다음과 같다.

1. 계획 수립의 단계

계획은 문제 사정에 의해 이루어지며 실제적 개입을 준비할 수 있게 한다. 계획은 클라이언트의 상황, 문제, 욕구, 강점에 기반하며 클라이언트 원조 방법의 지침을 제공한다. 계획은 목표를 설정하고 이러한 목표가 어떻게 달성될 것인가를 구체화하며 가장 적절한 행동을 설정하는 과정이다. 개인을 대상으로 한 사회복지실천 과정의 계획 수립은 클라이언트와 함께 일하기, 문제의 우선순위 정하기, 문제를 욕구로 전환하기, 개입의 수준 평가하기, 일차적 목표 수립하기, 목표를 구체화하기, 계약을 공식화하기 등의 단계로 구성될 수 있다(장인협, 1999; 김경호 2010).

1) 1단계 : 클라이언트와 함께 일하기

계획은 클라이언트를 대신해서 수립하는 것이 아니라 클라이언트와 함께 수립하는 것이다. 그러므로 사회복지사는 클라이언트의 욕구와 소망을 명료화하기 위해 클라이언트와 대화를 나눌 시간을 가져야 한다. 만일 클라이언트가 계획 과정에 포함되지 않아 클라이언트가 자신의 계획이라고 느끼지 않는다면 개입 단계에서 클라이언트의 협력을 더 이상 끌어내지 못할 것이다.

2) 2단계 : 문제의 우선순위 정하기

어떤 문제에 먼저 개입해야 하는가를 결정한다. 클라이언트가 경험하는 문제들은 대인 갈등, 사회적 관계에 대한 불만, 공적 조직과의 문제, 역할 수행의 어려움, 의사결정의 문제, 문화적 갈등 등으로 다양하다. 이러한 문제들의 우선순위를 결정할 때에는 다음의 세 가지 기준에 맞는가를 검토해야 한다.

첫째, 클라이언트가 자신에게 문제가 존재한다고 인정하고, 문제의 중요성에 동의해야 한다. 사회복지사와 클라이언트가 중요하다고 생각하는 문제가 다르다면 문제들에 대해 좀 더 논의하고 탐색하여 문제의 우선순위를 정해야 한다. 둘째, 문제가 분명하게 이해할 수 있는 말로 규정되어야 한다. 즉, 문제가 명료하고 구체적이어야 한다. 셋째, 문제해결이 현실적으로 가능한 것이어야 한다. 문제해결의 가능성이 보이지 않는 문제를 우선순위에 두는 것은 시간과 에너지만 낭비하는 결과를 초래할 수 있다.

3) 3단계 : 문제를 욕구로 전환하기

클라이언트의 문제를 문제에만 머물게 하는 것은 문제에 대해 무엇을 해야 할지 알려 주지 않는다. 문제를 클라이언트가 해결하고 싶어 하는 욕구로 전환하게 되면 무엇을 하고 어떠한 목표를 세울 것인가에 대한 아이디어를 얻을 수 있게 된다. 예를 들어 실업이라는 문제는 취업이라는 욕구로 전환시킬 수 있다.

4) 4단계 : 개입의 수준 평가하기

개입의 수준을 평가하는 것은 전략을 선택하는 것이다. 사회복지사는 클라이언트와 함께 주요한 목표 달성을 위한 다양한 전략을 확인하고 사정해야 한다. 전략을 개발하는 방법은 다음과 같다. 첫째, 클라이언트와 함께 맨 처음 개입하기로 선택한 욕구에 초점을 맞춘다. 둘째, 욕구를 검토하고 해결에 이르기 위해 미시적, 거시적 수준의 대안적 전략을 고려한다. 셋째, 전략을 수립할 때 클라이언트의 강점을 강조한다. 넷째, 클라이언트와 함께 고려한 각 전략에 대해 평가한다. 다섯째, 효율적이고 효과적이라고 생각하는 전략을 선택한다.

5) 5단계 : 일차적 목표 수립하기

일차적 목표는 개입의 목적을 분명하게 하기 위해 수립된다. 분명하게 진술된 목표는 개입의 성공 여부를 결정한다.

6) 6단계 : 목표를 구체화하기

일차적 목표는 광범위하게 진술되어 목표 달성 여부의 확인을 어렵게 한다. 그러므로 어떠한 욕구가 충족되어야 하는가에 대한 합의가 이루어졌다면 다음 단계는 초기 목표를 더 작은 목표들로 세분화하는 것이다. 하위 목표들은 무엇이 행해지고 성공이 어떻게 측정될 것인가에 대해 구체적으로 진술하는 것이다. 목표와 하위 목표는 사회복지사와 클라이언트에게 과업과 책임을 명료하게 해주며, 시간과 에너지 낭비를 막을 수 있게 해준다.

7) 7단계 : 계약을 공식화하기

계약은 개입 과정에서 일어나는 일에 관한 클라이언트와 사회복지사 간의 합의이다. 계약에는 목표, 하위 목표, 개입 기간, 역할, 시간 등이 포함된다(김경호, 2010).

2. 목표 설정

1) 목표 설정이 중요성

문제가 무엇인지에 대한 이해가 사회복지사와 클라이언트 사이에 공유되고 나면 개입 활동의 목표를 설정해야 하는 것이 우선 과제이다. 사정 단계에서 무엇이 문제인지 문제 규명이 끝나면, 그 문제를 해결하기 위한 개입의 목표를 설정해야 바람직한 문제해결의 실마리를 얻을 수 있다. 목표 설정의 중요성은 다음과 같다.

첫째, 변화가 필요한 부분이 무엇인지 알고 변화를 일으키기 위한 방향을 명확히 제시해야지만 개입 단계 동안 방황하지 않고 진행할 수 있다. 둘째, 개입이 종결된 후 그 결과를 효과적으로 평가할 수 있는 근거 자료가 된다. 셋째, 목표 설정에 클라이언트가 참여하게 되면 변화의 의지가 커지며, 책임감이 커져서 원조 과정에 효과적으로 참여하게 된다.

2) 목표 설정의 지침

클라이언트를 돕는 원조가 성공적으로 종결되기 위해서는 목표를 잘 설정하는 것이 매우 중요하다. 목표를 잘 설정하기 위해서는 몇 가지 유의해야 할 점이 있다. 목표 설정에 유용한 지침을 Hepworth와 Larsen(1986)은 다음과 같이 기술하고 있다.

(1) 목표는 반드시 클라이언트가 원하는 결과와 연결되어야 한다.

목표가 클라이언트가 바라는 바와 연결되어야 한다는 것은 목표 속에 클라이언트의 바람이 반영되어야 한다는 것이다. 그렇게 되어야 클라이언트가 동기를 가지고 목표를 달성하기 위해서 노력하게 되며, 적극적으로 참여하게 될 것이다. 사회복지사에 의해 일방적으로 설정된 목표는 클라이언트의 협조를 얻기 힘들고 클라이언트의 저항이나 조기 종결문제가 따르게 된다.

(2) 목표는 명시적이며 측정 가능한 형태로 진술되어야 한다.

목표가 측정 가능한 형태로 명백하게 제시되어야 하는 이유는 변화하고자 하는 바가 무엇인지 분명할 때만이 그 결과를 주관적 판단이 아닌 객관적 관찰에 의해 평가할 수 있기 때문이다.

(3) 목표는 현실적으로 달성 가능한 것이어야 한다.

클라이언트는 문제가 발생하면 일단 스스로 문제를 해결하고자 하는 노력을 하지만 대부분의 노력이 실패하여 좌절된 상태에서 사회복지사를 찾아오게 된다. 따라서 목표는 작더라도 달성 가능한 것으로 하며, 목표 달성을 통해 클라이언트가 성취감과 만족감을 느껴 문제해결 능력이 향상될 수 있도록 해야 한다.

(4) 목표는 사회복지사의 지식과 기술에 상응하는 것이어야 한다.

목표가 반드시 사회복지사의 지식과 기술에 상응해야 한다는 것은 사회복지사의 지식과 기술 내에서 목표 달성이 가능해야 한다는 것이다. 만약 사회복지사의 능력 밖이라면 지도 감독을 통해 목표에 접근할 수 있어야 하고 그렇지 않으면 자격이 되는 다른 전문가에게 의뢰하고 연계해야 한다.

(5) 목표는 성장을 강조하는 긍정적 형태여야 한다.

목표가 성장을 강조하는 긍정적 형태여야 한다는 것은 '……하기'로 진술되어야 한다는 것을 의미한다. 즉, '비난하지 않기'보다는 '칭찬하기'로 표현하는 것이 더 좋다. '……를 하지 않는 것'은 문제 행동의 상식을 의미하지만 '……를 하는 것'은 긍정적 행동을 얻는 것을 의미한다. 잃는 것보다 얻는 것이 많다고 느껴져야 변화의 동기를 더 많이 제공할 수 있게 된다.

(6) 목표가 사회복지사의 중요한 권리나 가치에 맞지 않으면 동의하지 않아야 한다.

아무리 가치나 권리가 개인적인 것이라 할지라도 클라이언트의 요구 사항이나 목표가 기본적으로 사회복지사의 가치나 권리에 맞지 않아 받아들이기 어려운 것이라면 동의해서는 안 된다.

(7) 목표는 반드시 기관의 기능과 일치해야 한다.

기관의 조직 내에 있는 한 사회복지사의 클라이언트의 변화를 위한 노력은 기관의 기능과 일치해야 한다. 만약 일치되지 않을 경우 다른 기관으로 의뢰를 생각해야 한다. 문제의 탐색과 클라이언트의 결핍(wants)은 때로는 기관의 기능과 부합되지 않는 변화 목표일 때도 있다.

예를 들면, 부부갈등을 중재하는 가족 서비스기관에서 부부문제를 탐색한 결과 그 부부의 일차적 욕구는 직업적인 상담과 관련된 것이 명백하다면, 그 같은 서비스는 그 기관에서 제공될 수가 없다. 기관에서 제공할 수 있는 서비스의 범위를 벗어나는 사례는 다른 기관에 의뢰하여 클라이언트가 필요로 하는 서비스를 받도록 원조하는 것이 적절하다.

클라이언트들은 대개 한 가지 문제만 가지고 있는 것이 아니라 복합적인 문제를 지니고 있으므로 다양한 목표가 제시될 경우가 발생한다. 특별히 최근에는 다양한 욕구를 가진 클라이언트가 증가함으로 사회복지사는 다양한 목표에 개입해야 하는 경우가 많아지고 있다. 다양한 목표에 개입할 때는 가능하면 우선순위가 높고 달성 가능한 것부터 개입해야 한다. 어떤 목표는 달성과 동시에 부수적으로 또 다른 목표 달성이 가능한 것도 있으며, 두 가지 목표를 동시에 달성하기도 한다. 따라서 목표에 우선순위를 정하는 것이 바람직하다(이영실 외, 2011).

3) 목표 설정의 우선순위

(1) 여러 가지 개입 목표 중 우선순위

① 클라이언트에게 가장 시급한 문제이어야 한다.
② 단기간에 달성할 수 있어 성취감과 만족감을 느낄 수 있는 것이어야 한다.
③ 클라이언트에게 다른 목표에 도전할 수 있는 동기를 부여하는 것이어야 한다.
④ 사회복지사의 능력과 기관의 기능상 무리 없이 달성할 수 있는 것이어야 한다.

(2) 목표를 설정할 때 고려해야 할 세부적인 지침 : SMART형식

① 구체성(Specific)

목표는 분명하고 구체적이며 측정 가능한 형태로 진술되어야 한다. 변화하고자 하는 바가 무엇인지 분명할 때만이 실천 활동을 구체화할 수 있고 그 결과를 평가할 수 있기 때문이다. '누가, 무엇을, 어느 정도, 어떤 상황에서, 언제까지' 할 것인지에 대한 답이 제시되도록 구성하는 것이 좋다.

② 측정 가능성(Measurable)

목표는 달성 가능한 것이어야 한다. 비현실적인 목표는 달성하기 어려울 수밖에 없고, 달성하기 어려운 목표는 클라이언트를 좌절하게 할 수 있으므로, 클라이언트의 능력과 자원을 고려하여 목표를 설정해야 한다. 현실적이고 달성 가능하지만 클라이언트에게 의미 있는 도전과 기대가 병행될 수 있도록 적정 수위의 목표를 설정할 수 있어야 할 것이다.

③ 성취 가능성(Achievable)

목표는 성장을 강조하는 긍정적인 형태로 표현하는 것이 좋다. '~하지 않기'보다는 '~하기'로 진술되어야 함을 의미하는데, 부정적인 행동의 제거보다는 생성되고 확대되어야 하는 행동에 대해 진술하는 것이 더 적절하다. '먹을 때 난장판을 만들지 않는다'보다는 '식탁 예절을 배우고 따른다'로 목표를 구성하는 것이 그 예가 될 것이다.

④ 현실성(Realistic)

목표는 사회복지사의 가치, 지식, 기술에 상응하는 것이어야 한다. 클라이언트의 가치가 존중되어야 하지만 클라이언트가 원하는 사항이 사회복지사의 가치에 위배되는 것이라면 목표로 동의하기 어렵다. 또한 사회복지사가 활용할 수 있는 지식과 기술 내에서 달성이 가능한 목표가 적절하며, 만일 필요로 하는 지식과 기술이 사회복지사의 능력 밖이라면 자격이 되는 다른 전문가에게 의뢰하거나 그것이 여의치 않다면 지도, 감독을 통해 목표에 접근할 수 있게 한다.

⑤ 시기적절성(Timely)

목표는 기관의 정책, 절차, 기능과 일치해야 한다. 사회복지사가 기관의 조직 내에 있는 한 사회복지사의 변화 노력은 기관의 정책, 절차, 기능과 일치해야 하며, 만약 일치하지 않을 경우 다른 기관으로 의뢰를 고려해야 한다. 이와 같이 사회복지사는 클라이언트와 함께 목표 수립을 할 때, 클라이언트에게 중요한 것을 선정하는 것이 중요하며, 목표가 구체적이고 실현가능하며, 시기적절한 것으로 선정해야 바람직한 결과에 이를 수 있다(엄명용 외, 2011; 김혜영 외, 2010).

제 2 절 계약 단계

1. 계약 단계

1) 계약의 개념

계약이란 목표 설정과 문제의 정의, 목표, 클라이언트와 사회복지사의 역할, 시간, 장소, 비용, 개입 기법, 평가 방법 등에 대해 사회복지사와 클라이언트가 동의하는 것이다. 계약 체결은 주요 개입 단계를 자연스럽게 소개하는 과정이요 원조 과정의 핵심이며, 이 단계에서 클라이언트가 달성해야 할 목표와 그 수단을 명확히 해야 한다.

다시 말해 계약은 사회복지실천 활동에서 클라이언트와 사회복지사, 그 외 관련 체계가 성취할 목적 및 목표와 이를 달성하기 위한 실천 활동을 누가(행동 주체), 무엇을(과업), 언제(시간적 조건), 어떤 방법(실천 방법)으로 할 것인지, 그 외 전반적인 운영 상황(회합 시간, 장소, 비용, 평가)에 대해 구체적으로 계획하여 상호 합의하는 과정을 말한다(이영실, 2011).

2) 계약의 중요성

계약은 계획을 달성하는 데 있어서 서비스 이용자인 클라이언트의 권리를 보장해 주고, 클라이언트를 자유롭게 하는 데 중요한 구실을 하게 되는데, 계획을 수립하고 수행하는 데 있어 클라이언트의 통제 능력을 증대시켜 주며, 클라이언트의 의견이 충분히 반영될 수 있도록 하기 때문에 더욱 중요하다. 또한 클라이언트에게 개입의 구조와 구체성, 그리고 참여감을 주기 때문에 문제와 과업을 수행하려는 동기부여가 될 수 있다. 이렇게 행한 클라이언트 자신의 활동을 통해서 합의된 목적과 목표에 도달하는 것은 클라이언트의 자아존중감을 향상시키고 상황 변화에 영향을 줄 수 있다는 자신감을 갖게 한다.

2. 계약의 내용과 형식

1) 계약에 포함될 내용

서비스의 종류 및 기간, 사회복지사의 역할, 클라이언트의 역할 및 서명, 클라이언트가 수행할 목표, 클라이언트의 기대, 계약 변경 조건, 개입 기법, 개입 기간과 종결 시기 등이다.

2) 계약의 형식

사회복지사는 다양한 형식이나 형태로 계약을 할 수 있다. 계약은 구두로도 가능하지만 최근에는 계약서를 서면으로 작성하는 방법이 선호되고 있다. 주로 많이 사용하고 있는 계약의 형식은 서면계약, 구두계약, 암묵적 계약이 있는데, 각 계약의 특징, 장점, 단점은 다음과 같다.

(1) 서면계약

가장 공식적인 형태의 계약이다. 사회복지사, 클라이언트, 그 외에 관련 있는 사람들이 동의한 사실을 서면으로 작성하고 서명한다. 개입의 목표와 누가, 무엇을, 언제 할 것인지 명시한다. 서면계약은 클라이언트와 사회복지사의 의무를 강조하고 오해의 소지를 최소화하기 위한 장치이다.

계약서의 형태는 다양한데 대개 계약 당사자 및 관련된 주요 인물들의 역할 문제 목록과 목표의 우선순위, 사회복지사와 클라이언트의 과업과 책임, 개입 방법, 그리고 개입의 몇 가지 구조적 요인들로 구성된다(엄명용 외, 2000; 이영실 외, 2011 재인용). 사회복지실천 계획에 대한 계약은 사회복지사와 클라이언트가 서로의 이해를 구두로 공유하는 구두계약 형태로 진행되기도 하고, 계획 내용을 문서화하는 서면계약의 형태를 띨 수도 있다. 계약의 형태는 클라이언트와 기관 정책에 따라 다를 수 있으므로 필요에 따라 형태를 선택할 수 있도록 각 형태의 특징과 장단점을 살펴보면 다음과 같다.

먼저 서면계약은 다소 공식적인 형태로 사회복지사, 클라이언트와 관련자들이 합의한 바를 분명하게 문서화하는 것을 말한다. 사회복지실천 계획으로 구성된 목적 및 목표, 참여자의 역할과 시간적 조건에 대해 문서로 작성하여 참여자들이 서명하는 형태로 구성된다. 서면계약의 장점은 목표를 명료화하고 우선순위를 정하며, 사회복지사와 클라이언트의 역할과 책임을 분명히 하고, 오해와 갈등을 줄일 수 있다는 점을 들 수 있다. 자발적이더라도 클라이언트에게 분명하지 않은 상태에서 클라이언트 모르게 처리되지 않음을 보장해 준다는 점에서 유용하다.

서면계약의 단점은 문서를 준비하는 데 시간이 많이 걸린다는 점과 클라이언트가 처벌의 두려움으로 계약에 동의할 위험성이 있다는 점, 사소하지만 쉽게 개념화된 목표에 집중하면서 복잡하거나 성취하기 어려운 목표를 회피할 가능성, 클라이언트에 따라서는 서면 내용의 목표 달성은 사회복지사의 의무인 것처럼 인식하여 계약 목표를 달성하지 못했을 경우에 그 책임을 사회복지사에게 떠넘길 위험성이 있는 점 등이다.

(2) 구두계약

구두계약은 서면계약과 근본적으로 같지만, 구두(口頭)로 계약한다는 점에서 차이가 있다. 즉, 구두계약은 목표와 실천 활동, 역할, 시간을 분명하게 한다는 점에서는 서면계약과 다를 바 없지만 계약서를 문서로 작성해서 서명(書名)하는 대신에 구두로 계약하는 형태이다. 구두계약을 할 경우에도 목표의 우선순위는 사회복지사가 개인적으로 기록해 두는 것이 좋다.

구두계약의 장점은 신속하며 비교적 쉽게 할 수 있고, 서면 서류에 서명하기를 거부하거나 불신감을 가진 클라이언트와 일할 때 유용하다. 구두계약의 단점으로는 서면계약과 같은 결정적인 힘은 없으며, 합의한 내용의 세부적인 사항을 잊을 수 있다는 점이다. 따라서 구두계약이라도 계약 내용을 간략하게 기록해 놓게 함으로써 내용을 기억할 수 있게 하는 것이 도움이 된다.

(3) 암묵적 계약

암묵적(暗默的) 계약은 실제로 서명화하거나 언어화하지 않았어도 암묵적으로 합의한 계약을 말한다. 단점으로는 암묵적 계약은 내용이 명시되지 않았기 때문에 서로 오해의 가능성이 있다는 것이다(이영실, 2011).

CHAPTER

12

사회복지실천의 과정 : 개입

개입 단계는 초기 단계에서 설정된 목표를 달성하기 위한 개입 활동이 수행되는 시기로 사회복지사와 클라이언트가 합의하여 결정한 표적문제를 해결하기 위한 계획(목표와 계약)을 실천하는 단계를 말한다. 이 단계는 구체적인 행동을 통해 클라이언트에게 의도적인 변화가 일어날 수 있도록 지원하는 단계로서 사회복지실천 과정에서 핵심적이고 가장 많은 시간이 소요되며, 실제로 변화를 일으키는 과정이다. 이 장에서는 사회복지사의 개입 역할과 개입 방법, 가족 수준의 개입 방법과 가족치료 이론별 개입 방법과 기술을 알아보고 점검에 대해서 살펴볼 것이다.

제 1 절 개입에 대한 이해

1. 개입 단계의 개념

개입 단계는 초기 단계에서 설정된 목표를 달성하기 위한 개입 활동이 수행되는 시기로 사회복지사와 클라이언트가 합의하여 결정한 문제(표적문제)를 해결하기 위한 계획(목표와 계약)을 실천하는 단계이다. 이 단계는 구체적인 행동을 통해 클라이언트에게 의도적인 변화가 일어날 수 있도록 지원하는 단계로서 사회복지실천 과정에서 핵심적이고 가장 많은 시간이 소요되며, 실제로 변화를 일으키는 과정이다.

클라이언트는 문제해결 가능성이 있다고 생각할 때에만 움직이며 자기만의 독특한 방식으로 접근할 수 있기 때문에 사회복지사는 클라이언트의 성격 특성, 가치, 신념체계, 평소 일상생활에서의 대처 방법 등을 잘 파악해야 개입의 효과를 나타낼 수 있다.

개입 단계의 목표로는 첫째, 문제해결을 위한 구체적인 변화 전략의 수립, 둘째, 개입, 원조, 교육, 동기 유발, 자원 연결, 행동변화 등을 통한 변화의 창출, 셋째, 지속적인 점검을 통한 변화 정도의 유지와 평가라 할 수 있다 (Hamilton, 1951; 엄명용 외, 2005).

개입 단계에서 고려될 사항들

- 문제를 명확히 정의한다.
- 문제해결을 위한 방향과 가능한 방안을 정한다.
- 문제해결 방안에 관련된 정보를 수집한다.
- 수집된 자료를 바탕으로 대처 행동을 의논한다.
- 검사와 심리 진단 자료를 참고로 바람직한 행동 절차 및 의사소통의 실제 계획을 수립한다.
- 계획된 것을 실제 생활에서 실천해 본다.
- 실천 결과를 평가하고 행동 계획을 수정, 보완한다.

출처: 정원철(2005); 김혜영 외(2010) 재인용.

2. 사회복지사의 행동 결정 원칙

사회복지사가 개입을 수행해야 하는 특정한 상황에서 어떠한 행동을 결정해야 할지 결정할 때, 반드시 염두에 두어야 하는 원칙은 다음과 같다(Johnson, 1982).

1) 경제성의 원칙

선택된 활동은 사회복지사와 클라이언트의 시간과 비용을 최소화할 수 있는 것이어야 한다. 클라이언트가 스스로 할 수 있는 일은 사회복지사가 관여하지 말아야 하며, 도움이 필요한 일에는 요구되는 도움만 제공하고, 클라이언트가 혼자서 할 수 없는 일만 사회복지사가 도움을 제공해야 한다.

2) 클라이언트의 자기 결정 원칙

개입의 전 과정을 통해 가능하면 클라이언트가 스스로 의사결정을 하도록 해야 한다.

3) 개별화의 원칙

도움이 필요한 특정 클라이언트체계의 특성과 욕구에 맞도록 개입 활동을 조정해야 하는데, 클라이언트의 능력과 상황에 맞는 접근이 필요하다.

4) 발달 적합의 원칙

개입의 전체 방향은 클라이언트체계의 발달적 단계에 적합한 것이어야 한다.

5) 상호 의존성의 원칙

사회복지사 활동의 일부는 클라이언트의 활동에 달려 있다. 사회복지사의 개입 활동은 클라이언트의 활동과 변화 능력을 고려한 후 시작되어야 한다.

사회복지사와 클라이언트의 활동은 서로에게 의존하고 있으므로 양측의 활동은 상호보완적이어야 한다.

6) 서비스 목표에 초점 두기

사회복지사와 클라이언트의 모든 활동은 어떤 식으로든 두 사람이 합의한 계획의 목표에 부합되어야 한다.

3. 사회복지사의 개입 역할

사회복지사의 역할은 중개자, 조력자, 교사, 중재자, 옹호자 등으로 이에 대한 내용은 다음과 같다.

1) 중개자 역할

중개자는 클라이언트의 차원에서의 직접적 개입이나 의뢰를 통해서 클라이언트가 필요로 하는 자원과 서비스를 연결하는 역할이다. 또한 중개자는 자원을 파악하고 서비스가 적절하게 제공되는가를 점검해야 하므로 자원에 대한 정보와 자원과 클라이언트를 연결하는 데 필요한 지식과 구체적인 기술들을 갖추어야 한다. 클라이언트가 일상생활에서 필요한 정보를 파악하고 이를 필요에 따라 시기적절하게 서비스를 제공하는 중개자의 역할은 사회복지사의 주체성을 인식시키기에 적합하다.

2) 조력자 역할

조력자는 클라이언트가 스스로 문제해결 능력이나 대처능력을 키우고 자원을 찾을 수 있도록 원조하는 역할이다. 즉, 클라이언트의 위기상황에서 다양한 스트레스에 대처하도록 돕는 역할을 하며 동시에 클라이언트의 욕구를 확인하고 문제를 규정하며 문제를 효과적으로 다룰 수 있는 능력을 개발시킨다. 또한 의도를 전하고 저항이나 양가감정을 줄여 주며, 감정을 인식하고 관리하며, 개인의 강점이나 사회적 자원을 발굴하고 지지해 주는 것이다.

3) 교사 역할

교사, 혹은 교육자로서의 역할은 클라이언트의 사회적 기능이나 문제해결 능력이 향상될 수 있도록 교육적인 프로그램이나 정보를 제공하며, 적응 기술을 익히도록 클라이언트를 가르치기도 한다. 그리고 전문적 지식과 정확한 정보를 알아야 하며 클라이언트에게 정보를 명확히 전달하고 이해시키기 위해 의사소통 기술을 갖추어야 한다.

4) 중재자 역할

중재자는 미시, 중범위, 거시체계 사이의 논쟁이나 갈등을 해결하는 역할을 담당한다. 견해가 다른 개인이나 집단 사이의 의사소통을 향상하고 타협하도록 돕는 중재자는 중립을 유지하며 논쟁에서 어느 한쪽 편도 들지 않으며, 양측이 서로의 입장을 이해하고 있는지 확인해야 한다. 다시 말하면, 중재자는 제3자의 입장에서 쌍방의 이해를 절충하고 타협하는 등 체계 사이의 갈등 및 의견 차이를 조정하는 역할을 수행하는 것이다.

5) 옹호자 역할

옹호자는 필요한 자원이나 서비스를 찾거나 이러한 자원 확보에 어려움을 겪는 클라이언트를 위해 클라이언트 개인이나 가족의 권리를 옹호하고 정책 변화를 모색하기 위한 활동을 수행한다. 또한 옹호자는 클라이언트 욕구에 서비스기관이 반응하지 않거나 서비스 제공을 거절당하는 경우 클라이언트가 서비스를 받을 수 있고 권리를 획득할 수 있도록 기관 내 프로그램이나 정책을 변화시키는 활동을 한다.

제 2 절 직접적 개입

직접적 개입은 개인, 가족, 소집단 등과 함께하는 활동을 포함하는 것으로서, 클라이언트의 심리적, 내적 측면의 욕구나 문제 등에 초점을 두며, 개입을 통해 클라이언트가 일상생활에서 필요한 문제해결 능력과 대처능력을 향상하는 데 목적을 둔다.

1. 개인체계의 개입 방법

개인에 대한 개입활동이 필요한 경우는 욕구가 무엇이냐에 달려 있는데, 대개 다음과 같은 경우이다(엄명용 외, 2005; 김혜영 외, 2011 재인용).

- 문제가 주로 클라이언트의 내적, 주관적 원인에서 비롯된 경우
- 대인관계에 문제가 있는 경우
- 문제의 초점이 애매하여 문제해결에 어려움이 있는 경우
- 위기상황에 처하여 감정이 복잡하고 갈등을 겪고 있는 경우
- 자원을 이용할 수 있는 클라이언트의 능력이 손상된 경우

직접적인 개입 활동의 내용은 다음과 같다.

- 클라이언트 사회적 기능을 지원하는 활동
- 클라이언트와 다른 사람의 사회적 기능을 조정하기 위한 활동
- 관계를 발전시키기 위한 활동
- 상황 속의 개인에 대한 이해를 가능하게 하기 위한 활동
- 문제 상황을 분석하고 대안을 창안할 수 있게 하는 활동
- 계획 과정에 필요한 활동
- 클라이언트로 하여금 가능한 자원을 인식하고 이용할 수 있게 해주는 활동
- 위기상황에서 필요한 활동

1) 정서 · 인지에 개입하는 기술

(1) 격려

클라이언트의 가능성에 대한 확신을 표현하는 기법으로 클라이언트의 강점을 인정하고 지지하는 수단이다. 클라이언트의 행동, 태도, 감정을 칭찬하거나 인정하는 표현을 해주는 기법으로 활용된다. 격려는 과업에 직면해 있거나 자존감이 약화되거나 불안한 상황에 있는 클라이언트에게 유용하다. 클라이언트가 위기에 직면하여 무력감과 절망감을 경험하고 있을 때 잘 활용될 수 있다. 격려를 사용할 때는 격려의 내용이 클라이언트의 행동이나 태도와 직접적으로 관련이 있어야 하며, 그 의미가 구체적이고 분명하게 전달되어야 한다는 것에 유의해야 한다.

예를 들어 반항적인 십대 자녀의 문제 행동에 대해 소리를 지르거나 폭력을 써서 관계를 악화시킨 아버지에게 자녀의 대화법이나 관계 기술의 훈련을 통해 개입을 하려는 사회복지사가 있다고 하자. 이 경우, "모든 일이 잘 될 것입니다."와 같은 일반적인 격려보다는 "지난번에 보니, 딸에게 화가 무척 나셨을 텐데, 우리가 의논해서 정한 대로 정말 잘 참으시더군요."와 같이 구체적인 행동 결과나 태도를 격려해 주는 것이 클라이언트의 문제해결에 대한 능력과 동기 및 자신감을 북돋울 수 있다(엄명용 외, 2011; 이영실 외, 2011).

(2) 재보증

자신의 능력이나 자질에 대해 회의하고 있는 클라이언트들에게 사회복지사가 신뢰를 표현해 줌으로써 클라이언트의 자신감을 향상시키는 기법이다. 시험을 앞두고 시험에 대한 불안으로 자포자기한 청소년에게, "넌 충분히 잘할 수 있어. 이번에는 정말 열심히 노력했으니 마음을 가다듬고 침착하게 하면 잘할 수 있어. 나는 너를 믿어."와 같이 접근하는 것이다. 이렇게 클라이언트를 안심시키는 것으로 사실상은 합리적이고 현실적인 생각과 결정에 대해 클라이언트가 의구심을 가지고 있을 때 사용한다. 사회복지사는 재보증을 통해 클라이언트가 직면하고 있는 문제는 부정하되, 그 문제에 따른 감정은 부정해서는 안 된다. 그리고 사회복지사는 클라이언트의 불안감 때문에 지나치게 재보증을 사용한다든지, 불필요한 재보증을 사용하지 않도록 주의해야 한다(이영실, 2011).

(3) 일반화

클라이언트의 생각, 느낌, 행동 등이 그와 비슷한 상황에 있는 다른 사람과 같다고 말해 줌으로써 다른 사람에게 가질 수 있는 이질감이나 소외감, 일탈감을 해소하고 자신에 대한 신뢰감과 자신감을 회복시키는 기법이다.

클라이언트가 자기만이 이런 문제가 있다고 괴로워하는 것에 대해 비슷한 상황에 있는 사람들이 일반적으로 그런 경험을 겪는다든지, 또는 특별하게 자신만이 가지고 있다고 생각하는 간호사가 자기 학생이나 환자에 대해 사고, 감정, 행동이 사람들이 공통적으로 겪는 일임을 지적해 줌으로써 클라이언트가 자기 자신을 다른 사람들로부터 소외시키거나 일탈감을 갖지 않도록 하는 기법이다. 예를 들어 소진현상을 겪고 있는 교사나 간호사가 자기 학생이나 환자에 대해 예전 같은 애정이나 사명감을 느끼지 못하고 이들을 비인간화하게 되는 경향에 대해 자신만의 잘못으로 생각하고 고민하고 있을 때, 의외로 많은 사람들이 그런 고비를 겪게 되며, 클라이언트만이 가지는 특별한 약점이 아니니, 죄책감을 덜고 대처 방법을 찾아 극복할 수 있다고 이야기해 주는 것이다(엄명용 외, 2011; 이영실 외, 2011).

(4) 환기법

클라이언트의 억압되어 있는 감정, 특히 부정적인 감정인 분노, 증오, 슬픔, 죄의식, 불안 등이 문제해결을 방해하거나 감정 자체가 문제가 되는 경우 이를 표출하도록 함으로써 감정의 강도를 약화시키거나 해소시키려고 하는 기법이다. 사회복지사는 '지금-여기에'의 상황에 초점을 두고 억압된 감정이 해소됨으로써 문제해결 능력과 대처능력이 향상되도록 도와야 한다. 어린 시절 엄격한 아버지한테 폭력을 많이 당했던 경험으로 인해 30대가 된 현재에도 직장 상사를 보면 주눅이 들어서 자기 의견을 제대로 표현하지 못하는 클라이언트에게 "어린 시절의 당신을 때렸던 아버지를 만나서 이제는 당당하게 '왜 그렇게 저를 때리셨어요!'라고 항의를 해보세요."라는 사회복지사의 말에 클라이언트가 "아버지, 저는 항상 아버지가 무서웠어요. 어린 내가 잘못을 했다면 얼마나 했다고 그렇게 때리셨어요."(울음)

(5) 재구조화

문제를 다른 시각으로, 즉 새로운 방식으로 이해하도록 돕는 것으로서 재명명, 혹은 재규정이라고도 한다. 클라이언트의 왜곡되거나 부정적인 사고구조를 변화시키고 문제를 다른 시각으로, 즉 새로운 방식으로 이해하도록 돕는 것으로서 자신과 상황을 좀 더 현실적으로 인식하도록 돕는 것이다.

(6) 초점화

클라이언트가 자기문제를 언어로 표현할 때, 산만한 것을 점검해 주고 말속에 숨겨진 선입견, 가정, 혼란을 드러내어 자신의 사고 과정을 명확히 볼 수 있도록 해준다. 제한된 시간 내에 최대의 효과를 추구해야 하는 전문적 관계에서 불필요한 방황과 시간 낭비를 막아 주는 효과가 있다.

(7) 직면

직면은 클라이언트의 감정, 경험, 또는 행동 중에 왜곡이나 불일치된 부분을 지적하는 것이다. 예를 들면 클라이언트가 자신의 문제가 중요하지 않은 것처럼 말하고 있지만, 그의 태도와 행동에서 그 문제의 중요성이 나타난다면 직면을 시도할 수 있다. 따라서 클라이언트의 언어적, 비언어적 의사소통의 불일치를 직면시키면서 문제에 대한 통찰력을 갖게 하거나 자신을 개방하도록 돕는다.

직면은 사회복지사가 클라이언트와의 관계에서 신뢰 관계가 충분히 형성된 후에 실시해야 한다. 예를 들어 클라이언트가 매번 상담 약속 시간보다 30분이나 늦게 오는 경우에 사회복지사가 클라이언트에게 "당신은 10시에 상담하러 오시기로 약속해 놓고, 매번 30분씩 늦게 오셨어요. 그런데 당신은 '나는 약속을 잘 지키는 사람이다'라고 말씀하셨거든요. 당신의 행동과 말이 서로 달라요."라고 직면시킨다.

(8) 정보 제공

클라이언트의 문제해결 능력을 향상시키기 위해 필요한 정보와 지침을 제공하는 것이다. 예를 들면, 청소년기 자녀를 둔 부모들이 변해 가는 자녀들의 모습과 반항적인 언행에 힘겨워할 때, 부모교육을 제공하는 다양한 기관과 교육내용을 소개한다든가, 부모들의 자조모임을 소개하는 것, 국민 기초 생활 수급자격, 임대주택의 조건, 지역사회 자원 등과 같은 구체적이고 정확한 정보를 필요로 할 때 사회복지사는 이를 제공해 줄 수 있다. 따라서 사회복지사는 이들 정보를 제공하는 기관의 위치와 연락처, 담당자에 대해 알고 있어야 하며, 최신 정보를 갖고 있어야 한다. 정보제공은 문제해결과 의사결정 과정에 있어 매우 중요한 기술이다. 특히 타 기관으로 의뢰할 경우 클라이언트의 동의하에 의뢰되는 기관과 사전 조율을 할 필요도 있다.

일반적으로 사람들은 정보를 듣고 처리하는 과정에 있어 개인차가 있기 때문에 자신에게 필요한 정보만을 매우 선택적으로 이해한다. 따라서 정확하게 정보를 제공하기 위해서는 클라이언트에게 정보를 제공하고 이를 충분히 이해했는지 확인할 필요가 있다. 이를 위해서는 클라이언트가 이해한 바를 사회복지사에게 역으로 설명해 보라고 할 수도 있다. 정보를 제공하는데 있어 조언하기와 마찬가지로 충분한 시간을 갖고 정보를 제공하며, 필요한 경우 서면으로 정리해 줄 필요가 있다(엄명용 외, 2011).

(9) 조언

조언이란 클라이언트가 해야 할 것을 추천하거나 제안하는 사회복지사의 진술을 의미한다. 조언이 적당하다고 느끼면 클라이언트는 사회복지사의 선호를 분명히 알아차릴 수가 있으며, 조언은 반드시 클라이언트가 요구할 때 주어야 한다. 사회복지사는 클라이언트가 조언이나 충고를 원하는지 간접적으로 표현하는지에 대해 민감히 살펴야 한다. 조언이나 충고의 성패는 이를 받아들이는 클라이언트의 능력에 달려 있다.

2) 행동을 변화시키는 기술

(1) 모델링

행동변화의 또 다른 기법 중 많이 사용하는 것은 모델링이다. 사람은 누구나 다른 사람을 관찰하고 모방하면서 살아간다. 모델링은 바람직한 행동을 타인이 하는 것을 보고 그대로 모방함으로써 행동을 변화시키려는 것으로 클라이언트가 모방할 수 있는 행동의 예를 제시하는 것이다. 모델링을 위해 실제 다른 사람의 행동을 직접 관찰해야 하는 것은 아니다. 책을 읽는다든지, 비디오나 역할극 등을 통해서 시행할 수 있다. 행동수정에 사용되는 또 다른 기술은 과제를 할당하는 것이다. 보통 행동 과제는 문제행동을 대치할 수 있는 바람직한 행동을 결정하여 다음 회기까지 실생활 속에서 수행하도록 요구한다.

(2) 타임아웃

문제 행동이 어떠한 상황으로 인해 강화되는 경우 행위자를 상황으로부터 격리시키는 방법이다. 타임아웃 기술은 아이들의 나쁜 행동을 수정, 변화시킬 때 아이에게 그 행동으로 받을 수 있는 모든 자극을 차단시켜 주는 방법으로 사용된다. 아이들에게 짧은 시간 동안 의자, 계단과 방, 혹은 침대와 같은 지정된 장소에 머물게 하여 자신의 화를 조정할 수 있는 시간을 가지게 하고, 타임아웃 후에 부모는 아이에게 가르치지 말고 중재하는 이유에 대해서 설명하고 아이의 행동에 대한 부모의 기대를 분명하게 알리는 것이 중요하다. 타임아웃은 그 아이의 나쁜 행동을 무시할 수만도 없고, 반응 결과로 벌 효과를 볼 수 없을 경우에 효과적으로 사용될 수 있는 벌의 일종으로 이 벌을 불가피하게 사용할 경우 일관성 있고 융통성 있게 활용해야 한다.

(3) 토큰 강화

토큰 강화는 토큰 경제라고도 한다. 토큰 강화에서는 표적 행동이 정해지며, 그 행동 발생에 대해서 토큰을 지급한다. 토큰은 나중에 정해진 교환율로 토큰 강화물과 교환할 수 있다. 토큰 강화는 내담자의 바람직한 행동을 강화하는 것을 목적으로 하며, 행동이 일어난 즉시 제공할 수 있고, 모은 토큰을 통해 자신의 행동이 개선되고 있다는 사실을 알게 됨으로써 동기 유발 효과가 크다는 장점을 가지고 있다. 토큰 강화로 잘한 행동에 대한 표시로 ‘스티커’를 주거나 ‘별 표시’를 해준다. 이런 것을 몇 개를 모으면 표창을 하거나 원하는 것을 할 수 있는 무엇과 교환해 주는 사례가 바로 토큰 강화의 예이다.

(4) 행동 조성(행동 형성 : shaping)

행동 조성이란 한 번에 도달하기 어려운 새로운 행동을 가르칠 때 목표 행동에 점차적으로 접근하도록 강화물을 제시하는 방법으로 행동 수정의 가장 대표적인 방법이다. 행동 조성은 목표 행동을 한 번에 달성하기 어려울 때 처음으로 보상받는 기준을 낮게 잡아서 보상을 주고, 점진적으로 보상 기준을 높이면서 보상을 주는 방법으로 특정 행동 수준까지 끌어올리기 위해 작은 단위의 행동으로 나누어 과제를 주는 것이다.

(5) 행동 계약

두 사람 이상이 서로 약속된 기간 동안 무엇을 할 것인가를 구체화해서 동의하는 것을 말한다. 예로, “만약 당신이 정해진 A를 하면 나도 정해진 B를 하겠다.” 계약의 목적은 바람직하지 못한 행동을 하는 사람들에게 특권을 누리려면 책임이 따른다는 것을 가르쳐 주고, 자기 자신을 스스로 통제할 수 있는 능력을 활용하도록 해주는 것이다. 이렇게 두 사람 이상이 어떤 행동을 하면 어떤 강화물을 받는가, 그리고 누가 그 강화물을 전달하는가에 대해서 명확하게 진술하여 계획, 약속하는 것을 말한다.

(6) 역할 교환(반전)

역할 교환은 역할 반전이라고도 한다. 주변의 중요한 사람들의 행동이나 감정에 대한 이해를 높이는 데 매우 효과적인 기법으로 클라이언트가 다른 사람의 입장에서 상황을 바라보고 의견을 말하게 하는 방법으로 개인에 대한 기술로도 사용되고, 가족에 대한 개입 기술로도 사용되는데, 가족에게 적용할 경우 가족 내 두 성원들이 서로의 역할을 바꾸는 경우를 말한다. 예를 들어, 아버지는 딸의 역할을, 딸은 아버지의 역할로 바꾸어서 연기함으로써 서로에 대해 공감하고 이해할 수 있는 경험을 갖게 된다.

(7) 행동시연

행동시연은 주어진 문제 상황을 어떻게 다룰지 반복적으로 미리 연습하는 것을 말한다. 클라이언트가 특정의 상황에 놓이게 될 경우 그 상황에 맞추어 다른 사람과의 상호작용에서 적절한 행동을 할 수 있도록 미리 준비하여 연습시키는 기법이다. 행동시연 기법의 구체적인 실천 과정을 살펴보면 다음과 같다(김혜영, 2010).

- 클라이언트가 문제를 설명하고, 그런 상황에서 그가 흔히 하는 행동 양식을 보여준다.
- 사회복지사는 좀 더 효과적으로 상황에 임하는 방법을 제시한다.
- 처음에 사회복지사는 역할극을 통해 자신이 클라이언트의 역을 맡아 클라이언트에게 제시한 행동을 보여준다. 다음에 클라이언트가 제시된 행동을 이해하고 준비된 후에는 자신이 그 행동을 수행한다.
- 역할극이 시행된 후 사회복지사는 역할 시연의 효과에 대해 설명해 준다. 효과적인 실행을 위해 덧붙일 제안이 있으면 역할극을 다시 실시, 가장 바람직한 행동을 모색한다.
- 클라이언트가 어떻게 행동할 것인지를 명확히 이해하고 난 후에는 이러한 행동을 반복 연습하여 익숙하게 하는 과정이 필요하다.
- 사회복지사와의 역할극을 통해 습득한 행동을 면접이 끝난 후에 계속 연습하도록 과제를 준다.

정서·인지행동에 개입하는 구체적 기법은 <표 12-1>과 같다.

표 12-1 정서·인지행동에 개입하는 구체적 기법

정서·인지에 개입하는 기술	정서적 안정을 돕는 방법	격려, 재보증, 일반화, 환기법
	인지구조를 변화시키는 방법	재구조화, 초점화, 직면
	상황 인식능력 향상시키는 방법	정보 제공, 조언
행동에 개입하는 기술	새로운 행동을 배우거나 잘못된 행동 수정 방법	모델링, 타임아웃, 토큰 경제, 행동 조성, 행동 계약, 시연, 역할 교환

출처: 사회복지실천론(2010). 나눔의 집.

3) 문제해결 기술

문제해결 기술은 클라이언트가 미래에 직면하게 될 많은 어려움에 효과적으로 대처할 수 있도록 도와주고, 하나의 원칙을 여러 상황에 적용할 수 있도록 한다. 문제해결 원리의 핵심은 예방 기능이다. 클라이언트가 실제 생활로 전환할 수 있는 기술은 점차 습득해 감에 따라 사회복지사에 대한 의존도는 점차 줄고 자기 신뢰가 증가한다.

(1) 성공적인 문제해결을 위한 지침

① 문제를 자세하게 언급한다.

애매모호하거나 일반적인 용어로 표현하면서 생기는 혼돈과 오해를 피할 수 있다. 클라이언트가 문제를 포괄적으로 설명하면, 좀 더 자세히 설명해 달라고 요구하고 구체적인 문제 지적의 중요성을 밝혀 준다.

② 과거의 어려움보다 현재문제에 초점을 맞춘다.

클라이언트가 다른 사람에 대하여 과거 사건을 들추어 장황하게 인용할 때, 현재에 다시 초점을 되돌리도록 개입해야 한다.

③ 한 번에 한 가지 문제에만 초점을 맞춘다.

클라이언트는 종종 이 문제에서 바로 저 문제로 초점을 벗어나게 되어 노력이 분산되고 원조 과정이 약화된다. 클라이언트가 초점에서 벗어났을 경우에 다시 원래 주제로 초점을 맞추는 과제를 사회복지사와 클라이언트가 함께 만든다.

④ 개인의 문제를 나눌 때에는 경청한다.

자기 문제를 털어놓는 사람에게 걱정이나 감정의 타당성에 대해 판단을 중단하고, 반대 의견을 표현하거나 문제해결을 위한 충고의 경향을 억제하는 것을 의미한다. 사회복지사가 들은 내용을 요약함으로써 의도한 메시지를 정확히 이해했는지 확인할 수 있다.

⑤ 긍정적이고 건설적인 방식으로 문제를 함께 나눈다.

클라이언트가 부정적인 태도로 문제나 관심을 표현할 때, 사회복지사는 파괴적인 상호작용을 막기 위해 즉각 개입한다. 클라이언트가 지나치게 일반적인 메시지를 보낼 때 사회복지사는 상호작용을 중단하고 그 메시지의 파괴적인 효과를 명확히 설명한다.

(2) 문제해결 단계(김혜영 외, 2010)

- **1단계** : 문제가 무엇인지 확인한다.
- **2단계** : 문제를 분석하고 참여자의 욕구를 파악한다.
- **3단계** : 가능한 해결책을 만들기 위해 브레인스토밍 기법[1)]을 이용한다.
- **4단계** : 참여자들의 욕구를 고려하면서 각 제안을 평가한다.
  결정 과정의 핵심 단계로서 각 해결책에 대한 찬반양론을 신중하게 평가하여 모든 참여자의 욕구에 맞는 최고의 대안 중 하나를 선택하는 것이 목적이다.
- **5단계** : 선택한 대안 실행하기
- **6단계** : 결과 평가하기

4) 사회기술 훈련

(1) 사회기술 훈련의 목적과 적용

예방과 교정을 위한 폭넓고 다양한 기술을 가르치는 것으로서 클라이언트에게 현재 환경과 삶의 주기, 또는 역할 관계에서 효과적으로 기능하는 데 필요한 기술을 습득할 기회를 제공한다. 예방 프로그램은 미래의 부적응, 불행, 잠재능력 개발 실패, 생산성 상실 등에 관한 가능성을 줄이는 대처기술을 배워 사회적 역기능을 예방하려는 노력이다. 정신건강 치료, 위탁보호,

1) 브레인스토밍(Brainstorming) 기법이란 집단적으로 새로운 아이디어를 창출하는 방법으로 10명 이내의 집단원들에게 사회자가 제기한 문제에 대해 자유토론으로 다양한 아이디어를 제시하고 이때 타인의 아이디어에 대한 비판은 억제시키면서 타인의 아이디어가 불합리하면 이를 개선, 변화시킨 아이디어를 제출하도록 한다. 사회자는 브레인스토밍의 목적, 문제 내용, 진행방법과 절차를 구체적으로 설명하고 기록자를 지정해 사람들이 발표한 아이디어를 첨삭 없이 기록한다. 시간이 종료되면 아이디어를 종류별로 분류, 가장 좋은 아이디어를 토의를 통해 선택하며 선택된 아이디어들 간에 장단점을 기초로 다시 토의해 최종 아이디어를 선택한다.

약물남용 치료 프로그램, 공공지원, 교정치료 등의 치료 프로그램보다 비용이 적게 든다.

(2) 절차와 내용

사회기술 훈련을 실시하는 절차와 내용은 다음과 같다.

① 학습 목적의 논의 및 기술 설명

- 참여를 높이기 위해 적용 가능한 상황을 언급하고 그 기술을 간략하게 소개한 다음 클라이언트를 어려움에 처하게 하고 비효과적인 대처로 불리한 결과를 초래한 사회 상황들을 이야기하도록 권한다.
- 자신의 경험을 나눈 후 기술을 배워서 얻을 수 있는 이득을 생각할 기회를 줌으로써 동기를 강화할 수 있다.

② 사회기술을 구성하는 요소 확인

- 사회기술은 많은 요소로 구성된다는 것과 그 중요성을 설명한다.
- 구성 요소로 인한 어려움이 무엇인지 질문하면서 참여자들을 논의에 포함시킨다.

③ 시험(model)

- 대리 경험을 배우는 것으로서 자신의 효능감을 높이는 자원이다.
- 관찰한 참여자들이 모델을 비판, 토론함으로써 평가의 효과를 얻는다.

④ 각 요소를 이용한 역할극

- 참여자들이 돌아가면서 각 요소들을 연습하고 서로 피드백을 주고받는다.
- 처음에는 쉬운 상황에서 시작하고 기술에 익숙해지면 좀 더 힘든 역할극을 진행한다.

⑤ 역할극 평가

- 역할극을 마친 후 마음을 열 수 있는 분위기 조성을 위해 처음에는 긍정적인 피드백을 하도록 격려한다.
- 피드백은 언어와 비언어적 행동 모두를 포함한다.

- 아주 사소한 발전에도 긍정적인 피드백을 해주며, 긍정과 부정적 측면 모두에 초점을 맞추면서 참여자들 스스로 역할극 수행을 평가하도록 하고, 경험했던 감정을 나누도록 요청한다.

⑥ 실제 삶의 상황에 사회기술 적용

- 이번 주 동안 실제 일어날 것 같은 상황을 유도하고 새롭게 습득한 기술을 실제 상황에 열심히 적용하도록 참여자들을 준비시킨다.

5) 자기주장 훈련

자기주장이란 개인이 자신의 의견, 감정, 바람 등을 표현할 때 비난, 거절, 불이익 등의 결과를 낳을 위험이 있더라도 타인의 권리와 감정을 존중하면서 구체적인 행동 요소를 표현하는 것이다. 자기주장 훈련은 특정 반응 훈련을 요하는 부분을 분류한 후, 사회기술 훈련 방법에서 설명했던 단계와 지침을 클라이언트가 그대로 따를 수 있도록 준비시킨다.

(1) 문화적 요소

문화적으로 규정된 역할로 인해 자기주장 행동을 금지하기도 하지만 이는 적절하지 않다. 사회복지사는 클라이언트가 자기주장을 할 수 있도록 돕는 옹호자의 역할을 해야 한다.

(2) 다른 반응 형태와 자신감 구분

자기주장을 공격성이나 비주장적인 반응 형태와 구분한다. 자기주장적인 사람은 자기 자신이 중요하고 자신의 생각·인식·의견이 중요하다고 생각하는 반면, 비주장적인 사람은 솔직한 감정·사고·믿음을 표현하지 못하여 결과적으로 다른 사람이 자신을 파괴하도록 하거나 다른 사람이 자신의 감정과 사고를 쉽게 무시하도록 하며, 소심하고 자신의 권리를 파괴한다. 공격적인 사람은 다른 사람을 지배하려 하고 다른 사람의 욕구·바람·감정을 무시한다.

(3) 자기주장을 막는 일반적인 오해

다른 사람에 대한 책임감이 자기 자신의 바람이나 권리보다 더 중요하다고 믿는 비합리적인 생각에서 온다. 이런 사람들은 다른 사람을 기쁘게 하거나 감동을 주는 것에 지나친 관심을 가지고 자기주장의 결과에 관하여 다른 사람을 극단적으로 두려워한다.

6) 스트레스 관리

스트레스 관리는 삶의 문제와 연관하여 긴장이나 스트레스를 더 효과적으로 대처하도록 돕는 공통의 목적이 있는 모든 접근 방법에 쓰이는 광범위한 용어이다. 사람들이 스트레스가 많은 사건이나 상황에 과도하게 반응하지 않는 대처기술을 사용하도록 돕기 위한 것이다. 스트레스 관리 접근 방식이란 스트레스가 많은 상황에 대해 클라이언트의 생체학적·인지적·지각적·행동적 요소가 어떻게 반응하는지에 대한 구체적인 기술을 의미한다.

(1) 긴장완화(이완) 훈련

긴장완화 훈련의 목표는 심호흡과 근육이완 운동이다. 다양한 스트레스로 인한 신체적 증상이 있는 클라이언트를 돕는 데 성공적이다.

(2) 긴장완화 훈련이 필요한 클라이언트

장기적 긴장으로 불안한 사람, 위기상황으로 급성 불안을 느끼는 사람, 다양한 사건이나 상황을 예상하여 두렵고 불안한 사람, 긴장성 두통, 편두통, 가슴팽창, 호흡곤란, 과대하게 생리 심리학적 반응을 나타내는 사람, 불면증이 있는 사람, 분노 통제에 어려움이 있는 사람, 보통 정도의 우울증이 있는 사람 등으로 긴장완화 훈련이 필요하다.

2. 가족 수준의 개입 방법

1) 시작 단계

(1) 1단계 : 가족과 라포 형성하기

초기에 가질 수 있는 걱정과 우려를 최소화한다. 초기 면접에서 사회복지사는 첫째, 관찰 대상을 인식하고, 둘째, 각자에게 자신의 의견을 말할 기회가 있음을 확신시킨다.

(2) 2단계 : 문제 표면화하기

가족성원에게 무엇이 문제인지 설명해 보게 한다.

(3) 3단계 : 문제에 대한 합의 도출하기

가족성원들 모두가 일치하는 문제에 초점을 맞춘다. 가족성원의 상호작용에서 나온 문제, 혹은 가족 전체가 지닌 문제를 취한다. 면접하는 동안 가족의 상호작용을 관찰하는 과정에서 발견한 문제를 설명하도록 돕는다. 제기된 몇 가지 문제를 보여주고 중요한 순서로 나열할 것을 요청하고 그 결과를 비교·대조한다. 합의를 도출하는 과정에서 특정 성원을 비난하지 못하도록 한다.

(4) 4단계 : 가족성원들의 상호 관련성 탐색하기

사회복지사는 가족성원들에게 문제를 좀 더 깊이 탐색하도록 문제를 던진다. 또한 사회복지사는 각 성원들이 문제에 관해 말하도록 원조한다.

2) 중간 단계

가족실천 중간 단계에서는 클라이언트의 문제해결이 가족이라는 환경 안에서 이루어지게 될 경우에는 가족치료 기법이 많이 사용되므로 주요 가족치료 개입 기법을 중심으로 살펴본다(이영실 외, 2010 재인용).

(1) 보웬(Bowen)의 가족치료 개입 기법

① 가계도

가족의 문제를 사정하기 위해 가계도를 그리고 치료적으로도 활용되며, 다세대에 걸쳐 내려오는 가족체계의 문제, 가족 역할, 유형, 갈등, 단절, 삼각관계 등을 알아볼 수 있다. 가계도는 가족과 함께 탐색할 수 있는 여러 가지 정보들이 나올 수 있는 유용한 도구로서, 원가족과의 융합 문제, 미분화 문제, 핵가족 정서적 체계, 정서적 단절, 삼각관계 등의 Bowen 개념이 가계도를 통해 드러난다.

② 탈삼각화

탈삼각화는 가족 내 두 사람 사이에서 스트레스나 긴장관계가 발생했을 때 제3자를 두 사람과 상호작용체계로 끌어들이는 것이 삼각화, 혹은 삼각관계인데 삼각관계는 문제를 해결하는 데 도움이 되지 못하고 오히려 문제를 분산하게 한다. 따라서 제3자를 두 사람의 관계에서 분리시켜 삼각관계를 벗어나게 함으로써 가족성원들이 자아 분화를 하도록 하는 것이다. 부부간 갈등이 심한 경우 자녀를 삼각관계로 끌어들이게 되는데, 사회복지사는 부모가 그들의 갈등을 스스로 다루게 한다. 또한 사회복지사를 삼각관계로 끌어들이는 경우 이에 끼어들지 않고 객관적인 자세를 취해야 한다. 만일 가족성원이 사회복지사와의 삼각관계 형성에 성공한다면, 가족체계와 가족성원들은 점차로 진정하고 자신의 문제를 해결하기 시작하게 될 것이다.

③ 코칭

코칭을 통해 사회복지사가 클라이언트의 삼각관계에 끌려 들어가지 않으면서도 가족 스스로 정서 과정을 이해하고 개인의 역할을 이해할 수 있도록 돕는 방법이다. 코칭은 중립적이고 객관적인 조언을 통해 가족성원 개개인의 분화를 돕는다. 치료는 가족성원 개개인이 분명하게 정의된 자기 입장을 가지고 분화된 방향으로 가족체계에 영향을 미치게 되면, 코칭해 주는 치료 횟수는 점차 줄어든다.

④ 과정질문

과정질문은 클라이언트의 감정을 가라앉히고 정서적 반응에 의해 유발된 불안을 낮추며 사고를 촉진하는 질문기법이다 이 질문은 클라이언트의 감정이나 정서보다는 인지에 초점을 두며, 클라이언트가 어떤 방식으로 관계 유형에 관여되어 있는지를 묻는다.

(2) 미누친(Minuchin)의 구조적 가족치료 개입 기법

① 경계 만들기

사회복지사는 지나치게 유리되거나 밀착된 하위체계 간의 경계를 근접하게 하거나, 혹은 경계 간에 어느 정도의 거리를 만든다. 극도로 속박된 가족의 경우 사회복지사는 개입을 통해 하위체계 간의 경계선을 강화시키고 각 개인의 독립성을 키워 준다. 가족성원들이 자신에 대해 자유롭게 말하도록 권유하며 다른 사람에 의해 방해받지 않도록 도와준다. 또한 두 사람이 대화 중일 경우 다른 사람이 끼어들지 못하도록 한다. 그리고 가족 내 하위체계 간 경계선이 모호하거나 너무 경직된 경우 이를 수정하는 개입이 필요하다. 가족성원 각자가 체계 내에서 적절한 위치에 있도록 가족 내 세대 간 경계를 분명히 유지하도록 원조한다.

② 합류하기

합류하기는 가족의 사정과 개입에 모두 필요한 과정이다. 가족의 합류란 사회복지사 자신을 가족 상호작용의 일부분으로 자연스럽게 포함시키는 활동을 말한다. 이것은 사회복지사 입장에서는 가족 속으로 들어가 가족을 이해하는 것이고, 가족의 입장에서는 사회복지사를 이해하고 받아들이는 것이다. 사회복지사가 가족이 힘들어하는 부분에 세심하게 반응하고 그 고통을 이해하고 있다는 것을 보여줄 때 가족은 사회복지사를 편안하게 받아들이게 되고, 이러한 분위기가 형성됨으로써 가족 구성원들이 갖고 있는 문제들을 다각적인 측면에서 안전하게 드러낼 수 있게 된다.

특히 가족체계에 합류하기 위해서는 사회복지사는 적응하는 능력을 갖고 있어야 하는데, 이를 위해 유지, 추적, 모방의 기법이 있다. 첫째, 유지기법으로 가족구조를 지각하고 분석할 때, 의도적으로 지지하거나 가족성원 개인의 특성을 있는 그대로 받아들이는 것이다. 둘째, 추적기법으로는 가족성원이 사용하는 용어, 의사소통 패턴을 추적해 문제의 핵심을 파악한다. 그리고 셋째, 모방기법으로 사회복지사가 가족의 생활방식과 정서상태에 적응하기 위해 가족이 사용하는 언어, 몸짓, 대화방식을 따라 하는 것이다.

③ 실연화 하기

실연화 하기란 치료 중에 가족에게 가족성원 간의 상호작용 유형을 실제로 재현시키는 것이고, 사회복지사가 구상하고 있는 상호작용의 방법을 가족들로 하여금 실제 행동을 통해서 연기하도록 만드는 방법이 실연화의 기법이다. 가족들이 가지고 있는 역기능의 상호작용이 분명하게 보이도록 하기 위해서 사회복지사가 가족들에게 실제 상호작용을 연기하도록 요구한다. 그리고 사회복지사는 가족성원들의 역기능의 상호작용을 실제로 연기하도록 함으로써 가족들의 믿음에 도전할 수 있게 된다.

④ 긴장 고조시키기

사회복지사가 가족의 구조를 변화시키기 위하여 가족체계의 경계선, 연합, 권력에 직접 개입하는 것이다. 기능적인 가족구조를 위하여 구조 개선의 방법으로 가족들의 긴장을 고조시키는 것이다. 긴장 고조 기법은 가족이 지켜온 평형상태에서 벗어나 재구조화되도록 돕는 기법이다. 이러한 개입은 강조 기법을 통해 더욱 원활해질 수 있다. 강조는 가족 상호작용의 흐름을 막음으로써 가족이 예전 상태로 되돌아가지 않고 평형상태에서 벗어나도록 하는데 사용하며, 사회복지사가 목소리의 크기나 높낮이, 말의 속도, 적절한 단어를 선택함으로써 효과적으로 사용할 수 있다.

⑤ 과제 부여

과제는 사회복지사가 가족의 재구조화가 진행되는 과정에서 자연스럽게 이루어질 수 없었던 영역을 지적하고 활성화시키기 위해 사용할 수 있다. 가족이 과제를 수행하도록 함으로써 사회복지사는 가족의 재구조화를 도울 수 있을 뿐 아니라 가족의 구조를 관찰할 수 있는 또 다른 기회를 가질 수 있다. 과제는 치료 시간 중에 부여할 수도 있고, 치료 회기 사이에 집에서 하도록 부여할 수도 있다. 치료 시간 중에 부과되는 과제는 단순히 가족성원이 누구에게 어떻게 의사소통해야 하는지를 지적하는 것일 수 있다.

⑥ 증상 활용기법

사회복지사는 개인의 증상이나 문제를 가족의 역기능적인 가족구조 안에서 하나의 선택 방법으로 본다. 역기능적인 가족을 가장 빠르게 변화시키는 길은 현재 클라이언트의 증상을 다루는 동시에 가족의 구조 변화를 시도하는 것이다. 이를 위해 증상 활용 기법들을 사용할 수 있다.

⑦ 균형 깨뜨리기

가족 내 하위체계들 간의 역기능적 균형을 깨뜨리기 위한 기법으로, 경계를 만들어 가면서 사회복지사는 하위체계 간의 관계를 재조정해 나가려는 목표를 갖는다. 균형 깨트리기 단계에서의 목표는 하위체계 내에 있는 성원들 간의 관계를 변화시키는 것이다. 하위체계 간의 관계를 재배치함으로써 역기능적인 가족 내의 균형을 깨트리는데, 이를 위해 사회복지사는 일부 성원의 편을 들기도 한다.

(3) 사티어(Satir)의 경험적 가족치료

① 가족조각

가족조각이란 어느 시점을 선택하여 그 시점에서의 인간관계, 타인에 대한 느낌과 감정을 동작과 공간을 사용하여 표현하는 비언어적인 기법을 말하며, 한 가족성원이 다른 가족성원에 대해 느끼는 정서상태를 자세와 동작 및 소도구를 사용하여 공간적으로 나타내는 것이다. 그리고 가족조각을 사용하는 목적은 가족성원 각자가 자신의 내면적 감정에 접함으로써 실제의 자신을 알고 느끼며 새로운 대처방법을 생각해 보기 위한 것이다. 이러한 과정에서 가족의 의사소통 유형, 권력구조, 경계선, 소속감, 개념화, 규칙, 그리고 가족체계의 융통성 정도를 파악할 수 있다.

② 역할극

역할극은 가족성원들이 자기 자신이나 다른 사람의 생활을 단막극으로 표현하는 것으로서, 사회복지사가 한 가족성원에게 다른 성원의 역할을 수행해 보도록 요청한다. 역할극은 실제의 경험을 바탕으로 현재의 느낌을 노출시키는 것을 전제해야 한다. 또한 배역을 바꿈으로써 타인의 내면생활을 알게 하며, 동시에 실제 생활에서 겪을 수 있는 위험 부담 없이 새로운 행동을 연습하게 하는 기법이다.

③ 의사소통 입장

Satir는 가족성원에게 회유형, 비난형, 초이성형, 산만형 중 하나의 입장을 취하도록 한다. 가족성원들은 각 입장에 대한 감정을 서로 나누고 서로의 의사소통 입장에 대해 반응한다. 이렇게 하여 가족성원들은 효과적인 의사소통 방법을 배우고 어떻게 합리적이 되는지를 알게 된다.

④ 유머

문제를 긍정적 맥락에서 보고 긍정적으로 묘사하게 함으로써 문제를 새로운 관점에서 볼 수 있게 한다. 유머의 사용은 클라이언트와 가족의 고통을 경시하여 다루는 것이 아니라 그 고통의 결과 생길 수 있는 긍정적, 건설적인 면을 재치 있게 다루어 줌으로써 클라이언트에게 희망을 주며, 문제를 긍정적으로 볼 수 있게 한다. 긴장을 풀고 친밀감 있는 분위기를 만들기 위해 유머를 사용한다. 유머는 가족이 자신을 바라보는 방법을 변화시킬 수 있는 강한 치료의 도구이다.

⑤ 접촉

접촉이란 신체적 접촉이 강한 영향을 준다는 믿음으로, 첫 회합에서는 의도적으로 모든 가족이 손을 잡고 악수를 하도록 하고, 관계를 형성시키며 좀 더 자유롭게 신체적 접촉을 하고 비언어적 지지를 표현하도록 하기 위하여 여러 형태의 접촉을 시도한다. 가족성원과 초기 단계에 악수를 한다든가, 격려하기 위한 가벼운 어깨 두드림, 상담실로 안내하기 위한 손잡음 등 지나치지 않은 접촉은 가족성원들의 저항을 감소시키는 비언어적 지지가 된다.

⑥ 가족 그림

가족이 어떻게 조직화되어 있는지 가족 각자의 생각을 그리게 하는 기법으로, 사회복지사가 가족성원에게 가족을 인식하는 대로 그림을 그리도록 요구한다. 그리고 예전에 미처 생각하거나 대화하지 못했던 상황을 경험하도록 돕는 기법이다.

⑦ 모의 가족

가족성원 간 바람직한 의사소통 방법과 입장을 배우기 위해 모의 형태의 가족이 되어 연기하고 연습해 보는 것이다.

(4) 전략적 가족치료 개입 기법

① 직접적 지시

직접적 지시는 어떤 행동을 중지하도록 지시하는 것과 평소와 다른 어떤 행동을 하도록 지시하는 것이 있다. 지시에 잘 따르도록 하기 위해서는 치료자의 지시에 따를 경우 원하는 목표가 달성될 것이라는 확신을 주는 동기부여가 필요하다. 가족에게 동기를 부여하는 방법은 지시의 성격, 가족의 성격, 치료자와 가족의 관계에 따라 다르다.

② 고된 체험기법

고된 체험기법은 "증상을 가지는 것이 포기하는 것보다 더 많은 어려움을 줄 때, 사람은 증상을 포기할 것이다."는 전제를 갖는다. 전형적으로 고된 체험은 운동, 숙제, 독서, 다이어트, 자기개발 활동 등 이득이 되는 것들을 선택한다.

③ 역설적 개입

역설적 개입은 전략적 치료모델에서는 문제해결을 위해 시도되었던 기존의 방법과 전혀 상반된 방법을 사용하며 사회복지사들은 흔히 가족성원에게 상식에 반하는 일을 행하거나 믿게 하려고 노력하는데, 그러한 방법은 역설적인 점이 있으므로 '역설적 개입'이라 불린다. 그리고 역설적인 개입 기법의 대표적인 것은 증상 처방과 제지기법, 시련기법 등이 있다.

첫째, 증상 처방은 클라이언트나 가족이 불평하는 행동을 계속하거나 더 많이 하도록 하는 방법이며 그들에게 증상 행동을 자발적으로 계속하도록 격려하는 지시나 과제를 주는 기법이다.

둘째, 제지기법은 변화의 속도가 지나치게 빠르다고 지적하고 가족성원들에게 천천히 진행하라고 경고하거나 또는 개선이 생길 때 퇴보에 대해 걱정하는 방법이다. 가족은 양가감정 중에서 변화를 원하는 면으로 반응하게 되어 치료효과가 있는 결과를 낳게 된다.

셋째, 시련기법은 클라이언트가 가진 증상보다 더 많은 힘든 일을 시키는 기법으로 '증상을 가지는 것이 증상을 포기하는 것보다 더 많은 어려움을 줄 때 사람은 증상을 포기할 것이다.'라는 전제에 바탕을 둔다. 특히 사회복지사는 클라이언트에게 자신에게 이득이 되지만 행동으로 실천하기에는 다소 어려움이 있는 행동을 증상이 있는 시기에 해보도록 지시한다. 역설적 개입의 대표적 유형의 예는 <표 12-2>와 같다.

표 12-2 역설적 개입의 대표적 유형

증상 처방	가족이 불평하는 행동을 계속하거나 더 많이 하도록 하는 방법이다. • **예** : 우울증으로 고통을 겪는 부인에게 하루에 세 번씩 '우울하게 되도록 노력하라'고 과제를 준다. 가족들은 부인이 우울감을 느끼도록 더 격려를 하게 되고, 부인의 기분을 좋아지게 하려고 비효과적인 노력을 하지 않게 될 것이며 죄책감을 느끼지 않을 것이다.
제지기법	변화의 속도가 지나치게 빠르다고 지적하고 가족원에게 천천히 진행하라고 경고하거나 또는 개선이 생길 때 퇴보에 대해 걱정하는 방법이다. 이 방법은 대부분의 가족들이 문제와 이를 해결하기 위해 요구되는 변화들에 대해 양가감정을 가진다는 전제에 기초한다. 치료자가 가족에게 이 기법을 사용하면 가족은 양가감정 중에서 변화를 원하는 면으로 반응하게 되어 치료효과가 있는 결과를 낳는다.
시련기법	"증상을 가지는 것이 증상을 포기하는 것보다 더 많은 어려움을 줄 때, 사람은 증상을 포기할 것이다"라는 전제에 바탕을 둔다. 클라이언트에게 자신에게 이득이 되지만 행동으로 실천하기에는 다소 어려움이 있는 행동을 증상이 있는 시기에 해보도록 지시한다. • **예** : 증상이 일어날 때마다 시어머니처럼 좋지 않은 관계에 있는 사람에게 선물을 주라고 지시하기, 불면증이 있는 클라이언트에게 오히려 잠을 자지 말고 밤새워 책을 읽으라고 지시하기 등

④ 가장기법

가장기법은 가족의 저항에 지속적으로 직면하면서 가족을 변화시키는 역설적 기법보다는 더 부드러운 기법이다. 이 기법은 가족문제의 상황을 조성하고 반항심을 유발하는 대신에 놀이를 하는 기분으로 저항을 우회시킨다. 가장기법의 지시 목적은 보통 부모로 하여금 권력 행사를 통한 통제가 아니라, 부모와 자녀가 즐길 만한 기회를 만들어 줌으로써 직접 서로 돌보거나 보호하도록 한다.

(5) 해결중심 단기가족치료 개입 기법

해결중심 단기치료 이론이 제시하는 개입기법 가운데 질문기술을 살펴보면 다음과 같다.

① 치료 면담 전의 변화에 대한 질문

면담 전 변화에 관한 초기 질문은 클라이언트가 면담을 예약한 후 이곳에 오기까지 달라진 것이 무엇인지 질문한다. 또한 첫 면담 시간에 사회복지사가 클라이언트에게 문제의 심각한 정도가 어떻게 완화되었는지를 스스로 파악할 수 있도록 질문한다.

또한 클라이언트의 잠재능력을 발견하고 클라이언트 자신이 의식하지 못하는 해결 방안을 찾는 데 도움이 된다. 그리고 클라이언트가 지난번 면담을 약속한 후 지금까지 일어났던 변화에 대한 질문은 때로 아주 중요한 단서를 제공한다. 면담 전의 변화가 있는 경우는 클라이언트가 이미 지니고 있는 해결 능력을 인정하고 칭찬하고 강화하고 확대할 수 있도록 격려한다.

② 예외질문

예외질문이란 클라이언트가 문제라고 생각하고 있는 행동이 일어나지 않는 상황이나 행동을 의미하며 문제해결을 위해 우연적이며 성공적으로 실시한 방법을 발견하는 것이다. 문제시되는 실패 경험보다는 성공했던 경험을 찾아내어 그것을 의도적으로 계속 실시하여 성공의 경험을 확장하고 강화하는 것이다. 그리고 어떠한 문제에도 예외는 있기 마련이라는 것이 해결중심치료의 기본 전제이다.

예를 들어 "언제 그 문제가 발생하지 않았나요?", "문제가 발생하지 않았다는 것을 어떻게 알 수 있나요?", "문제가 발생한 상황과 발생하지 않은 상황의 차이점은 무엇인가요?"

③ 기적질문

기적질문은 문제 자체를 제거하거나 감소시키지 않고 문제와 떨어져서 해결책을 상상하게 하는 것이다. 즉, 기적이 일어나서 문제가 해결되었다고 상상하게 함으로써 문제 자체보다는 문제와 별개로 해결책을 생각해 보게 하여 기적이 일어났을 때 달라질 수 있는 일들을 실제 행동으로 해보게 하는 것이다.

기적질문을 통해 사회복지사는 클라이언트가 바꾸고 싶어 하는 것을 스스로 설명하게 하여 문제에 대한 집착에서 벗어난 해결중심 영역으로 들어가게 한다. 문제 자체를 제거시키거나 감소시키지 않고 문제와는 별개로 해결책을 상상해 보게 하는 질문이다.

예를 들어 "밤새 기적이 일어나서 문제가 해결되었다고 가정했을 때, 기적이 일어난 것을 무얼 보고 알 수 있나요?"

④ 척도질문

척도질문은 숫자의 마력을 이용하여 클라이언트나 가족성원에게 자신의 문제, 문제의 우선순위, 성공에 대한 태도, 정서적 친밀도, 자아존중감, 치료에 대한 확신, 변화를 위해 투자할 수 있는 노력, 진행에 관한 평가 등의 수준을 수치로 표현하도록 하는 방법이다.

이러한 척도질문을 통해서 사회복지사는 클라이언트의 변화 과정을 격려하고 강화해 주는 구체적인 정보를 얻을 수도 있다. 구체적인 숫자를 이용하여 가족성원들에게 자신의 문제의 정도, 변화 정도, 변화에 대한 의지 등을 표현해 보게 하는 질문이다.

예를 들어 "1부터 10까지 숫자에서 1은 문제가 없는 상태이고 10은 문제가 가장 심각한 상태인데 오늘 생각하기에 당신의 문제는 몇 점 정도에 해당하나요?", "지난번에는 8점이라고 했는데 오늘은 7점이군요. 어떻게 해서 1점이 내려가게 되었나요?"

⑤ 대처(극복)질문

대처(극복)질문은 문제 상황에 있는 클라이언트에게 경험을 활용하도록 하고 새로운 힘을 갖게 하며, 자신의 자원과 강점을 발견하도록 하는 데 도움이 되는 질문이다.

예를 들어 "그렇게 힘든 상황에서도 모든 것을 포기하지 않고 어떻게 오늘까지 지탱해 왔나요?", "지금까지 해 온 것을 유지하기 위해 무엇을 해야 하나요?"

⑥ 칭찬 질문

칭찬을 하는 것은 여러 가지 이점이 있다. 그중에서도 클라이언트 자신에 대한 개념을 바꾸어 주는 역할과 클라이언트로 하여금 사회복지사의 말에 따르도록 하는 데 유용하다. 칭찬에는 면담 과정에서 나온 내용에 대하여 직접적 칭찬을 하는 경우와 '어떻게 그렇게 하셨나요?'로 질문하는 간접적 칭찬이 있다.

3) 종결 단계

가족실천 개입과정에서는 특정문제의 제거나 증상의 경감에 목표를 두고 있기 때문에 가족치료는 개인치료보다 기간이 짧은 편이다. 가족치료의 기간은 대개 8회에서 20회 정도로 치료기간으로 잡고 있으며 보통 가족치료는 주 1회씩 몇 주나 몇 달간 진행될 수도 있다. 가족은 몇 개월 후에 종결될 치료에 대한 준비를 하며 자기들의 문제를 잘 해결할 수 있고, 파괴적인 행동 유형을 변화시킬 수 있게 될 경우, 성공적인 가족치료가 될 수 있다.

가족문제를 하나의 단위로 해결하는 데 익숙해진 가족은 내적인 지원체계를 발달시켜 그 결과를 사회복지사에게 의존하지 않게 된다. 가족성원들은 가족실천 개입 과정 중 그들 관계의 문제를 함께 해결하는 데 상당한 훈련을 쌓았기 때문에 그들 스스로 해결할 수 있다는 자신감과 능력을 얻게 되었다. 그리고 그들 상호 간에 보다 분명하고 감추지 않는 의사소통 방법을 습득하게 되었고, 각자 성원의 역할이 재부여되고 권력도 재분배되었다.

종결 시기가 오게 되면 가족의 불평이나 증상은 사라지고, 그들이 서로 보다 만족할 수 있는 행동을 하고, 외부에서의 독립적인 활동으로 새로운 만족감을 느끼게 되며, 스스로의 노력을 통해 자기들 문제를 해결할 효과적인 방법을 발달시키게 된다. 가족치료가 성공적이라면 가족은 대개 몇 개월 후에 치료를 종결시킬 준비를 갖추어, 자기들의 문제를 집단으로써 보다 잘 해결할 수 있고, 파괴적인 행동 유형을 변화시킬 수 있게 된다(이영실 외, 2011).

3. 집단체계의 개입 방법

1) 집단의 유형

집단의 유형을 치료집단과 과업집단으로 나눠 그 특징을 살펴보면 <표 12-3>과 같다.

표 12-3 치료집단과 과업집단의 특성

내용	치료집단	과업집단
결속	집단 성원의 개별적 욕구에 따라	수행해야 할 과업에 따라
역할	상호작용을 통해 발달	상호작용이나 임명을 통해 발달
의사소통 패턴	개방적	특정한 과업에 대한 토론에 초점이 맞춰짐
절차	집단에 따라 융통성이 있거나 또는 공식적으로 이루어짐	공식적인 안건이나 규정
구성	공동 관심사, 문제, 특성에 근거	필요한 재능, 전문성, 노동 분화에 따라 구성
자기노출	높음	낮음
비밀보장	개인적 수준에서 처리되거나 집단 내에서 유지됨	개인적으로 처리될 수 있지만 공개되기도 함
평가	집단 성원의 치료적 목적 성취 정도에 따라 성공 여부를 평가함	집단 성원이 성취한 과업이나 의무사항, 결과물에 의해 평가됨

2) 치료집단의 종류와 특징

치료집단은 교육, 성장, 치유, 사회화 등을 목적으로 하며, 한 가지 이상의 목적을 동시에 갖기도 한다. 이러한 집단의 목적에 따라 Toseland와 Rivas는 치료집단의 유형을 다음과 같이 세분하였다.

(1) 지지집단

① 목적

- 삶에서 장차 일어날 사건에 좀 더 효과적으로 적응하기 위하여 대처기술을 발전시킴으로써 성원들이 삶의 위기를 대처하도록 돕는 집단을 말한다.

② 특징

- 비슷한 문제를 경험한 사람들로 구성되므로 유대감 형성이 쉽고, 자기개방 수준도 높다.
- **사회복지사의 역할** : 집단 지도자인 사회복지사는 집단 성원들이 상호원조하면서 지지와 정보를 제공하고, 대처기술을 향상할 수 있도록 동기화시킨다.
- **예** : 이혼가정의 취학아동모임, 암환자 가족모임 등

(2) 교육집단

① 목적

집단 성원들의 지식과 정보 및 기술 향상을 목적으로 한다.

② 특징

- 집단 성원들은 정보를 주고받기도 하지만 전문가의 강의 형태로 정보제공이 많이 이루어지며, 집단 성원 간 토론 등도 많이 활용된다.
- **사회복지사의 역할** : 지도자가 정보를 제공하는 형태이기 때문에 자기개방 정도는 비교적 낮다.
- **예** : 청소년 성교육집단, 미혼 남녀를 위한 예비부부집단, 입양에 관심을 갖고 입양에 대해 정보를 얻고자 하는 부모의 집단, 특정 질병에 대해 정보를 얻고자 하는 사람들로 구성된 집단

(3) 성장집단

① 목적

- 개인의 능력과 자의식을 넓히고 개인적인 변화를 이끌어 낼 수 있는 기회를 제공하며, 자아 향상에 초점을 둔다.

② 특징

- 성장집단은 병리적 현상을 치료하기보다는 심리적 건강을 증진시키는 데 중점을 둔다.
- **예** : 부부의 결혼생활 향상 집단, 결혼을 앞둔 미혼 커플의 예비부부집단, 청소년 대상의 가치명료화집단

(4) 치유집단

① 목적

- 집단 성원 스스로 자신의 행동을 바꾸고 개인적 문제를 완화하거나 대처한다.
- 사회적 외상이나 건강상의 외상 이후에 스스로 원상 복귀시킬 수 있도록 돕는다.

② 특징

- 지지를 강조함과 동시에 치유와 회복에 중점을 둔다.
- **예** : 마약중독자 치료집단, 공황장애 치료를 받는 외래환자로 구성된 집단 등

(5) 사회화집단

① 목적

- 사회관계에 어려움이 있는 집단 성원들이 사회생활에 필요한 사회적 기술을 배우거나 증진시키는 것을 목적으로 한다.

② 특징

- 사회적으로 수용될 만한 행동이나 사회적 기술을 배우려는 사람들로 구성된다.
- 프로그램 활동, 구조화된 실천, 역할기법 등을 활용한다.
- **하위 유형** : 사회기술 훈련집단, 자치집단, 레크리에이션집단
- **예** : 지역사회 적응을 준비하는 정신병원의 정신장애인집단, 자기주장 훈련집단, 정신과 병동의 자치집단, 악기 연주와 등산 등 여가 활동을 포함하는 한부모집단 등

3) 집단 사회복지실천에 있어 집단 지도자의 기술

(1) 집단 과정을 용이하게 하는 기술

- **집단 구성원을 참여시키기** : 집단 경험의 공유, 공통점과 차이점을 확인한다.
- **다른 이들에게 주의 기울이기** : 시선, 공감 반응, 신뢰 등으로 라포를 형성한다.
- **자신을 표현하기** : 어려운 주제에 대한 개방적 의사소통을 한다.
- **다른 이에게 반응하기** : 구성원들에게 사회복지사의 전문적 영향력을 미친다.
- **집단 의사소통에 초점 두기** : 이슈나 문제에 초점을 둠으로써 집단과정을 용이하게 한다.
- **집단 과정을 명확하게 하기** : 집단 성원들의 상호작용을 이해하도록 한다.
- **내용을 명확히 하기** : 효과적인 의사소통을 위한 방법이다.
- **집단 상호작용 이끌기** : 집단의 목적 달성을 위해 특정 방향으로 집단을 이끌어 나간다.

(2) 자료수집과 평가기술

- **생각, 감정, 행동을 확인하고 기술하기** : 문제를 이해하기 위해 사용한다.
- **정보를 요청하고 질문하기** : 문제를 구체화하고 집단 활동의 범위를 넓힌다.

- **정보를 요약하고 세분화하기** : 문제에 대한 핵심 파악, 구성원들의 문제에 대해 반응할 기회 제공, 다음 단계를 모색할 기회 제공
- **생각, 감정, 행동을 종합하기** : 구성원들의 대화와 행동의 의도를 파악한다.
- **정보 분석하기** : 자료의 패턴이나 차이 확인하기, 평가를 위한 자료 수집

(3) 행동 기술

- **지지하기** : 가장 기본적인 기술이며 집단발달을 위한 핵심 기술이다.
- **분석틀을 재구성하고 재정의 하기** : 집단 발달에 장애가 생길 때 필요하다.
- **집단 구성원의 의사소통 연결하기** : 초기의 사회복지사와 구성원 간의 일방적 대화 패턴을 방지하고, 구성원 간의 상호작용에 도움을 둔다.
- **지도 및 지시** : 집단의 활동을 이끄는 것으로서 목표에 대해 구성원의 승인이 있어야 가능하다.

(4) 조언, 제안, 지시

- 구성원이나 사회복지사 모두 사용하는 기술이다.
- 새로운 행동이 요구되거나 문제를 이해할 때, 문제 상황을 바꾸려 할 때 사용한다.
- 구성원들이 받아들일 수 있을 때가 적절한 시기이다. 사회복지사 혼자서만 사용해서는 안 된다.

(5) 자원을 제공하기

- 의료, 재정보고, 직업 및 재활상담, 가족계획, 재정관리 자문 등
- 집단 성원이 필요로 할 때 정보를 제공한다.

제 3 절 간접적 개입

사회복지실천 활동의 목표에 도달하기 위해서는 클라이언트 개인의 변화만으로는 부족할 때가 있는데, 이런 경우 개인보다는 클라이언트를 둘러싼

조직이나 기관의 조정, 환경에 개입하여 환경에 변화를 줌으로써 목표에 도달하게 되는 경우가 있다. 이렇게 간접적 개입은 클라이언트가 처한 환경을 변화, 조정하는 것을 말한다. 간접적 개입은 환경적 자원을 목적으로 한 활동으로 클라이언트를 위해 사회자원이나 서비스를 직접 제공하거나 연결해 주는 활동, 클라이언트와 관련된 조직이나 기관의 조정, 제도나 프로그램의 변화 등을 포함한다.

1. 환경 조정

환경 조정은 개인과 환경 간의 중간 영역에 작용하는 다각적 개입이다. 즉, 개인과 환경 간의 조화를 회복, 유지, 증진시키기 위해 자원과 기회를 제공하는 환경 내의 유의미한 사람과 클라이언트의 개인적 능력 및 대인관계 능력을 증진시키는 것이다. 또한 환경 조정은 환경적 영향력을 직접적으로 조정함으로써 클라이언트의 사회경제적 환경을 변화시키는 것을 목표로 한다. 환경 조정을 위한 구체적인 개입 전략은 다음과 같다.

첫째, 가족 내 관계의 증진이다. 가족은 양육, 지도, 보호, 영양, 건강, 애정, 교제, 성적 활동 등과 같은 중요한 인간 욕구의 해결을 위한 일차적 자원을 갖추고 있다. 가족기능을 확대하거나 개선하기 위해 부모를 대상으로 부모 양육기술을 교육하거나 집단 활동을 통해 아동을 도울 수 있을 것이다.

둘째, 가족환경 내 자원의 보충이다. 자원이 부족한 가정환경 내에 자원을 보충하여 클라이언트의 욕구가 해결될 수 있게 하는 것이다. 가사도우미의 파견, 탁아 프로그램, 애완동물이나 식물의 활용 등이 그 예이다.

셋째, 지지체계의 개발과 강화이다. 구체적인 예는 가족이나 친척 및 이웃 등을 포함하는 자연적 지지체계 개발과 활용, 사회적 서비스 제공기관이나 지역사회 내의 다양한 기관 및 조직체 등을 포함하는 공식적 지지체계 활용, 물리적 환경의 개선, 지역사회 환경과 자원의 활용, 새로운 자원의 개발, 대중매체의 활용 등이다.

2. 영향력 있는 사람들과의 연계 활동

영향력 있는 사람들은 명성이나 지위, 역할 등을 통해 타인에게 영향력을 행사할 수 있다. 즉, 이들은 특정 방식으로 행동하도록 다른 사람들을 설득할 수 있고 바람직하지 못한 행동을 효과적으로 차단할 수도 있으며 필요한 자원에 대한 통제권을 갖기도 한다. 바람직한 변화를 위해 지역사회의 영향력 있는 사람들과 함께 활동하려면 사회복지사는 우선적으로 해당 지역사회와 권력 구조를 이해하고 영향력 있는 사람들을 확인해야 한다.

또한 추구하려는 변화가 무엇이며 변화가 필요한 이유를 분명히 알고 변화가 영향력 있는 사람들 자신에게 어떤 측면에서 이익이 되는가를 제시한 후 적절한 기회를 포착해서 연계해야 한다. 이를 위해 사회복지사는 지역사회 내 여러 활동이나 모임 등에 관여하여 지역사회 내 영향력 있는 사람들과 알고 지내는 기회를 가질 필요가 있다. 아울러 영향력 있는 사람들을 조직과 지역사회의 변화에 영향을 행사하는 수단으로 활용하고 함께 일하는 방법에 대해 알아두어야 한다.

3. 서비스 조정

서비스 조정은 둘 이상의 활동 계획을 갖고 둘 이상의 서비스 제공자들과 함께 일하는 것이다. 효과적 서비스 조정은 서로 다른 기관에 의해 제공되는 각각의 서비스들이 바람직한 결과를 산출할 수 있도록 함께 일하는 것이다. 그러나 함께 일하는 각 전문직은 서로 다른 관점과 역할, 사회적 과업을 지닐 수 있으므로 효율적 서비스 조정이 어려울 수도 있다. 사회복지사는 이처럼 여러 전문직의 차이를 이해하고 이들 사이의 잠재적 긴장감을 알고 균형성을 유지하도록 초점을 두어야 한다. 조정은 관련된 모든 사람의 상호 만족이 중요하다.

서비스 조정을 위한 주요 접근 방법으로는 사례관리와 연계망 형성을 들 수 있다. 사례관리는 사례 확인, 사정 및 계획, 조정 및 의뢰, 서비스의 이행, 모니터링과 평가 및 재사정의 과정을 거친다. 사례관리자는 사정 및 계획에서 클라이언트의 욕구뿐 아니라 클라이언트의 비공식적 관계망과 인접 환경 내에서 활용 가능한 자원들에 대해 잘 알고 이러한 자원들이 중복 없이 통합적으로 제공될 수 있게 한다. 또한 다양한 자원들로부터 협력을 구하고 새로운 자원을 개발하기도 하며 기존 자원을 변화시키기도 한다. 그리고 정기적 모니터링을 통해 지속적 사정을 하며 클라이언트의 욕구 충족을 위해 다양한 전략과 자원을 조합하면서 직접적 실천과 간접적 실천을 병행한다.

연계망 형성은 다양한 관심과 지향성을 지닌 체계들이 함께 일할 수 있는 의사소통 구조를 개발하고 유지하는 거시적 조정 활동이다. 이를 위해 공통의 관심에 기초해서 관계를 발전시킬 잠재성을 지닌 사람들이 서로 대면해서 의사소통할 수 있는 방식을 만들어 내는 것이 필요하다. 예를 들어 특정 영역에서 서비스를 제공하는 사람들이 함께 모여서 자신들이 제공하는 서비스를 홍보하고 공개적 논의를 이끌어 내는 것은 지역사회 내 서비스 파악과 연계망 형성을 가능하게 한다.

4. 프로그램 자원의 개발

클라이언트에게 필요한 자원이 발견되지 않을 경우 사회복지사는 자원을 동원하기 위해 프로그램을 계획할 필요가 있다. 프로그램과 자원의 개발을 위해서는 지역사회의 영향력 있는 사람들과 개발에 관한 논의를 하거나 지역사회 주민들이 개발에 관해 논의하는 자리에서 함께해서 논의하는 것이 필요하다. 프로그램이나 자원의 개발이 결정된 경우에는 계획위원회를 만들고 개인 및 기관과 지역사회의 제반 요인들에 대한 욕구를 사정하고 필요한 지지를 끌어내며 직원 및 자원봉사자를 확보해야 한다.

5. 조직체 내부 변화를 위한 활동

기관의 정책이나 절차가 클라이언트의 요구를 충족시키는 데 방해가 될 때에는 기관의 변화를 이끌어 낼 수 있는 방법을 강구해야 한다. 조직체 내부의 변화를 위한 활동을 할 때 사회복지사는 문제 사정을 통해 클라이언트의 욕구가 충족되기 위해 어떠한 부분에서 구체적으로 어떠한 변화가 필요한가, 어떠한 변화가 가능하고 어떠한 변화가 불가능한가, 변화 노력에 포함되어야 할 사람들은 누구인가 등에 대해 파악해야 한다. 조직체 내부 변화를 위한 활동 과정에는 변화에 대한 저항이 나타날 수 있다. 사회복지사는 타협적 태도로 저항을 다룰 수 있으며 저항을 완화하기 위해 계획 자체를 수정할 수도 있다.

6. 옹호활동

옹호활동은 클라이언트의 욕구 충족을 방해하는 사회적 여건의 변화를 위해 사용할 수 있는 전략이다. 옹호는 한 명의 클라이언트에 대한 서비스 옹호와 사회문제의 희생자인 한 계층의 사람들에 대한 서비스 옹호로 나뉜다. 사회적 위험에 처한 클라이언트들은 자신들의 이익을 주장할 적절한 방법을 찾는 데 어려움을 겪게 되므로 사회복지사의 옹호활동이 매우 중요하다. 직접적 서비스와 간접적 서비스를 제공하는 사회복지사는 사회적, 정치적 변화가 클라이언트의 삶에 미치는 영향을 잘 알고 있으므로 쟁점이 되는 사안을 조사해서 의사결정자들에게 객관적 사실을 알리거나 직면, 협상 등의 전략을 활용할 수 있다.

옹호는 사회복지사가 클라이언트의 상황을 철저히 이해하고 클라이언트의 문제를 경감시키는 다른 방법이 전혀 없다고 확신할 때 활용할 수 있다. 아울러 발생 가능한 위험 요인이나 기대되는 결과, 이용 가능한 자원 등에 대해 충분히 고려하여 정책체계에 영향을 행사할지 아니면 문제의 영향을 받는 사람들을 조직할지를 결정해야 한다.

제 4 절 점검

개입활동의 전개 과정에서 목표에 비추어 볼 때 올바른 것인지의 여부를 점검하는 것이다. 즉, 서비스가 적절하며, 잘 제공되었는지 여부와 서비스의 질이 높은가, 서비스가 클라이언트의 욕구를 충족하고 있는가를 점검해 앞으로 어떤 변화가 필요한가를 지속적으로 점검하는 단계이다.

1. 점검의 목적

목표달성을 위한 개입과 동시에 지속적으로 이루어지는 평가는 개입 활동의 타당성과 정확성, 효율성을 검토하는 것으로 사회복지사의 점검에 의해 계획된 개입 활동의 지속 또는 변경 여부가 결정된다. 따라서 점검을 위한 목적을 간략하게 요약하면 다음과 같다(황철수, 2009).

점검의 목적은 개입 전략의 효과성을 평가하기 위한 것으로 개입의 결과가 예상한 효과로 나타나지 않는다면 사회복지사는 그 원인을 찾아 제거하거나 대안을 강구한다. 점검은 개입 전략의 효율성을 평가하기 위한 것으로 목표를 달성하려는 클라이언트의 노력을 평가(Corcoran & Vandiver, 1996)하여 개입 활동의 초점을 지속시키고 투입되는 시간의 효율성을 높인다. 또한 점검은 개입의 진전 과정에 있을 수 있는 장애요인을 발견하여 대처하기 위한 것으로 점검을 통해 클라이언트의 반응을 평가하여 진전이 부진할 때 클라이언트가 보일 수 있는 부정적인 태도와 정서에 즉각적으로 대처함으로써 개입에 저해되는 요인을 사전에 통제할 수 있다.

목표 달성에 집중하고 진행과정을 평가하기 위해 개입의 효과를 지속적으로 평가함으로써 원조과정에 대한 클라이언트의 동기와 자신감을 고양시킨다(Hepworth, Rooney, & Larsen, 2002, 권오균 외, 2011 재인용).

2. 점검 방법

점검의 방법에는 가정방문, 전화 통화, 편지, 메일(E-mail) 전송, 설문지 발송, 스마트폰 문자나 카카오톡 활용, 직원 간 그리고 기관 간의 상담, 관찰 등 다양한 방법을 통해서 실시할 수 있다.

3. 점검 내용

점검의 내용은 서비스의 질에 대한 점검, 클라이언트에 대한 점검, 서비스 제공자에 대한 점검으로 나눌 수 있다.

1) 서비스의 질

서비스의 질은 구조, 과정, 결과 차원으로 구분하여 평가할 수 있는데, 사회복지사에게 할당된 케이스의 수, 사회복지사로서의 자격, 클라이언트의 변동률 등을 검토하는 것이다. 사회복지사의 개입 활동을 평가하는 것은 수행 기간 동안의 가정방문 회수, 사례 발견에서 개입까지 걸린 시간 등을 평가할 수도 있다. 개입 이후에 클라이언트가 변화했는지, 변화는 예상된 변화인지, 클라이언트가 결과에 만족하는지 등을 평가하는 것이다.

2) 클라이언트에 대한 점검

클라이언트는 목표 달성을 위해 스스로 노력하고 있는가, 클라이언트에게 제공되는 서비스가 욕구 충족과 변화에 기여하는가, 클라이언트의 새로운 욕구나 문제로 계획이 수정되어야 하는가, 클라이언트의 문제가 해결되어 개입이 종결되어야 하는가 등이다.

3) 서비스 제공자에 대한 점검

서비스 제공자의 능력, 계약 이행 등을 점검할 필요가 있다. 그리고 서비스 제공자들의 노력이 서로 보완적인지, 모든 필요한 정보가 공유되고 있는지, 여부도 평가되어야 한다. 서비스 제공자의 경우 사정과 계획을 수행한 동일한 사회복지사가 사례관리를 지속하는 것이 바람직하다.

4) 서비스 점검표

서비스 점검표는 재사정과 평가로 이어지기 때문에 신중해야 하며, 개입을 통한 서비스 이행 및 목표 성취 정도, 클라이언트의 욕구, 그리고 환경의 변화 정도가 점검되어야 한다. 이처럼 점검은 이미 수립된 개입 계획이 계획한 바와 같이 수행되도록 하는 것인 동시에 변화나 문제가 생기면 이를 클라이언트에게 최선의 이익이라는 원칙하에 계획을 수정할 수 있는 융통성을 발휘하기 위한 과정이라고 할 수 있다.

점검의 시기는 따로 정해져 있지 않으며, 개입하고 있는 사례에 대해 어느 시점에 점검을 해야 할지 판단하기 어렵기 때문에 기관에서 시간을 정해 놓을 수도 있지만 개입 과정을 담당하는 사회복지사가 상황에 맞게 실시하는 것이 바람직하다(권오균, 2011).

CHAPTER

13

사회복지실천의 과정 : 종결 및 평가

사회복지실천은 목적 지향적이며, 시간 제한적으로 이루어지는 특성이 있으므로 클라이언트에 대한 개입 목표가 달성되면 종결에 이르게 된다. 종결 과정에서 중요한 것은 종결 유형에 따른 클라이언트와 사회복지사 자신의 정서 반응을 다루어야 하며, 문제해결이 되지 않았을 경우에는 타 기관에 의뢰를 할 수 있다. 또한 변화된 결과를 강화, 유지해야 하며 사후 관리가 이루어져야 한다. 사회복지사는 종결 후 평가 과정을 거쳐야 한다. 사회복지실천에서 평가의 중요성이 강조되고 있다. 따라서 이 장에서는 평가 유형을 평가 차원과 평가 목적에 따라서 알아보고 주요 평가 방법을 다룰 것이다.

제 1 절 종결에 대한 이해

1. 종결 단계의 과업

1) 종결 시기 결정하기

종결 시기를 결정하기 위해서 종결할 때가 되었는지 판단할 때, 고려해야 하는 사항은 다음과 같다.

- 개입 목표의 달성 정도
- 서비스 시간 내 제공 완료 여부
- 클라이언트의 문제 상황의 해결 정도
- 사회복지사와 기관의 투자 노력
- 이득 체감(더 이상의 만남이 큰 도움이 되지 않으리라는 것)에 대한 합의
- 클라이언트의 의존성
- 클라이언트에 대한 새로운 서비스의 적합성 여부 : 의뢰

2) 정서적 반응 다루기

(1) 목적이 달성되지 않은 경우

실망, 사회복지사에 대한 분노, 버림받는다는 느낌이 들 수 있으므로 클라이언트의 감정을 수용하면서 부정적 감정을 표현할 수 있게 한다.

(2) 사회복지사가 떠날 때 정서적 반응 다루기

이전에 거부당한 경험이 있는 클라이언트는 상처받기 쉽고 자존심이 약해질 수 있으므로 사회복지사가 떠나도 변화를 위한 노력을 계속해 나가기를 바란다는 언급을 하고 지지와 격려를 제공해야 한다. 사회복지사는 클라이언트의 부정적·긍정적인 모든 감정 표현을 허용하고 다른 사회복지사에게 의뢰하는 것을 수용하도록 도와야 한다.

3) 효과의 유지와 강화

획득된 성과를 유지하고 일반화하고 계속 발전할 수 있도록 계획하여 클라이언트로 하여금 문제해결의 기본 원칙을 파악하도록 원조한다. 표적 문제에 대해 문제해결의 원칙이 어떻게 적용되었는지 검토하고 일반화 방법 등에 대해 예측·연습한다. 사후관리(follow-up)는 종결 후, 일정 기간(1~6개월 사이)이 지나서 클라이언트가 잘 적응하고 있는지, 변화의 유지 정도를 확인하는 것이다.

4) 의뢰

사례가 종결되었지만 클라이언트에게 새로운 서비스가 더 필요하거나 해결되지 않은 문제가 있는 경우 의뢰한다.

5) 평가

사회복지실천에서 개입 활동의 결과가 효율적인지 효과적이었는지를 사정한다.

2. 종결의 유형

종결은 실천 과정에서 언제든지 일어날 수 있다. 사회복지사와 클라이언트가 설정된 목표에 도달하여 클라이언트가 사회복지사의 도움 없이 목표를 수행할 수 있을 때, 종결을 하는 것이 바람직하다. 그러나 실제로 종결은 예상하지 못한 경우에 일어날 수 있어 다음과 같이 구분할 수 있다(이종복 외, 2007; Hepworth & Larsen, 최해경, 2009 재인용).

1) 목표 달성으로 인한 종결

클라이언트와 사회복지사가 목표가 달성되었고 충분한 진전이 이루어졌다고 믿거나, 제시된 상황이나 문제에서 벗어났을 때 종결이 된 경우이다. 종결이 가까워지면 클라이언트와의 접촉 빈도를 조금씩 줄이는 것이 바람직하다. 이러한 경우 클라이언트의 정서적 반응을 다루는 것이 중요하다.

2) 클라이언트에 의한 일방적인 종결

클라이언트에 의한 일방적인 종결은 서비스가 개입되고 있는 동안 클라이언트가 약속 시간에 나타나지 않거나, 여러 가지 사소한 이유를 제시하면서 문제를 더 이상 논의하지 않으려 할 때 종결하게 되는 것을 말한다. 이는 종종 클라이언트의 사회복지사에 대한 저항의 표현일 때가 있기 때문에 종결 전에 저항감을 반드시 해소하는 것이 필요하다. 어떤 클라이언트들은 그들의 종결 결정을 다른 요인들의 탓으로 돌려 더 이상 원조를 필요로 하지 않는다는 등의 이류로 종결을 요구한다. 그러나 사회복지사는 그들의 문제가 예상 기간보다 일찍 종결된 이후에 오히려 악화될 수도 있다는 것을 인식해야 한다.

3) 시간 제약에 의한 계획된 종결

시간 제약에 의해 정해진 기간만 제공되는 계획된 종결은 학기 중에만 서비스를 제공하는 학교 프로그램, 입원기간에만 제공되는 병원 서비스, 실습기간에만 사례를 다루는 실습생 등의 경우이다. 이러한 종결은 미리 알려진 것이므로 클라이언트 입장에서는 갑작스럽게 종결을 맞는 것보다 충격이 적고 그에 대한 대비를 할 수 있어 종결에 따른 감정을 해소할 충분한 시간을 갖게 된다.

종결일을 미리 아는 것은 이별에 대한 감정을 해결할 수 있는 충분한 시간을 줄 수 있지만, 기관 기능에 의한 시간제한으로 결정된 종결은 클라이언트의 문제가 정해진 시기에 적절하게 해결되지 않을 수도 있다.

4) 시간을 정해 놓은 서비스의 계획된 종결

시간을 정해 놓은 서비스의 계획된 종결은 초기부터 사회복지사와 클라이언트가 개입의 시간을 미리 정하고 시작하는 것이다. 사회복지사와 클라이언트가 처음부터 종결 시간을 안다는 것은 정서적 집착과 의존성의 정도를 줄일 수 있어서 종결에 따른 클라이언트의 상실감을 줄여준다. 시간을 정해 놓은 서비스의 종결은 일반적으로 이별에 대한 정서적 반응이 시간제한이 없는 종결보다 훨씬 덜하지만, 여기서도 애착 형성과 상실 경험이 있기 때문에 사회복지사는 종결에 대한 반응에 민감해야 한다.

5) 시간을 정하지 않은 서비스의 계획된 종결

시간을 정하지 않은 서비스에서 계획된 종결은 언제 종결할 것인가를 결정하는 것이 중요하다. 일반적으로 사회복지사와의 만남을 통해 클라이언트가 목표 달성에 어느 정도 도달했다고 만족한다면, 사회복지사는 클라이언트가 가까운 장래에 종결할 준비가 되어 있다는 사실을 인정하고 클라이언트와 함께 종결 계획을 수립한다.

이 유형의 종결은 이별에 관한 정서적 반응을 다루는 것이 특히 중요하다. 사회복지사가 장기간에 걸쳐 클라이언트의 삶에서 중요한 역할을 수행해 왔기 때문에 클라이언트는 종결에 대해 상당히 상실감을 받을 수 있고, 때로 사회복지사에게 의존적으로 될 수도 있다. 또한 클라이언트의 문제가 재발할 수도 있고 새로운 문제를 제기할 수도 있다.

6) 사회복지사의 이동에 의한 종결

사회복지사의 이동에 의한 종결은 사회복지사가 새로운 직장이나 부서로 옮겨갈 경우, 해당 클라이언트의 사례를 자신이 다루기 힘든 경우, 사회복지사의 개인적인 사정(입원, 이사 등) 등에 의해 종결된 경우이다. 이러한 종결은 사회복지사나 클라이언트 모두에게 힘들다. 특히 과거에 부모나 중요한 사람들로부터 거부되거나 버려진 적이 있는 클라이언트는 상처를 받기 쉽고 자존심에 손상을 입는 경험을 할 수 있다.

사회복지사가 이동함으로써 서비스가 종결된 경우, 시간이 허락하는 한도 내에서 클라이언트로 하여금 그들의 정서를 극복해 내도록 원조하고, 다른 사회복지사에게 의뢰되는 것에 대해 수용할 수 있도록 준비시킨다.

3. 종결에 따른 반응

1) 긍정적인 종결

클라이언트가 성취한 이득으로 인해 종결로 인한 상실감의 충격이 감소하게 된다. 사회복지사가 강점중심과 문제해결 접근법을 사용하는 경우 클라이언트와 사회복지사 모두는 성취감을 느끼게 된다.

2) 부정적인 종결

(1) 치료 및 사회복지사에게 집착

원조관계를 통해 외부 관계 및 활동에서 더 좋은 결과를 성취할 방법을 배우기보다 원조관계 자체를 관계와 활동의 대체물로 생각하는 경우이다. 사회복지사가 클라이언트에게 집착하지 않았는지, 클라이언트의 강점과 성장의 기회보다는 약점, 결함, 병리에만 초점을 둔 결과 어려움이 발생한 것이 아닌지 살펴봐야 한다.

(2) 과거문제 재발

치료의 종결 시점에 이를수록 공항을 겪고 상당 기간 발생하지 않았던 과거문제가 다시 발생하는 경우이다. 종결 이후의 삶과 관련한 두려움과 불확실성에 초점을 두는 것이 중요하다. 이때 클라이언트의 감정을 탐색하고 공감한 후, 클라이언트가 이룬 진보에 대해 다시 한 번 검토하고 클라이언트가 사용할 수 있게 된 강점과 사적 자원에 대해 믿음을 주는 것이 도움이 된다.

(3) 새로운 문제 호소

원조관계를 계속하기 위한 방편으로 새로운 스트레스나 문제를 호소하는 경우이다. 사회복지사는 새로운 문제나 정보의 중요성을 최소화해서는 안 되지만, 종결에 대한 감정을 일단 탐색한 후 그 문제와 정보에 관심을 갖는 것이 중요하다.

(4) 사회복지사의 대리인 발견

클라이언트가 의존할 다른 대상을 찾아 현재의 사회복지사를 상실한 것에 대해 보상하는 경우이다. 사회복지사는 클라이언트가 이러한 역동을 인식하고 자신이 선택한 것이 어떤 결과를 가져올지 숙고할 수 있도록 도와주어야 한다. 집단 성원 역시 지속적인 사회적 지지체계를 개발하기보다 단순히 다른 집단에 소속되어 집단에 대한 상실을 보상받으려 할 수 있다. 집단 지도자는 클라이언트가 집단 외부 사람과 관계를 맺는 것에 대한 두려움을 탐색하고 해결하는 수단으로 집단을 활용할 수 있도록 클라이언트의 목표에 대해 협상하는 것이 좋다.

3) 사회복지사가 떠날 때의 정서적 반응 다루기

클라이언트와 사회복지사에게 모두 힘든 경우이다. 특히 이전에 거부당한 경험이 있는 클라이언트는 상처받기 쉽고 자존심이 약해진다. 클라이언트는 상실감을 거부하기 위해 평소와 같은 행동을 보일 수 있는데 이것은 종결을 극복한 것이 아니라 고통스러운 현실과 관련된 감정을 피하기 위한 시도일 수 있으므로, 이 감정에 직면하게 한다. 사회복지사는 시간이 허락하는 한 클라이언트의 부정적·긍정적인 모든 감정 표현을 허용하고 다른 사회복지사에게 의뢰하는 것을 수용하도록 돕는다.

4) 실패로 인한 종결

개방형 종결 서비스에서 문제를 극복하기 위해 아무리 노력해도 클라이언트가 절망 속에 갇혀 있을 때, 종결해야 한다. 이때 집단 성원들도 혼란스럽고, 실망하고, 지도자나 다른 성원에게 화가 난 채 성공적이지 못한 결과로 끝날 수도 있다. 사회복지사와 클라이언트가 협조적인 관계로 원조 과정에서 참여하려 노력했지만 개입의 결과가 기대했던 만큼 나오지 않거나 실패할 수도 있다. 이런 경우 바람직한 성과를 성취하지 못한 요인과 추가 도움을 구하는 것에 대한 클라이언트의 감정을 다루어야 한다.

부정적인 감정을 성공적으로 극복하기 위해서 사회복지사는 클라이언트가 그 감정을 이겨낼 수 있을 때까지 감정에 초점을 두어야 하며 공감적 의사소통, 수용, 따뜻함 등의 기술과 태도들이 필요하다. 반복하여 거절을 경험한 클라이언트는 종결을 사회복지사가 자신을 거절한 것으로 잘못 해석한다. 이런 경우, 분리에 대한 반응을 알고 클라이언트를 이해해야 한다.

4. 변화된 결과의 강화 및 유지

클라이언트의 변화된 결과를 강화하고 유지하는 것은 종결에서 다루어야 할 중요한 사항이다. 사회복지사는 변화된 문제나 행동 등의 중요성을 클라이언트에게 인식시킴으로써 새로운 기술을 계속적으로 사용하도록 하며, 환경적 자원의 제공으로 이득을 지속시키는 데 도움이 되는 지역사회 자원을 제공한다. 또한 환경적 자원의 제공으로 이득을 지속시키는 데 도움이 되는 지역사회 자원을 제공하며 사후 서비스로 개입의 효과와 지속적 원조를 위한 계획에 대한 중요한 정보를 제공한다. 그리고 클라이언트의 스트레스와 부정적 상황을 미리 예측하고 그가 속한 환경의 자원체계들을 잘 활용하여 적절하게 대처하도록 함으로써 클라이언트의 변화된 결과를 강화하고 유지하도록 도움을 주어야 한다.

5. 사후 관리

사후 관리는 클라이언트와 사회복지사의 공식적 관계가 종료된 후 1개월에서 6개월이 지났을 때, 클라이언트가 잘 적응하고 있는지를 점검하는 과정으로, 클라이언트가 종결할 때와 같은 수준에서 잘 기능하고 있는지를 알아보기 위함이고 클라이언트가 어려움을 겪고 있다면 필요한 도움을 제공하기 위해서 실시된다. 사후 관리는 종결 시 클라이언트와 함께 계획할 수도 있다. 또한 개입의 전 과정을 계획하는 단계에서 사후 관리가 포함되도록 고려할 수도 있는데, 처음 개입 계획 단계에서부터 포함되도록 하는 것이 바람직하다(Wells, 1981).

사후 관리를 실시할 때, 사회복지사는 클라이언트에게 사후 관리의 목적이 클라이언트의 변화의 진전 상황을 점검하는 것임을 확인시켜 줌으로써 클라이언트에게 긍정적 기대감을 심어 주는 것이 좋다. 계획된 사후 관리는 클라이언트에게 사회복지사의 지속적 관심을 받고 있다는 지지감을 부여함으로써 종결 시의 개입 효과를 지속적으로 유지하는 데 도움을 주게 된다(사회복지교육연구센터, 2011).

제 2 절 평가에 대한 이해

1. 사회복지실천 평가

1) 평가의 개념

사회복지 분야에서 '평가'는 기관의 계획이나 정책, 혹은 프로그램에 전반적으로 적용될 수 있다. 광의의 차원에서 사회복지실천 평가란 사회복지실천 활동이 효과적이었는지, 그리고 효율적이었는지를 판단한다.

(1) 사회복지실천 평가

사회복지실천의 평가는 사회복지사의 개입 노력을 사정하는 것을 말한다. 개인이나 가족, 집단, 지역사회를 대상으로 실시한 개입이 변화를 일으켰는지, 어느 정도의 변화가 생겼는지를 사정하는 것이다.

(2) 프로그램 평가

프로그램 평가는 실천적 조사 연구의 한 유형으로 사회복지서비스가 필요한지, 서비스가 계획된 대로 수행되는지, 서비스가 목적한 바대로 사람들의 욕구나 문제에 효과적이었는지를 평가하는 것이다. 평가의 결과를 토대로 결정권자로 하여금 합리적인 결정을 내릴 수 있게 한다.

2) 사회복지실천 평가의 중요성

사회복지실천기관은 정부나 지역사회 후원자들로부터 자원을 제공받기 때문에 클라이언트에게 제공한 서비스 결과에 대해서 평가가 따르게 된다.

평가에는 사회복지실천의 효과성 및 효율성 여부에 대한 측정과 자원 사용에 대한 책임성 입증, 클라이언트에 대한 책임성 이행, 실천 과정에 대한 점검이 있어야 하며, 이러한 평가 과정을 통해서 서비스를 제공한 사회복지사의 능력 향상을 가져올 수 있다.

2. 평가 유형

1) 평가 차원에 따른 분류

(1) 성과 평가

성과(outcome, 결과)에 대한 평가는 목표에 비추어 성취된 결과가 어떠한지를 평가하는 것이다. 측정도구가 없다면, 클라이언트의 관점과 생각을 사회복지사의 생각과 비교하기 위해 면담이나 질문지를 사용할 수 있다. 전체 과정을 평가하기 위해 각 과정에서 달성한 목표를 클라이언트의 관점에서 도출해야 한다. 성과 평가의 장점은 모든 프로그램을 종결한 후에 실시하므로 사회복지사를 번거롭게 하지 않을 수 있다는 점이지만 단점은 프로그램이 이미 종결되었으므로 진행 과정에서 잘못된 부분을 시정할 수 없다는 점이다.

(2) 과정 평가

과정 평가(proses evaluation)는 사회복지실천 과정을 분석하기 위한 것으로 성과 평가에서 빠지기 쉬운 프로그램의 준비, 진행, 종결 과정에서 환경적인 요인과의 관련성을 프로그램이 진행되는 매 과정마다 분석하는 기법이다. 과정 평가의 핵심은 긍정적인 변화를 유발할 수 있는 일반적인 요소를 잘 알아 실천에 통합하고 치료적 효과를 향상시키는 데 있다.

평가 내용에는 사회복지사가 목표 달성을 위해 사용한 방법이나 기법에 대해 피드백 하는 것도 포함된다. 과정 평가의 장점은 프로그램 진행 과정에서 잘못된 부분을 바로잡아 다음 회기에 적용할 수 있다는 점이지만, 단점은 매 회기 진행 후 평가를 해야 한다는 점에서 사회복지사의 업무에 부담을 줄 수 있다는 점이다.

(3) 클라이언트의 평가

프로그램에 참여한 클라이언트나 관련된 사람들을 대상으로 프로그램 참여가 자신에게 얼마나 도움이 되었는지, 자신이 적극적으로 프로그램에 참여했는지, 미진한 부분은 없었는지를 평가하게 하는 방법으로 구조화된 질문지를 사용하거나 면담을 통해서 이루어질 수 있다.

(4) 사회복지사 평가

사회복지사의 행동이나 태도 등이 개입에 어떠한 영향을 주었는지 파악하기 위해 클라이언트로부터 피드백을 받는 것이다. 클라이언트의 긍정적 피드백은 사회복지사로 하여금 자기 강점을 더 잘 알게 하고 그것을 미래에 자주 활용하게 한다. 부정적인 피드백은 때로 고통스럽지만 사회복지사의 주의 산만, 반치료적 행위나 태도, 매너리즘을 알려준다는 점에서 매우 도움이 된다.

2) 평가 목적에 따른 분류

(1) 형성 평가

형성 평가(formative evaluation)는 개입 과정에 대한 평가이다. 사회복지실천 과정에 초점을 두고 주기적으로 진전 상황을 평가한다. 활동의 진행 과정에서 그것을 부분적으로 수정·개선·보완하는 데 필요한 정보를 얻기 위하여 실시하는 평가 활동인데, 이는 사회복지실천에서 원조 과정 동안 실시되는 사정과 관련된다. 사회복지사가 과정을 검토하도록 하고 필요한 경우에 개입 계획을 수정할 수 있도록 한다. 이러한 의미에서 형성 평가는 실천 과정의 점검이라고 할 수 있다.

(2) 총괄 평가

총괄 평가(summative evaluation)는 활동이 종결되었을 때, 그 활동의 결과로서 산출된 성과와 효율성에 대하여 종합적인 가치판단을 하는 행위이다. 사회복지실천에서 개입(프로그램)이 종결되었을 때 그것의 효과성, 즉 목적 달성 여부와 관련하여 그 요인을 분석하는 것을 말한다. 이러한 면에서 형성 평가와 대조된다. 개입 목표를 얼마나 잘 성취했는지를 평가하는 것으로 개입 방법의 성과나 효과, 즉 효율성과 효과성을 평가한다. 총괄 평가의 단계 및 고려해야 할 요소들은 기관의 사명, 프로그램의 목적 및 목표, 프로그램 목표달성 여부 결정 방법, 목표달성 여부, 평가 자료 활용 방법 등이다.

(3) 통합 평가

형성 평가와 총괄 평가를 통합한 평가이다. 단일 사례연구를 통합 평가로 보기도 하고 과정 평가나 총괄 평가의 변형으로 보기도 한다.

3. 사회복지실천에서 활용하는 주요 평가 방법

1) 단일 사례연구 설계

(1) 단일 사례 설계의 개념

단일 사례 설계는 개인 및 가족, 소집단 등을 대상으로 문제를 해결하기 위한 개입의 효과를 과학적으로 입증하는 것이다. 클라이언트에 대한 개입 및 결과의 인과관계를 살펴보기 위해 통제된 환경에서 개입 전과 개입 후의 변화를 시계열적으로 반복해서 측정하여 평가하는 것이다. 일반적으로 평가의 대상은 한 사람의 개인, 하나의 집단, 하나의 가족, 하나의 기관이 된다. 사회복지 분야에서 단일 사례연구는 주로 임상사회사업에서 개인, 가족, 소집단들의 심리 사회적 기능을 유지하거나 향상시키고 실천 이론을 발전시키는 데 사용된다. 단일 사례연구에서 표본의 크기, 분석 단위 등은 모두 1이다.

(2) 단일 사례 설계의 특징

단일 사례연구의 일차적인 목적은 가설의 검증에 있는 것이 아니라 어떤 표적 행동에 대한 개입의 효과성을 분석하는 데 있다.

① 표본의 크기=1, 분석 단위=1, N=1

단일한 대상(개인, 집단, 조직, 지역사회 등) 사례, 즉 하나의 대상 또는 사례를 대상으로 한다. 조사의 대상이 되는 사례는 개인 또는 집단이다. 가족이나 집단도 대상이 될 수 있지만 가족 또는 집단 전체를 하나의 사례로 본다. 집단 구성원들의 정보는 개별적으로 취급되는 것이 아니라 집단 전체의 평균이나 빈도 등으로 요약되어 하나의 사례로 취급된다.

② 반복적 관찰

경향과 변화 정도를 알 수 있도록 반복적인 관찰을 한다. 통제집단이 없는 대신 하나의 사례를 반복적으로 측정함으로써 개입의 효과를 파악한다.

③ 즉각적인 환류(feedback)

반복적이고 연속적으로 자료를 수집하기 때문에 개입으로 인한 조사 대상의 변화를 주기적으로 파악할 수 있다. 사례를 진행하는 도중에 도출되는 정보는 환류-수정의 반복적인 과정을 통해 새로운 개입 방법을 수립하거나 개입 방법을 수정함으로써 개입 효과를 높인다.

④ 통제집단 없음

클라이언트는 스스로 통제집단이 되기 때문에 통제집단이 없다. 클라이언트의 문제, 상황, 목적에 관련된 개별화된 기초선은 개입 과정 동안 변화를 측정하는 기준이 된다.

⑤ 개입 전후 비교

단일 사례 설계는 개입 전을 통제 상태로 보고 개입 중 또는 개입 후의 상태를 실험 처치 후의 상태로 보아 개입 전후를 비교하는 실험 조사 설계의 통제집단 후 비교 설계와 같은 논리를 찾는다. 단일 사례연구 설계와 집단 연구 설계를 비교하면 <표 13-1>과 같다.

표 13-1 단일 사례연구 설계와 집단 연구 설계의 비교

내용	단일 사례연구 설계	집단 연구 설계
연구 대상	개인, 가족, 소집단	모집단으로부터 무작위 표본추출
연구 목적	표적 행동에 대한 개입의 효과성 규명	가설의 검증
실험 처치	하나의 사례를 반복 측정함으로써 실험집단과 통제집단과 같은 집단 비교의 효과를 갖는다.	실험집단과 통제집단으로 나누어 사전, 사후 검사 값을 비교하여 실험 처치의 효과를 평가한다.

2) 단일 사례 설계의 이점

(1) 목표와 개입 계획 단계

사회복지사는 단일 체계 설계의 틀에 근거하여 목표를 사려 깊게 재고해 볼 수 있다. 단일 사례연구에서 요구되는 종속 및 독립(치료) 변수의 명확한 분류를 통해 사회복지사는 이 둘의 혼동 가능성을 줄인다. 이러한 구조가 없다면, 사회복지사는 자신의 치료 목표가 단지 클라이언트를 가르치는 것이라고 여기게 된다. 사회복지사들은 목표 달성에 좀 더 책임감을 느끼며 클라이언트를 동기화한다. 사회복지사는 클라이언트의 목표 달성을 돕는 자신의 능력을 감시하게 되고, 동시에 클라이언트는 평가기간 동안 자신의 과제와 목표를 확인하게 되므로, 치료 계획이 시행되는 동안에는 진척 상황을 평가하게 된다. 이를 통하여 치료 분야에 클라이언트의 참여를 증가시킨다.

(2) 클라이언트 목표의 평가 단계

다양한 자료를 통해 다양한 유형의 정보를 얻게 되므로 이로써 편견을 줄이고, 클라이언트의 상황에 대한 좀 더 정확한 자료를 만들 수 있다. 그래프, 혹은 도표와 같은 여타 형태로 평가 자료는 좀 더 높은 관심을 유발하며, 관련된 당사자 모두의 이해를 더욱 향상시킬 수 있다.

3) 기본 개념

(1) 기초선

단일 사례 설계는 우선 측정할 수 있는 목적을 설정하고 개입 이전의 행동 빈도를 보여주는 기초선(baseline)을 설정한다. 단일 사례 설계에서 변화의 정도를 측정하기 위해 개입 시점에서 설정하는 기준선으로 개입하기 이전 단계이며 A로 표시한다. 대개 며칠 또는 몇 주 간의 표적 행동의 빈도, 강도, 지속 시간을 관찰함으로써 설정된다. 또한 개입 전에 관찰이 허용되지 않으면 이전의 행동 패턴에 초점을 둔 클라이언트, 또는 클라이언트의 가족, 클라이언트와 관련된 친구 및 직장 동료 등의 정보를 통해 회고적으로 기초선을 설정할 수 있다.

(2) A와 B

A는 보통 설정된 기초선을 의미하며, 개입 전 국면이라고도 한다. B는 개입 단계를 의미하며 복수의 개입 유형이 사용되면 C, D 등으로 표기한다. 특히, 사회복지실천에서는 기초선을 측정할 수 없는 상황도 많으며 이 경우 개입 기간의 행동 기록만 이용 가능한데, 이를 B 설계라고 한다.

4) 유형

(1) AB 설계 : 기본 단일 설계(기초선 → 개입 단계)

AB 설계를 기본 단일 설계라고도 하며 AB 설계는 기초선(A) 설정 후 개입(B)이 뒤따르는 것을 말한다. 장점으로는 여러 유형의 문제와 장소에서 적용 가능하며 단점으로는 다른 변수의 영향을 통제할 수 없으므로 개입의 효과 파악이 곤란하며 표적 행동의 변화에 미치는 효과의 신뢰도는 낮다.

(2) ABA 설계(기초선 → 개입 단계 → 제2 기초선)

AB 설계에 개입을 중단하는 제3의 국면 A를 추가, 변화의 개입 효과성을 확인할 수 있게 만든 설계이다. ABA 설계는 기초선(A) → 개입(B) → 기초선(A)의 형태로, 개입 이후에 기초선 관찰이 다시 이루어진다. 두 번째 기초선 기간은 처음 기초선과 같은 상태로 돌아간다는 의미에서 반전 기간 또는 제2 기초선이라고 한다.

장점은 변화의 개입 효과성에 대한 파악이 가능하다. 단점은 변화가 일어난 클라이언트에게 개입을 중단함으로써 그를 다시 문제 상황에 빠뜨릴 수 있다는 점에서 비윤리적이며 개입을 철수해도 개입 효과가 지속될 수 있다. 그리고 조사기간이 길어진다.

(3) ABAB 설계(기초선 → 개입 단계 → 제2 기초선 → 개입 국면)

ABA 설계에 다시 개입을 재개하는 B 국면을 추가한 설계이다. 즉, ABAB 설계는 외생 변수를 좀 더 효과적으로 통제하기 위해 제2 기초선(A)과 제2 개입 단계(B)를 추가하는 것이다. 다시 말하면 기초선(A) → 1차 개입(B) → 반전, 철회(A) → 2차 개입(B)의 형태이다. 두 번째(A)에서는 개입을 철회한다. 장점은 개입의 효과에 대한 인과관계의 파악 및 특정한 문제를 가진 클라이언트에 대한 특정 개입 효과를 알 수 있으므로 해당 분야의 이론 축적이 용이하며, 클라이언트와 사회복지실천가의 관계가 지속되고 있는 상황에서 두 번째 기초선이 설정되고 개입이 이루어지므로 지속적인 관찰이 가능하다. 단점은 ABA 설계보다 시간이 오래 걸리기 때문에 두 번에 걸친 기초선, 개입 기간을 모두 일정하게 유지하기가 어렵고 개입 지속 효과로 인해 개입의 효과가 무의미하게 될 경우가 발생할 수 있다.

(4) BAB 설계(개입 단계 → 기초선 단계 → 개입 단계)

기초선 측정 없이 바로 개입할 때 사용하는 설계이다. 클라이언트가 위기에 처해 있거나 기초선을 측정할 수 없는 상황에서 바로 개입하는 설계이다. 장점은 클라이언트 상황이 어느 정도 안정되면 개입을 중지하고 기초선 단계 자료를 수집한다. 단점은 개입이 이루어지기 전에 기초선을 측정하지 못했기 때문에 개입의 효과성을 얻기 어렵고 개입 이후에 기초선을 측정하더라도 이미 개입이 이루어졌기 때문에, 기초선에는 개입의 효과가 어느 정도 반영되어 있다.

(5) 다중 요소 설계(기초선 단계 → 서로 다른 개입 방법 사용)

다중 요소 설계 ABCD, ABA, ABACA 설계 등이 있다. 하나의 기초선 자료에 대해 여러 가지의 각기 다른 개입 방법을 연속적으로 도입해 보는 것이다. A는 기초선이고 B, C, D는 각기 다른 개입 방법이다.

(6) 복수 기초선

둘 이상의 기초선을 사용하는 것을 말한다. 개입을 중단하는 대신에 동시에 개입을 시작하므로 윤리적, 실천적 문제를 피할 수 있다. 그리고 개입의 인과적 결론을 더욱 확실히 하기 위해 개발된 것이다. 즉, 여러 문제, 여러 상황, 여러 사람에게 적용하여 같은 효과를 얻음으로써 개입의 인과적 효과와 확신을 높이려는 것이다.

① 문제 간 복수 기초선 설계

하나의 특수한 개입 방법이 같은 상황 하에 있는 같은 대상자의 다른 문제해결에 효과가 있는지를 평가하기 위한 설계방식이다. 단, 문제는 상호 독립적이어야 한다.

② 상황 간 복수 기초선 설계

하나의 특수한 개입 방법이 같은 대상자의 같은 문제를 두 가지 이상의 다른 상황에서 치료하는 데 효과가 있는지를 평가하는 설계이다.

③ 대상자 간 복수 기초선 설계

같은 상황 하에서 같은 문제를 가진 여러 사람에게 특정 개입 방법을 실시해 그 개입 방법이 효과가 있나 살펴보기 위해 사용하는 설계이다.

(7) 철회 설계

ABA 설계, ABABA 설계 등이 이에 속하다. 기초선(A) 측정 후 일정 기간 개입(B)을 하고, 일정 기간 동안 개입을 중단(A)하는 것을 말한다. 개입한 상태와 하지 않은 상태를 두 번 관찰할 수 있기 때문에 AB 설계에 비해 개입에 대한 확신을 얻을 수 있다. 또한 타당도를 저해하는 역사, 성숙, 통계적 회귀 등 요인들을 통제하는 데 유용하지만 의도적으로 개입을 철회(중단)하는 것은 윤리적으로 문제가 있다.

개입의 변화가 미치는 영향을 분석하기 위해 여러 설계를 사용한 것이다. 그리고 클라이언트에게 도움 되지 않는 개입을 수정하거나 실제로 표적 문제에 변화를 가져오는지 설명하고자 할 때 유용하다. 단점은 이월효과, 순서효과, 우연한 사건과 관련된 제한점이 있다.

4. 기타 평가 방법들

1) 목표 성취척도, 목표 달성척도(GAS : goal attainment scale)

클라이언트가 개별화된 목표에 도달한 정도를 측정하는 것으로서 개입의 목적과 목표들이 특정 클라이언트에게 해당하는 경우에 적용된다. 목적 성취 여부를 결과의 기준으로 잡는다. 클라이언트가 여러 가지 서로 연관된 목적이 있는 경우, 목적을 쉽게 측정할 수 없는 경우 사용한다. 치료집단에서 개인의 목적에 대한 진척 상황을 평가하는 데 쓰이기도 한다. 상호집단과 사회 목적집단에서는 집단 목적의 진척된 상황을 사정하는 데 쓰일 수 있다.

2) 과제 성취척도

사회복지사와 클라이언트가 합의한 개입 과제로 성취한 정도를 평가하는 방법이다. 사례에 대한 개입 활동이 기초선을 설정하거나 단일 사례 설계를 이용하기 어려울 때 유용하게 활용되고, 클라이언트와 사회복지사가 개입 과업에 대한 완수 정도를 결정할 때 활용된다.

특히 기초선의 설정이나 단일 사례 설계의 적용이 어려울 때, 또는 단기 서비스 상황에 적용되는 것으로, 과업중심실천에서 개발되었다.

과업중심실천은 목표를 위한 작업을 여러 개의 독립적인 활동과 과제로 세분화하고 이를 약 1~2주 안에 수행하는 것을 목적으로 한다. 이때 합의된 과제가 실제로 달성되었는지를 측정하는 것이 과업 성취척도이다. 보통 4점 척도(1. 최소한 달성 또는 전혀 달성되지 않음, 2. 부분적 달성, 3. 상당히 달성, 4. 완전 달성)를 사용한다. 시간과 자료가 부족할 때 사용할 수 있는 이점이 있다. 과업 성취척도의 예는 <표 13-2>와 같다.

표 13-2 과업 성취척도의 예

과업(과제)	성취 수준	등급
도시락 배달 서비스 확보	다음 달 1일부터 시작	2
간병인 서비스 연계	대기자 명단에 등록	2
가족과의 연락	아들과 연락이 닿아 방문함	4

*1. 최소한 달성 또는 전혀 달성되지 않음. 2. 부분적 달성 3. 상당히 달성 4. 완전 달성

CHAPTER

14

사례관리

사례관리(case management)는 만성적이고 복합적인 문제를 지닌 중증 장애인, 고령 노인, 정신질환자, 알코올중독자, 노숙자 등을 대상으로 필요한 서비스를 체계적으로 연계하여 제공하여 삶의 질을 향상시키는 사회복지실천 방법이다. 미국에서 1970년대부터 사례관리가 활용되기 시작했고, 우리나라에서는 1980년대 이후에 일부 영역에서 부분적으로 활용하기 시작하다가 2000년 이후부터 효과적, 효율적인 서비스 제공을 위한 실천 방법으로 중시되고 있다. 이 장에서는 사례관리의 개념과 등장 배경, 구성 요소 및 사례관리 과정과 평가 등에 대해서 다루고자 한다.

제 1 절 사례관리의 철학 및 개념

광범위한 범주로서의 사례관리는 휴먼 서비스 분야의 사회복지, 간호, 의료 등 전문 영역에서 사회복지사, 방문간호사, 가정의(醫)들에 의해서 보다 다양한 방법으로 활용된다. 일반적으로 사례관리는 보호하거나, 옹호하는 것에 대한 조정을 포함하고 계획한 것을 수행하는 것을 포함하지만 또한 상담과 치료적 지원도 제공될 수 있다. 사례관리는 사회복지서비스를 진행할 수 있도록 개인을 원조하거나 최고의 질적인 보호 수준을 얻는 데 목표를 둘 수 있다.

사회복지 분야에서는 미국에서 1970년대부터 사례관리가 활용되기 시작했고, 우리나라에서는 1980년대 이후에 지극히 일부 영역에서 부분적으로 인식하거나 활용하기 시작하다가 2000년도 이후에는 효과적이고 효율적인 서비스 제공을 위한 실천 방법으로 중시되고 있다.

특히, 사회복지 분야에서의 사례관리는 만성적이고 복합적인 문제를 가지고 있는 클라이언트를 대상으로 필요한 서비스를 체계적으로 연계하여 제공함으로써 클라이언트의 삶의 질을 향상시키는 사회복지실천 방법이라고 할 수 있는데, 사례관리를 필요로 하는 사람들은 대개는 도움의 요청이 어렵거나 도움을 효과적으로 사용하는 데 어려움을 가지고 있다. 사례관리가 사회복지실천 현장에서 중요하게 적용되는 것은 무엇보다도 클라이언트의 권리를 강조하는 점이 사회복지의 특성과 일치한다는 점이다.

1. 사례관리의 기본적 가치

사회복지사가 제공하는 사례관리는 기관이나 조직의 욕구보다는 클라이언트의 욕구를 충족시키기 위해 사용되어야 한다는 것을 이해하는 것이 중요하다. 진정한 사례관리는 체계중심이 아닌 인간중심, 즉 클라이언트 중심이 되어야 한다. 사례관리의 가장 기본적인 가치는 각 클라이언트는 존엄성을 가지고 있고 만족스러운 삶을 누리기 위한 자신의 노력에 대해 지지를 받을 자격이 있다는 것에서 출발한다. 사례관리는 다음과 같은 가치를 반영해야 한다.

첫째, 기본 권리에 대한 존중이다. 모든 사람은 자신이 삶의 목적을 성취하고 문제를 해결하고 인간으로서 잠재력을 실현하기 위한 도움이 될 수 있는 자원이나 서비스에 대한 동등한 접근 기회를 갖는다. 둘째, 사회적 책임감이다. 가족, 교육, 정부, 사회복지 같은 사회제도를 인본주의적으로 만들고 인간의 욕구에 반응하도록 만들어야 한다. 셋째, 자기 결정에 대한 지지이다. 인간의 다양성을 존중하고 클라이언트 자신이 내린 결정에 대해 존중해 준다.

2. 사례관리의 등장 배경

사례관리는 사회복지, 의료, 간호 등의 다양한 영역에서 지역사회를 기반으로 하여 다양한 서비스에 대한 욕구를 갖는 대상자에게 보다 더 효과적으로 서비스를 제공할 수 있도록 하는 사회복지실천 방법이라고 할 수 있다. 사례관리는 19세기 사회복지 태동기부터 빈민과 도움이 필요한 사람들에 대한 자선조직협회 등의 여러 가지 구제활동이 이미 수행되어 왔지만 사회복지실천 방법으로서 현대적 의미의 사례관리가 본격적으로 성장하기는 1980년대 초반부터라고 볼 수 있다(Rose & Moore, 1995). 물론 1950년대에서 1970년대까지 탈시설화의 영향으로 인해 주로 정신장애인의 지역사회 보호를 목적으로 사례관리 차원의 개입이 수행되다가 1990년의 사회사업 백과사전에서 개별 사회사업 개념이 사례관리로 대치됨에 따라 사회복지의 중요한 실천 방법론으로서 자리를 잡게 되었다. 우리나라의 경우는 1990년대 이후에 주목을 받기 시작하였다(정순둘, 2008).

또한 사례관리의 등장 배경에는 사람들의 다양한 욕구를 중심으로 다루어야 하는 대인복지서비스 분야에 있어서 단순하게 전문가와 클라이언트 간의 개별적인 도움을 제공하는 단편적인 차원을 넘어서는 보다 체계적이고 통합적인 방법이 필요로 하게 되었다. 우리나라의 경우는 장애인복지, 노인복지, 정신보건복지 분야, 그리고 지역사회복지 분야에서 사례관리 개념을 적용하여 클라이언트에게 통합적 서비스를 제공하고 있다. 사례관리의 등장 배경이 될 수 있는 몇 가지 대표적인 내용을 살펴보면 다음과 같다.

1) 탈시설화 및 지역사회 보호 기능의 강조

사례관리가 필요하게 된 가장 중요한 배경은 탈시설화(deinstitutionalization)의 영향이라고 볼 수 있다. 탈시설화는 클라이언트가 대규모의 시설 생활에서 탈피해 다시 가정과 지역사회로 돌아오는 것을 의미한다(Moxley, 1989). 특히, 정신보건복지 분야에서 1950년대 이후 개발되기 시작한 향정신성 약물과 1963년 지역사회 정신건강법의 제정으로 탈시설화가 본격적으로 이루어지기 시작하였고, 이로 인해 이전과 달리 많은 정신장애인들을 대규모의 병원이나 집단시설에 입원시키지 않고 지역사회 내에서 관리하고 치료하는 서비스들이 증가하게 되었고 재가 서비스를 강조하는 지역사회 정신보건 운동이 전개되었다. 따라서 종전의 대규모 수용시설에서의 서비스 제공은 시설 거주 수용자들을 가장 중요한 환경체계라고 할 수 있는 가족 및 지역사회와 격리시키는 결과를 초래하여 지역사회 환경과의 상호작용을 단절시키고, 점차 지역사회로의 복귀를 어렵게 만드는 문제를 가져오게 하였다.

미국의 경우는 시설 수용으로 인해 클라이언트에게 들어가는 비용을 부담하기 어려워진 미국 정부는 탈시설화 정책을 도입하여 가능한 시설 수용을 억제하고자 하였다. 이러한 결과는 지역사회에 기반을 둔 여러 가지 서비스 프로그램이 필요하게 되었다. 하지만 지역사회에 존재하는 보호체계들은 분산되어 있어 클라이언트에게 적절한 서비스를 제공하지 못하였다. 따라서 지역사회 내에 분산되어 있는 보호와 지지체계들에 대한 조정과 통합이 요구되었다. 이에 따라 1970년대 말 서비스 조정을 향상시키고, 지역사회 보호를 제공하기 위한 사례관리의 필요성이 대두되었다.

그리고 1970년대 말과 1980년대 초 미국의 각 주들은 사례관리에 관한 규정을 두게 되었다(정순둘, 2008). 사례관리는 탈시설화된 클라이언트를 지역사회 내에서 지속적으로 보호·관리할 수 있는 방법으로 대두된 실천 모델이라고 할 수 있다. 그리고 지적 장애, 정신질환, 신체장애, 심각한 의료적 문제, 경제적 문제와 노숙 등 복합적인 문제를 가지고 지역사회에서 함께 살아가야 할 사람들이 점차로 늘고 있는 데 반하여 가족기능의 급격한 쇠퇴와 복지국가의 쇠퇴 및 탈시설화로 인하여 지역사회 보호의 기능이 강조되면서 탈시설화된 클라이언트를 지역사회 내에서 지속적으로 보호·관리할 필요성이 증가되었다(한국사례관리협회, 2011).

2) 복합적 욕구를 지닌 서비스 인구의 증가

우리 사회에서는 사회복지의 주요 대상이 되는 지역사회에서 더불어 살아가야 할 복합적인 문제를 가지고 있는 사람들이 증가하고 있다. 사회복지실천 현장에서는 지적 장애, 정신장애, 지체장애 등의 보다 심각한 장애를 가진 사람들뿐만 아니라 자립이 어려운 노인 인구의 증가, 사회경제적으로 실업률의 증가, 빈곤의 확장 등으로 인한 여러 가지 복잡하고 다양한 어려움을 가진 사람 등 누군가의 도움을 필요로 하는 집단들이 급속도로 증가하고 있다(권진숙 외, 2009).

이러한 집단의 문제는 한 조직이나 기관의 도움만으로는 문제를 해결할 수 없고 여러 기관이나 조직이 서로 서비스를 연계해 나갈 때 보다 더 문제를 잘 해결해 갈 수 있다. 사례관리는 클라이언트들이 지역사회에서 문제를 해결하고 잘 살아갈 수 있도록 필요로 하는 서비스를 조직화하고 통합하여 서로 연계되도록 하기 위해 요구되었다.

3) 통합적인 서비스체계 필요성 증가

클라이언트의 욕구가 다양화되고 다양한 서비스기관들이 출현하면서 서비스체계의 연계성이 요구되었다. 특히 비공식적인 지원체계와 사회적 지원망의 중요성이 강조되면서 공식적 지원체계와 비공식적인 지원체계와의 연계 방법론이 필요하게 되었다.

4) 서비스 비용 절감 필요성 증대 - 복지서비스의 비용 효과문제

복지국가의 시기가 지나가고 복지 다원주의의 이념이 득세하는 가운데 사회 서비스의 비용을 절감하기 위한 노력이 커지게 되었다. 대인복지서비스의 비용 절감문제는 제한된 자원을 가지고 최대의 서비스 전달 효과를 가져와야 한다는 공공영역에서의 경영학적 관심과 평가가 중요시되면서 더욱더 중요시되었다. 또한 지방분권화의 경향으로 클라이언트에게 지원되는 서비스의 비용 수준과 중복성을 점검하게 되는 이러한 배경 하에 특히 서비스 간의 중복을 피하고 서비스의 효과성을 높이는 방안 중 하나로 사례관리가 각광을 받게 되었다. 공공재원이 투자되는 대상에 대한 체계적인 관리를 통한 복지 체감도 및 삶의 질 향상을 지원할 필요가 증대되었다.

5) 사회복지 환경의 변화 - 서비스 전달의 지방분권화

우리나라에서 1990년대에는 사회복지의 전반적인 방향이 시설 중심에서 지역사회복지 중심으로 전환되는 시기로서 재가복지서비스에 대한 확산이 이루어졌던 시기라고 볼 수 있다. 따라서 사례관리는 재가복지서비스를 제공하기 위한 중요한 사회복지실천 방법으로 자리 잡게 되었다. 정신보건 영역, 장애인복지, 사회복지관, 노인복지관 등 사회복지의 전반적인 분야나 장애인복지, 노인 등 특정한 대상자뿐만 아니라 거의 모든 재가복지 대상자에게 사례관리에 대한 적용이 이루어지고 있고 또한 강조되고 있다.

사회복지 분야에서의 커다란 환경 변화는 2005년 사회복지 분권화로 인해 사회복지서비스의 중심축이 중앙에서 지방으로 이전하여, 지방정부의 지역사회복지 계획과 실행의 주체적 기능이 강조되고 있다. 그러나 지역별 복지 자원의 수준이나 복지 욕구의 차이는 지역 내의 의견 수렴과 합의 방식 개발이 요구되며, 지역사회가 상호 협력적인 역량을 만들 수 있도록 의견 수렴 및 공통의 목표를 토대로 하는 계획 수립이 요구된다. 이는 지역주민 측면에서는 적절한 서비스를 통합적으로 제공하는 것이며, 지방정부 측면에서는 지역주민의 욕구에 따라 대상자별 서비스 보호계획을 수립하고 지역주민의 복합적 욕구를 충족시킬 수 있는 맞춤형 복지서비스를 제공하는 전달체계 구축을 의미한다. 따라서 수요자 중심(개인, 혹은 가족 단위)의 서비스체계로의 전환과 구축은 서비스의 단절과 중복을 극복하고 서비스의 효율화를 가능하게 하며, 이의 주요 수행 전략이 사례관리라고 할 수 있다. 따라서 서비스의 통합적 제공이 강조되는 다양한 사회복지 영역에서 사례관리가 강조되고 있다(사례관리학회, 2011).

표 14-1 최근 복지 환경 변화의 주요 이슈

구분	내용
지방화	탈중앙 집권화, 시장과 시민사회의 중요성 강조, 지역사회 합의와 통합 강조, 지역복지 계획의 수립, 지역복지 협의 구조 강조
시장화(민영화)	사회 서비스의 강조, 바우처 제도의 도입, 재정 성과 방식으로 운영되는 사례관리체계의 도입
법제화	사회복지사업법의 개정(2005)으로 시·군·구청장의 책임 아래 보호 대상자별 보호계획을 수립하도록 하면서 사례관리의 현실화의 기반이 마련됨

3. 사례관리의 개념 및 목적

사례관리 실천에 대한 이해를 돕기 위해 개념과 목적을 살펴보고 전통적인 사회복지적인 실천 방법과의 차이점에 대해서 살펴보고자 한다.

1) 사례관리의 개념

Moxley(1989)는 사례관리는 복합적이고 장기적이며 다양한 욕구를 가지고 있는 클라이언트를 대상으로 하며, 클라이언트의 개별적인 상황에 따른 원조 계획을 세우는 것이 특징이라고 보았다. 특히, 사례관리는 자신의 자원, 가족, 친구, 이웃 등의 비공식적 자원과 공식적인 자원을 연계하고 조정하는 서비스체계라고 보았다. 따라서 사례관리는 클라이언트의 복지와 기능 향상, 서비스의 효율성을 증진하기 위한 목적을 갖는 것으로 보았다.

Moore(1990)는 사례관리실천이 의료, 간호, 요양 분야 등 다른 전문 영역에서도 사용되지만, 사회복지 영역에서 사용될 때에는 사회복지사가 사례관리의 주된 제공자가 된다고 보았으며, 사회복지에서 사례관리는 클라이언트 개인의 생리심리사회적(bio-psycho-social) 지위와 사회적 체계의 상태 모두에 적용된다고 보았다. 사례관리라는 용어는 두 가지 개념으로 사용된다고 보았다. 첫째, 사례관리 실천에 관심을 갖는 개념으로, 사례관리를 사회복지실천의 한 방법으로 간주함으로써 클라이언트에게 보호와 임상적 서비스를 제공하는 직접적인 서비스 제공을 강조하는 것으로 정의하고 있고 둘째, 사례관리체계에 관심을 갖는 개념으로 지역사회 조직과 같은 옹호자로서의 기술을 강조하는 좀 더 거시적인 개념으로 사례관리를 정의하고 있다.

Rothman(1991)은 사례관리를 실천 행동과 행정 구조의 두 가지 기능을 모두 가지고 있는 것으로 보았다. 한 가지는 지역사회 내에서 클라이언트에게 개별화된 조언과 상담, 치료를 제공하는 것, 또 다른 한 가지는 서비스가 필요한 클라이언트를 지역사회의 기관과 비공식적 지지망에 연결시키는 협력의 기능으로 보았고 사례관리란 이들 두 가지 기능을 합한 것으로 보았다.

우리나라에서 사례관리에 관한 학자들이 제시한 개념을 살펴보면, 엄명용 등(2000)은 사례관리를 복합적이고 장기적이며, 다양한 욕구를 가지고 있는 클라이언트 개인과 그들 가족을 대상으로 개별적인 상황에 따른 원조 계획을 세워 클라이언트 자신의 자원뿐만 아니라 가족, 친구, 이웃 등의 비공식적 자원 그리고 각종 수당과 급여와 같은 공적인 프로그램과 서비스 등을 연계하여 클라이언트의 복지 추구와 기능 강화, 서비스의 효과성 증진을 도모하는 서비스체계로 설명하고 있다. 이근홍(2001)은 사례관리란 사례관리자와 클라이언트의 협력을 통하여 개발한 보호계획을 바탕으로 클라이언트의 장기보호와 욕구를 충족시키고, 클라이언트 지원망의 기능적 능력을 향상시키거나 극대화시키며, 연속적이고 포괄적인 서비스 제공과 서비스의 조정을 통하여 효과적이고 효율적인 서비스의 전달을 촉진하고 보장하는 사례관리자와 클라이언트 사이의 전문적 관계에 기초한 과정으로 보았다.

권진숙과 박지영(2008)은 사례관리의 개념을 생태체계 관점을 기반으로 만성적이고, 복합적인 문제를 가진 개인 및 가족과 함께 일하면서 그들과 자원 제공자들의 기능을 향상시켜 환경 속에서 자신들에게 필요한 서비스와 자원을 스스로 획득하고, 사회적 기능을 원활히 수행할 수 있도록 돕는 통합적인 접근 방법으로 보았고, 이를 위해 사례관리자는 크게 두 가지 측면, 임상 및 치료적 측면과 행정, 특히 조정 및 옹호의 측면에 관심을 갖는 것으로 정의하고 있다.

이렇게 볼 때, 사례관리의 개념과 모델은 매우 다양하게 활용하고 있어서 이를 일관되게 규정하기란 쉽지가 않다. 초기에는 중증 장애인과 치매노인 등이 갖고 있는 복합적이고 장기적인 문제를 효과적이고 효율적으로 관리하기 위해 사례관리가 도입되었으나 최근에는 구체적인 문제해결과 단기관리까지 포괄하고 여러 다양한 활동을 기술하는 매우 폭넓은 용어로써 사용한다(한국사례관리학회, 2011)는 점을 이해함으로써 사례관리를 보다 유연한 개념으로 받아들이고 적용할 수 있어야 하겠다.

2) 사례관리의 목적

사례관리는 서비스 수요자인 클라이언트의 복합적인 욕구를 충족하여 궁극적으로 클라이언트의 삶의 질을 개선하는 데 있다.

3) 사례관리의 특징

사례관리의 개념과 목적을 종합하여 사례관리의 특징을 살펴보고자 한다.

- 사례관리는 다양한 문제와 복합적인 욕구를 가진 클라이언트를 대상으로 한다.
- 클라이언트의 문제해결과 치료보다는 욕구 충족과 보호에 더 중점을 둔다.
- 클라이언트의 사회적 기능 향상과 독립을 극대화하기 위해서 연속적인 보호와 책임성을 보장한다.
- 사례관리는 특별한 위험에 처해 있는 클라이언트를 위한 직접적인 서비스인 개별적인 실천기술과 지역사회실천기술이 통합되어 있는 실천이다.
- 기관의 서비스와 프로그램 중심이 아닌 클라이언트의 욕구 중심으로 이루어진다.
- 클라이언트 수준에서 각자의 욕구를 개별화하고, 실행(개입)과정에서 클라이언트의 참여와 자기 결정을 촉진시킨다.
- 클라이언트와 그들의 사회환경과의 상호작용에 관심을 집중시키며 다양한 지원체계의 광범위한 서비스를 활용한다.
- 서비스의 효과성과 효율성을 높이기 위해 포괄적인 서비스를 제공하고 서비스의 조정과 점검을 실시한다.

4. 사례관리의 구성 요소

일반적으로 사례관리의 구성 요소는 3가지 또는 5가지 정도로 보는 견해가 많다. 먼저, 사례관리의 구성 요소를 3가지로 보는 견해는 사례관리를 필요로 하는 클라이언트, 클라이언트의 욕구를 충족시키는 사회자원 및 환경, 사례관리를 실시하는 기관에 소속되어 있는 사례관리자를 들 수 있다(김만두, 1993; 白澤政和, 2000; 정순둘, 2008). 한국사례관리학회(2011)에서는 클라이언트, 사회적 자원의 3가지 구성 요소에 사례관리 과정, 사례관리 운영체계를 포함하는 다섯 가지 구성 요소를 제시하고 있다.

1) 클라이언트

클라이언트는 대부분 다양하고 복합적인 욕구를 가지고 있어 한 가지 이상의 사회자원을 필요로 하지만 자원의 소재와 이용 방법에 대해 잘 모르는 사람을 말한다. 지역사회복지기관을 중심으로 지역의 저소득층 가족, 아동, 청소년, 노인, 장애인 등 신체적·정신적·경제적·사회적 문제 등 복합적 문제를 가진 다양한 클라이언트가 대상이 될 수 있다. 클라이언트의 특성과 상황에 맞는 관리를 위해서는 사례관리 대상자의 자격조건과 선정기준, 규모, 대상자의 유형 등과 같은 사항을 행정적인 규정을 기관마다 규정하여 중복적인 서비스를 지양하고 보다 더 다양한 대상자에게 사례관리 서비스를 제공할 수 있다.

2) 사례관리자

사례관리자는 클라이언트와 사회적 자원의 두 가지의 구성 요소를 효과적이고 체계적인 방법으로 연계하는 역할을 수행한다. 여러 가지 서비스 공급 주체에 의한 사회자원을 클라이언트가 활용하여 클라이언트의 욕구를 충족해 갈 수 있도록 촉진하고, 조정·연결시켜 나감으로써 클라이언트 자신의 능력을 향상시키고 서비스 공급 주체들의 능력을 발전시키는 것이 사례관리자의 역할이다.

3) 사회적 자원

사회자원은 물적·인적 서비스를 제공하고 지원하는 다양한 차원의 공급 주체를 말한다. 가족, 친척, 동료, 이웃, 자원봉사자 등의 비공식적인 부문과 행정가, 행정기관, 공공복지시설, 법인 등의 공식적 자원이 클라이언트의 문제를 해결하기 위해 조정되고 통합되어 필요한 서비스로 제공된다. 사례관리가 성공적으로 운영되기 위해서는 사례관리자와 사례관리기관은 클라이언트의 문제와 욕구에 부합하는 자원을 조직화하고 필요한 경우에 신속하게 조정할 수 있는 역량을 갖추는 것이 필요하다.

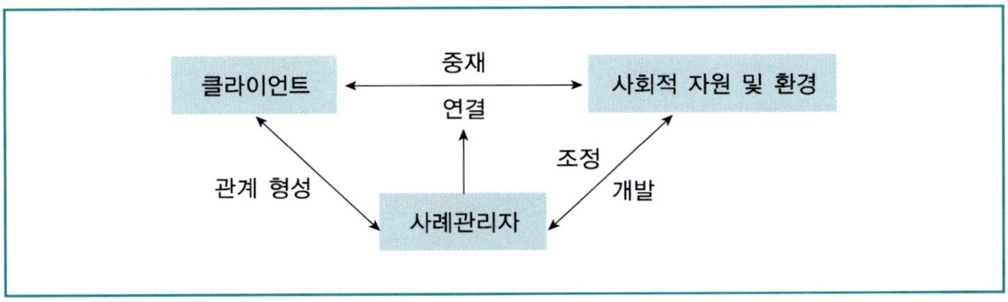

그림 14-1 사례관리의 구성 요소

제 2 절 사례관리의 과정

사회복지실천은 도움이 필요한 클라이언트의 기능 향상과 변화를 위해서 사회복지적인 전문 지식과 기술을 가진 사회복지사가 계획된 절차와 단계에 따라 도움을 제공하는 일련의 과정이라고 할 수 있다. 한편 클라이언트의 문제 극복 능력은 체계적인 과정을 통해서 효과적으로 이루어질 수 있다. 사례관리 과정은 학자들마다 <표 14-2>처럼 약간씩 다르게 구분하고 있지만 사례관리를 시간적으로 전개해 가는 요소로서 일반적으로 접수, 사정, 개입 계획, 서비스 제공, 조정과 점검, 재사정, 평가와 종결, 사후 관리 등으로 진행된다.

표 14-2 사례관리 주요 과정에 대한 학자별 견해

Steinberg & Carter(1983)	Moxley (1989)	Rothman (1991)	엄명용 (2000)	한국사례관리학회 (2011)
가입(사례 발견, 사전 적격 심사, 접수)		기관 접근, 접수	사례 개발, 접수	초기 단계
사정	사정	사정	사정	사정 단계 : 1) 욕구 사정 2) 장애물 사정 3) 자원 사정
목표 설정, 서비스 기획, 능력 조성	계획	목표 설정, 개입 계획, 자원 확인과 목록화	기획	계획 단계
보호계획의 수행	실행(개입) 1) 직접적 개입 2) 간접적 개입	클라이언트와의 연결	개입 및 조정	실행 단계 : 1) 자원 개발 및 연계 2) 조정 및 점검
재사정	모니터링(점검)	점검과 재사정	점검 및 옹호	
종결, 관계 유지	검토 및 평가	결과 평가	평가	평가 및 종결 단계

표 14-3 사례관리 과정과 양식

사례관리의 과정		주요 양식
1단계 : 초기 단계 ↓		1) 초기 면접지 2) 사례관리 동의서
2단계 : 사정 단계 ↓	1) 욕구 사정 2) 장애물 사정 3) 자원 사정	사례관리 사정표
3단계 : 계획 단계 ↓		사례관리 계획 및 평가표
4단계 : 실행 단계 ↓	1) 자원 개발 및 연계 2) 조정 및 점검	1) 과정 기록지 2) 서비스 의뢰서 3) 슈퍼비전 일지
5단계 : 평가 및 종결 단계		사례관리 종결 보고서

Moxley(1989)는 사례관리실천 과정을 다섯 가지 단계인 사정(assessment), 서비스의 계획, 실행, 모니터링, 검토 또는 평가 과정으로 이루어진다고 보았다. 우리나라 사례관리학회(2011)에서는 사례관리실천의 주요 과정을 초기 단계 → 사정 단계 → 계획 단계 → 개입 단계 → 평가와 종결 등으로 나누어서 설명하고 있다. 여기에서는 사례관리의 주요 과정을 <표 14-3>과 같이 사례관리실천학회에서 분류한 5단계를 중심으로 살펴보고자 한다.

1. 초기 단계

초기 단계에서는 클라이언트가 변화하고자 하는 문제와 상황을 확인하는 것을 목표로 관계 형성이 이루어지는 단계이다. 또한 클라이언트가 사례관리 개입을 위한 자격기준에 맞는 적절한 기관에 찾아 왔는지를 확인해야 한다. 클라이언트의 '자발적인 접촉', '기관 내부 의뢰', '타 기관의 의뢰', '아웃 리치' 등을 통해 사례관리 팀에 접촉하게 되면, 사례관리 팀의 사례관리자가 인테이크를 실시하게 되는데, 때때로 초기 면접 때부터 일부 개입 계획이 세워지고 이루어지기도 한다. 이때는 주로 필요한 인테이크 양식을 채우고 일반적인 규정이나 지시사항을 알리며, 필요한 초기 단계에서의 정보를 수집하는 작업을 하게 된다.

1) 초기 면접 기술

사례관리자는 초기 면접 시에 다양한 기술과 능력을 발휘함으로써 클라이언트가 새로운 도움 환경에 적응하고 사례관리자와 문제해결을 위한 협력관계를 형성할 수 있도록 도와야 한다. 특히 이 과정에서 클라이언트가 사례관리자와 처음 만나 관계를 형성하면서 자신의 문제를 노출시켜야 되는 부담과 불안을 최소화할 수 있도록 감정을 안정시켜 주고 사례관리자를 신뢰함으로써 자신의 문제를 진술하도록 돕는 것이 중요하다. 초기 면접 시에 사례관리자에게 요구되는 주요 기술로는 면접 기술과 신뢰 구축기술, 부정적 감정을 다루는 기술, 기대를 명확히 하는 기술을 들 수가 있다.

2) 대상자 선정 및 동의 확보

사례관리 대상자는 직접 면접하는 것을 원칙으로 하며, 의뢰인 또는 후견인과 함께 면접할 수 있다. 초기 단계에서 가능한 클라이언트의 욕구와 관련된 모든 체계들과의 접촉이 이루어지도록 노력하는 것이 중요하며, 필요시 이를 위한 구체적 계획 수립이 필요하다. 예컨대, 아동문제에 치료적 개입 시에는 부모의 동의가 필요하며 부와 모가 함께 이를 동의해야 할 것이다.

- 도움 요청 및 내외적 장애물은 대상자의 진술을 원형 그대로 기술하는 것을 원칙으로 한다. 유의미한 후견인 또는 의뢰인의 진술이 있을 경우 기록하며, 이때는 누구의 진술인지 기록해야 한다. 이들 진술 간 차이점이 있을 경우 실천 목표 설정 시에는 클라이언트의 진술에 우선순위를 부여한다.
- 면접자는 대상자의 진술과 객관적인 사항을 중심으로 사례관리 서비스 제공 여부 및 위험도에 대한 사정을 실시하고 초기 사정자로서 평가하여 기록한다.
- 기관의 사례관리 서비스 대상으로 적합한지 그렇지 않은지에 대해 판정하고, 사례관리 서비스 대상으로 판정된 경우 긴급 개입 및 일반 개입 여부를 판정한다.
- 기관에서 사례관리 서비스 제공이 어려운 것으로 판정된 경우, 클라이언트에게 타 기관 및 서비스에 대한 정보를 제공하거나 의뢰해야 한다. 필요시 과정기록이나 종결 기록서를 작성하여 기록을 남기는 것이 좋다.

초기 단계에서 무엇보다 중요한 것은 의뢰자는 물론 클라이언트와의 관계를 공식적으로 시작할 수 있는 기반을 마련하는 것으로 이는 초기 접수 면접지와 사례관리 동의서를 클라이언트, 혹은 그들의 법적 후견인으로부터 받는 것이다. 초기 면접지에는 진행 계획이 명시되어 사례관리 사례인지 비해당 사례인지를 확인하고, 이를 토대로 이후의 과정이 진행되게 된다. 초기 면접지와 사례관리 동의서는 타 기관으로 의뢰 시에 의뢰 양식과 함께 사본으로 보내져야 하며, 이는 클라이언트와 정보 제공자들의 불필요한 수고를 덜어 줄 수 있다.

2. 사정 단계

사정은 초기 단계에서 사례관리 서비스를 제공하기로 결정한 클라이언트를 대상으로 그들의 복합적인 욕구, 현재의 기능, 장점과 잠재능력, 공식적·비공식적 지원체계에 대한 전반적인 자료를 수집하고 종합적으로 분석하는 과정이다. 사정 단계는 클라이언트에게 어떤 욕구가 있으며, 이러한 욕구를 충족시키기 위한 방법이나 전략을 개발하고, 구체적으로 어떤 서비스를 제공할지에 대한 의사결정을 위해 필요한 정보를 얻기 위해 노력하는 과정이다. 다양한 정보원을 통해 얻어진 정보로 클라이언트가 경험하는 어려움의 원인과 해결 방안, 혹은 과거-현재-미래의 연관성 등에 대한 분석을 통해 일종의 가설을 수립하기 위한 것으로, 모든 원조 과정의 근본이며, 사례관리의 핵심 과정이다.

사정 평가는 구체적인 서비스 계획에 대한 정당성을 확보하기 위해서도 중요하며, 근거로서의 기능을 한다. 따라서 사정 평가는 전 과정에서 클라이언트의 강점과 적극적 참여를 기반으로 협력적, 상호의존적 관계 하에서 이루어져야 하며, 이를 객관화하고 분석적으로 종합 정리하기 위해서는 사례관리자의 전문성에 기초한 독립적, 성찰적 반성을 필요로 하는 과정이다. 또한, 전문적이고 포괄적인 사정 평가의 과정은 클라이언트의 상황이나 자원에 대한 가능성의 탐색과 재인식, 변화에의 동기화 수준 등을 탐색하는 과정 그 자체로 개입이 되기도 하며, 변화 목표를 달성하도록 이끄는 힘이 될 정도로 중요한 과정이다. 따라서 사정 평가의 과정은 사례관리자와 사례관리 대상자의 상호 신뢰를 발달시키고 협력적 관계를 촉진하기 위한 기술이 요구된다.

Moxley(1989)는 사례관리에서의 사정의 내용을 ① 클라이언트의 욕구에 대해 사정하기, ② 욕구를 실현할 수 있는 클라이언트의 역량에 대한 사정, ③ 제반 욕구를 실현할 수 있는 클라이언트의 공식적 지역사회 지원체계에 대한 사정, ④ 비공식적 사회적 관계망 및 사회적 지지 등으로 구분하고 있다. 이러한 사정을 실시함에 있어서 사례관리자는 사정 과정을 클라이언트의 성장과 발달을 이끌어 내는 상황적 강점을 알아내려고 클라이언트의 한계점도 함께 인식하는 적극적인 개념으로 받아들일 필요성이 있다. 여기에서는 욕구 사정을 중심으로 살펴보고자 한다.

1) 욕구 사정 영역

욕구 영역은 삶을 살아가는 데 필요한, 혹은 확보되어야 하는 다양한 영역들이 포괄적으로 제시되어야 한다. 욕구 영역을 구분하여 각각의 영역별로 어떠한 어려움을 겪고 있는지, 이러한 어려움을 극복할 수 있도록 어떤 노력을 기울일 것인지를 계획하기 위해서 욕구 영역별 사정 평가는 필수적이다. 욕구 영역 구분의 특성을 고려하여 욕구는 포괄적, 통합적 사정 평가가 필요하다. 욕구 영역을 구분하고 영역별로 면밀하게 사정 평가하는 것도 중요하지만 각 영역을 구분해서 분석하기보다는 인간 삶의 전체성을 보기 위한 노력이 반드시 병행되어야 한다.

2) 욕구 사정 방법

욕구 사정 평가에 필요한 정보를 제공할 수 있는 정보원은 다양하다. 가정방문이나 상담 과정에서의 관찰된 내용(가정생활 모습, 클라이언트의 행동, 태도, 반응 등), 상담을 통해 얻어진 진술 내용(클라이언트 및 관계자들의 이야기), 관련 자료(건강진단서, 심리평가서, 각종 증명서 등)를 통한 문서화된 내용 등으로 구분할 수 있으며, 가능한 다양한 정보원을 종합적으로 활용할 때 좀 더 풍부하고 객관적인 사정 평가가 가능하다.

한편 욕구 사정 평가는 사례관리의 목적에 충실해야 한다. 즉, 모든 사람의 삶의 질을 향상시키기 위해 개인과 사회가 서로 도움이 될 수 있도록 상호작용을 회복하거나 향상시키는 것이 포괄적인 사례관리의 목적이라면, 이러한 목적을 위해 사회복지사는 개인-환경의 상호작용에 초점을 맞춘, 생태체계 사정 평가를 해야 한다. 클라이언트뿐만 아니라 비공식적 지지체계, 나아가 지역사회 환경 사정, 혹은 지역사회 진단 평가에 이르는 다양한 차원에 대한 포괄적이며 꼼꼼한 사정 평가가 요구된다.

3. 계획 수립 단계

계획 수립 단계는 클라이언트의 욕구 충족을 위한 목적을 발전시키는 과정이며, 목적을 성취하기 위해 서비스를 구체화하는 과정이다(Holt, 2000). 또한 사정 단계에서 밝혀진 내용을 기초로 하여 달성하고자 하는 변화 목표를 분명히 하며, 이러한 변화 목표를 달성하는 데 필요한 전략, 방법으로서 서비스의 패키지(package)를 구성해 가는 논리적인 과정이라 할 수 있다(한국사례관리학회, 2011). 따라서 이전 단계에서의 적절한 사정이 이루어져야 적절한 목표와 적절한 수행 방법, 구체적인 활동 계획을 수립할 수 있다.

1) 목표 계획 시에 주의해야 할 점

(1) 목표를 명료하게 세우기

목표는 클라이언트의 진전 상황을 보고할 수 있는 근거가 된다.

(2) 실현가능한 목표 세우기

서비스 제공 시간, 서비스의 종류, 양, 횟수 등에 대해 구체적으로 설정해야 한다.

(3) 클라이언트의 목표에 대한 동의

전문가에 의한 일방적인 결정보다는 클라이언트로 하여금 스스로의 문제를 해결하게 하는 능력을 배양하는 데 목표를 두어야 한다.

2) 계획 수립의 과정

한국사례관리학회(2011)에서는 계획 수립의 과정을 욕구 사정 내용에 대해 숙고하기, 중장기적 변화 목표 수립, 서비스 제공·기관의 선정, 시간 계획 수립, 계약 수립, 서비스 제공 계획서의 공유 등 여섯 가지로 제시하면서 설명하고 있다.

(1) 욕구 사정에 대해 숙고하기

클라이언트에 대한 개별화된 서비스 제공 계획을 수립하기 위해서는 전 단계의 욕구 사정 내용에 대한 종합 정리 및 분석을 통해서 욕구 사정 평가 내용의 적절성에 대한 최종 검토가 이루어져야 한다.

(2) 중장기적 변화 목표 수립하기

욕구 사정에 대한 숙고를 통해 대상자와 그 가족의 삶에 대한 바람직한 변화의 방향에 대해 사례관리자와 사례관리팀 내에서의 잠정적인 밑그림이 그려졌다면 좀 더 분명한 변화의 지점을 확정하기 위한 작업이 필요하다. 전반적인 변화 목표와 관련하여 구체적이고 측정 가능한 변화 목표를 수립한다.

장기적 변화 목표는 대개 사례관리라는 서비스 제공 과정이 종결되는 시점에 어떤 변화가 이루어질 수 있을 것인지에 대한 현실적으로 달성 가능한 목표 상태나 수준을 반영하며 장기 목표를 달성하기 위해서는 대개 6개월 이상 기간이 소요되고, 길게는 몇 년이 소요될 수 있다. 단기 목표는 별도의 과정이 아니라 장기 목표를 지향하고, 장기 목표를 달성하는 데 기여하며, 장기 목표 달성을 위한 과도적 목표의 의미를 갖는데, 대개 3개월 이내에 달성 가능한 목표라고 볼 수 있다. 이와 함께 욕구 영역별로 구체적인 목표 및 과업이 제시되어야 한다.

(3) 서비스 제공 및 기관 선정하기

각각의 욕구 영역별로 제시된 구체적인 과업을 누가 어떤 방식으로 제공하는 것이 가장 바람직할 것인가? 이에 대해 사례관리자의 아이디어와 숙고를 통해 수립한 계획을 누가 어떤 방식으로 수행할 때 가장 효과적인가에 초점을 두고 서비스 연계 팀의 협조를 받아 서비스 제공기관을 탐색해야 한다. 이때 대상자 본인이나 가족, 친인척, 이웃 등 지역사회의 비공식적 지지체계도 일차적인 고려 대상이 되어야 하며, 이들 비공식 지지체계를 적극적으로 참여시키고 관계성을 회복하는 데 일차적인 초점을 두어야 한다. 만약 비공식적 지지체계 협력을 기대할 수 없는 경우나, 전문적인 서비스 제공기관을 통한 지원이 더욱 효과적인 경우에 다양한 지역사회 자원에 대한 탐색이 필요하다.

(4) 시간 계획 수립하기

욕구 영역별로 서비스 제공 주체 및 제공기관에 대한 확정과 함께 해당 서비스를 어떤 주기로 어느 정도의 기간 동안 받게 될 것인지에 대한 계획도 구체적으로 수립되어야 한다. 서비스 제공 빈도 및 기간은 해당 서비스 제공의 정책이나 지침에 의한 것이 아니라 대상자의 변화 목표 달성에 충분한 기간이 제공될 수 있도록 계획되어야 하며, 이러한 충분성이 확보되도록 관련 기관에 대한 설득이나 협조 요청 등의 조정 작업이 선행되어야 한다.

(5) 계약 수립하기

이상과 같은 내용이 확정되면 대상자와의 계약이 필요하다. 계약의 내용은 서비스 제공, 제공 방식, 빈도, 관련 기관에 대한 정보 공유에 대한 내용 등이 포괄적으로 들어 있으며 특히 대상자의 적극적인 참여, 협력적 공동 노력의 과정에 의미를 두고 계약이 수립되어야 한다. 계약 수립의 실제적인 결과는 이에 대한 대상자의 서명을 확보하는 것이지만 단순히 서명을 확보하는 것에 초점을 두는 것이 아니라 대상자가 자신의 삶의 문제를 해결하거나 개선하기 위해 어떤 과정과 노력이 필요하며, 클라이언트 자신은 어떤 노력을 할지에 대한 참여를 촉구하기 위한 과정에 초점을 두어야 한다.

(6) 서비스 제공 계획서를 공유하기

완성된 서비스 제공 계획서는 사례관리자만 확보하고 있는 것이 아니라 대상자, 서비스 제공자가 사본을 공유함으로써 각각의 책임과 역할, 전체 진행 과정에 대한 청사진을 가질 수 있도록 한다. 이런 활동을 통해 각각의 역할을 좀 더 적극적으로 수행할 수 있으며, 변화 목표를 지향하기 위한 스스로의 노력을 촉구할 수 있게 된다.

4. 실행 단계

실행이란 이미 세워진 개별화된 서비스 계획에 따라 개입이 이루어지는 것을 말하는데, 실행 단계에서는 사례관리의 전 과정에서 가장 가시적인 과정이며(Sheafor et al., 2000), 서비스 조정이 강조되는 사례관리의 중심 기능 단계라고 할 수 있다(Libassi, 1992; Murer & Brick, 1997). 실행 단계에서는 클라이언트의 상황에 변화를 가져오기 위한 방향으로 초점화되어야 하고, 계획 내에 포함되어 있는 다양한 서비스 제공과의 협력적 관계를 바탕으로 서비스가 연결될 수 있도록 노력하며, 서비스의 이용 가능성을 높이기 위한 옹호활동(Walsh, 2000), 변화의 지속성을 보장하기 위한 다양한 활동이 요구된다. 아울러 사례관리자는 필요한 서비스의 제공자로서, 두 가지 형태, 즉 직접적인 개입 활동과 간접적인 형태의 개입을 이용한다(Ballew & Mink, 1996).

1) 두 가지 개입 활동

사례관리자는 클라이언트와 사회적 네트워크, 혹은 대인 서비스 제공자의 업무, 혹은 서비스 수행 방법에 변화를 가져오기 위해 계획된 개입을 실천한다. 이때 사례관리자는 실행 단계에서 직접 및 간접적 개입이라는 두 가지 유형의 실천적 개입 활동을 하게 된다(정순둘, 2005).

(1) 직접적 개입 활동

클라이언트로 하여금 클라이언트 자신이 서비스에 접근하고 이용할 수 있는 자기 능력과 기술을 향상시키도록 사례관리자가 활용하는 개입기술의 형태로 이루어진다. 직접적 사례관리 개입의 일례는 클라이언트에게 자기표현기술을 가르치는 것, 클라이언트에게 자기 옹호기술을 가르치는 것, 위기 기간 동안 개입하는 것 등을 들 수 있다.

(2) 간접적 개입 활동

사례관리자가 클라이언트를 대신해서 체계의 수행이나 행동을 변화시키려고 할 때 사용되는 방법이라고 할 수 있다. 대인 서비스 제공자와 클라이언트를 연결하는 것, 서비스들을 중개하는 것, 클라이언트 욕구에 대한 책임이 보장될 수 있도록 클라이언트를 옹호하는 것, 사회적 지원이나 혜택을 증가시키는 것 등이 있다.

2) 점검 및 조정

사례관리자는 점검 및 조정 과정에서 서비스의 흐름과 클라이언트, 그리고 클라이언트와 함께 사례관리에 참여하고 있는 원조집단의 기능에 민감성을 가지고 각 단계별로 진행되는 과업들을 잘 관리해 나가야 한다. 클라이언트와 사례관리자, 그리고 다른 사례관리 원조 제공자(가족, 다른 전문가 등)들이 초반에 상호 합의한 목적을 여전히 공유하며 초기의 약속대로 잘 협조하고 있는지, 협력 관계 속에 갈등이나, 혹은 위기가 잠재되어 있지는 않은지, 그리고 지금 여기의 상황이 적절한 수준의 서비스와 협력 범위를 확보하고 있는 것인지 등을 확인하여 조정하는 것이다.

(1) 조정

조정이란 수립된 계획이 수행되는 과정에서 각각의 서비스가 클라이언트의 삶에 변화를 가져오기 위한 방향을 향해 정렬될 수 있도록 전체를 지휘하는 활동이다. 이는 각 기관의 서비스 제공 방침의 범위 내에 있는 서비스를 기계적으로 연결·연계하는 활동의 의미를 넘어서서 각 기관이 새로운 수요를 적극적으로 수용할 수 있도록 한다는 의미에서 사례관리자는 경계 확장자로서의 기능을 수행한다.

(2) 점검

점검은 사회복지실천 과정에서 중요한 단계이며, 특히 사례관리 과정에서의 점검은 개입 계획서(ISP : Individualized Service Plan)에 충실한 실천을 하고 있는지, 실천의 과정을 통해 변화 목표를 잘 달성해 가고 있는지, 클라이언트의 상황이나 서비스 환경에 변화가 없는지를 종합적으로 점검하는 과정이다. 점검 내용은 개별화 서비스 지원 계획(ISP)과 서비스 계약서가 될 수 있다. 이때 주의해야 할 내용은 점검은 더 많은 지원을 제공하기 위한 것에 초점이 있으며, 활동을 감시하거나 평가하는 활동이 아니라는 점을 분명히 하는 것이다.

5. 평가 및 종결 단계

사례관리에서 평가 및 종결 단계는 클라이언트에게 제공된 서비스, 클라이언트의 진척 사항, 보호계획, 서비스 활동 및 서비스체계의 효과성, 효율성을 종합적으로 판단하는 과정이라 할 수 있다.

1) 사례관리 평가

사례관리의 평가는 사례관리의 통합적 노력이라 할 수 있으며, 사례관리에서의 평가는 사례관리자에 의해 형성되고 조정되는 서비스 계획, 구성 요소, 활동들이 과연 시간을 투자할 만한 가치가 있는지 또는 없는지를 측정하기 위해 이용되는 과정이다(엄명용 외, 2000).

클라이언트에게 제공된 서비스가 의도한 결과를 가져왔는지, 제공된 서비스에 대해 클라이언트가 만족하는지, 처음 의도한 목표대로 진척이 있는지, 목표 달성이 효율적으로 이루어졌는지 등 서비스와 서비스체계에 대한 결과 평가를 포함하며, 또한 보호계획이 과연 클라이언트의 욕구 충족에 효과적, 효율적으로 이루어졌는가? 클라이언트에게 적합했는가 등을 최종적으로 분석·판단하는 것을 포함한다. 사례관리자는 직접적 개입과 간접적 개입 과정 모두에서 자신과 기관의 노력이 평가와 직접 연결된다는 점을 인식해야 한다.

2) 평가의 유형

(1) 구조 평가

사례관리를 위해 서비스들 간 조직된 형태를 의미하는 것으로 기관의 신뢰도와 역량, 사례관리자당 사례 수, 그리고 행정적 지원 등을 포함한다. 구조 평가는 따라서 구조를 형성하고 있는 요소들의 질을 평가하는 것이라 할 수 있다.

(2) 과정 평가

사례관리 서비스가 어떻게 제공되었나를 점검하는 것으로 형성 평가라고도 하는데, 예를 들면 실천을 위한 가이드라인에 근거한 실천 과정이라 할 수 있다. 만약 마련되어 있다면 표준화된 과정이나 매뉴얼에 기반을 둔 실천을 하고 있는지를 확인하는 것을 과정 평가라 할 수 있다.

(3) 결과 평가

총괄 평가라고도 불리는 결과 평가는 종결 시 이루어지는 것으로 효과성과 비용에 관한 내용, 서비스의 이용 수준, 전체적인 기능 수준과 능력, 가족기능의 수준, 그리고 삶의 질의 수준 같은 내용들을 평가 지표로 활용할 수 있다.

3) 사례관리 평가의 예

우리나라에서의 사례관리 평가 관련 자료를 위해 2010년 인천시 17개 복지관을 대상으로 이루어진 사례관리연구회의 계획안 일부를 기본안으로 제시하고자 한다. 연구회의 보고서는 평가를 위해 가능한 다양한 각도에서의 사례관리 평가 내용을 도출하려는 노력을 하였다. 여기에서는 기본 운영체계가 확립되었을 경우를 감안한 상황에서의 평가를 위한 기본 요소들을 담아내려 하였는데, 그 내용을 살펴보면 <표 14-4>와 같다.

표 14-4 사례관리 평가 내용

사례관리	평가 유형	평가 방법
사례관리 사업 평가	구조 평가	면접 조사(실무자) • 운영체계 지표·사례관리 지침 • 스템 요인·시스템 요인·서비스 요인분석
	과정 평가	각 기관 random sampling 사례에 대한 내용 분석
	성과 평가	척도 : 범용(양적) + 설문지 : 사전, 사후 평가 생활, 혹은 삶의 만족도·가족기능·가족 중심 실천·일반적 건강상태·강점·사회적 지지(사후)·서비스 만족도(사후) 등
		FGI(focus group interview, 표적집단 면접법) 대상 : 실무자, 연계기관 실무자, 클라이언트, 혹은 보호자

출처: 사례관리연구·인천광역시사회복지관협회(2010). 인천광역시 종합사회복지관 사례관리 특화사업 성과평가 연구.

4) 사례관리 종결

사례관리 과정에서 종결은 사례관리 과정을 통해서 사례관리의 목표가 달성되었거나, 사례관리 서비스가 클라이언트의 복지 향상을 위해 더 이상 필요하지 않거나, 클라이언트의 중요한 변화나 클라이언트의 적극적인 거부 의사로 인해 사례관리 과정을 계속할 수 없을 때, 사례관리자의 전문적인 판단에 근거하여 서비스를 종결하는 과정이라고 할 수 있다.

참고문헌

고수현(2002). **사회복지윤리와 철학**. 도서출판 양지.

권구영 · 고은숙 · 김용민 · 박봉정 · 진혜경 · 최은정(2008). **사회복지실천론**. 창지사.

권오균 · 김지현 · 김충식 · 나용선 · 남화수(2011). **사회복지실천론**. 양서원.

권진숙 · 김상곤 · 김성천 · 박지영 · 유명이 · 유서구 · 이기연 · 조현순(2009). 인천광역시 복지기관사례 관리실천을 위한 매뉴얼연구보고서. 인천광역시복지기관협회 사례관리연구회.

권진숙 · 박지영(2008). **사례관리의 이론과 실제**. 학지사.

권진숙 · 박지영(2009). **사례관리의 이론과 실제**. 학지사.

길귀숙 · 강희숙 · 이재호 · 천덕희 · 김상곤 · 오영훈 · 현영렬(2011). **사회복지실천론**. 양서원.

김경호(2010). **사회복지실천론**. 양서원.

김경희(2001). 사회복지관 사회복지사의 책무성에 영향을 미치는 변인. 서울여자대학교대학원 박사학위논문.

김규수(1994). **의료사회사업론**. 형설출판사.

김기태 · 김수환 · 김영호 · 박지영(2002). **사회복지실천론**. 양서원.

김기태 · 김수환 · 김영호 · 박지영(2007). **사회복지실천론**. 공동체.

김기태 · 김수환 · 김영호 · 박지영(2009). **사회복지실천론**. 공동체.

김기태 · 박병헌 · 최송식(2000). **사회복지의 이해**. 박영사.

김동배 · 권중돈(2008). **인간행동이론과 사회복지실천**. 학지사.

김만두 · 한혜경(2000). **현대사회복지개론**. 홍익제.

김만두 편역(1993). **효과적인 복지서비스를 위한 사례관리실천론**(Moxley, D. P. The Practice of Case Management). 홍익제.

김만두(1993). **현대사회복지개론**. 홍익제.

김명현(2003). 사회복지윤리와 가톨릭 사회원리의 관련성. **가톨릭사상 29**, 310-

370.
김범수·서은주·손병돈·정재훈·조석연·최현미·신승연·최승희(2007). **다문화사회복지론**. 양서원.
김상균·오정수·유채영(2002). **사회복지윤리와 철학**. 나남출판.
김상균·최일섭·최성재·조흥식(2003). **사회복지개론**. 나남출판.
김선아 외 공저(2006). **인간행동과 사회환경**. 대왕사.
김수정(2014). 사회복지사의 인권증진 역할과 인권관점 실천전략. **임상사회사업연구, 11**(1), 21-37.
김연희(2007). 한국사회의 다문화와 사회복지 분야의 문화적 역량. **사회복지연구, 35**(3), 117-144.
김용환·박선태·신미애·이덕희·오승환(2019). **지역사회복지론**. 동문사.
김융일·조흥식·김연옥(1995). **사회사업실천론**. 나남출판.
김융일·조흥식·김연옥(2005). **사회사업실천론**. 나남출판.
김이선·황정미·이진영(2007). 다민족·다문화사회로의 이행을 위한 정책 패러다임 구축(Ⅰ): 한국사 회의 수용 현실과 정책과제. **한국여성정책연구원**.
김혜란·공계순·박현선(2008). **사회복지실천론**. 나남출판.
김혜란·홍선미·공계순(2003). **사회복지실천기술론**. 나남출판.
김혜영·석말숙·최정숙·김성경(2010). **사회복지실천론**. 공동체.
김혜영·석말숙·최정숙·김성경(2011). **사회복지실천론**. 공동체.
도광조(2006). **사회복지실천론**. 양서원.
도광조(2008). **사회복지실천론**. 양서원.
류종훈·한재원(2011). **사회복지실천론**. 청목출판사.
문인숙·정영숙(1985). **임상사회복지학**. 집문당.
문인숙(1991). **사회복지와 윤리**. 한국사회복지협의회.
박아청(2007). 에릭슨의 아동성애론에 대한 검토. **아동교육, 16**(3), 109-123.
박용순(1999). **사회복지개론**. 학지사.
박종삼(2002). **사회복지학개론**. 학지사.
방미진·황영희(2011). **사회복지실천론**. 나눔의집.
白澤政和(2000). **사례관리의 이론과 실제**. 유풍출판사.
사례관리연구·인천광역시사회복지관협회(2010). 인천광역시 종합사회복지관 사례관리 특화사업 성과평가 연구.
사회복지교육연구센터(2011). **사회복지실천론**. 나눔의 집.
설진화(2009). **사회복지실천기술론**. 양서원.

양계민(2009). 미래한국사회 다문화 역량강화를 위한 아동・청소년 중장기 정책 방안 연구1. **한국청소년정책연구원**.

양옥경・김미원・김정자・김현숙(1993). **사회복지실천과 윤리**. 한울아카데미.

양옥경・김정진・서미경・김미옥・김소희(2004). **사회복지실천론**. 나남출판.

양옥경・김정진・서미경・김미옥・김소희(2005). **사회복지실천론**. 나남출판.

양옥경(1993). **사회복지윤리와 철학**. 나눔의 집.

양옥경(2000). **사회복지실천론**. 나남출판.

양정남・최선령(2007). **사회복지실천론**. 양서원.

양정남・최선령(2009). **사회복지실천론**. 양서원.

엄명용・김성천・오혜경・윤혜미(2000). **사회복지실천의 이해**. 학지사.

엄명용・김성천・오혜경・윤혜미(2005). **사회복지실천의 이해**. 학지사.

엄명용・김성천・오혜경・윤혜미(2006). **사회복지실천의 이해**. 학지사.

엄명용・김성천・오혜경・윤혜미(2011). **사회복지실천의 이해**. 학지사.

엄명용・노충래・김용석(2008). **사회복지실천의 이해**. 학지사.

오병선・박종보・김비환・홍성필・박경서(2011). **인권의 해설**. 국가인권위원회.

오창순・신선인・장수미・김수정(2009). **인간행동과 사회환경**. 학지사.

유영준・최옥채・용호중(2017). 사회복지사의 성찰일지 작성 경험에 관한 질적 연구. **사회과학연구, 33**(2), 1-28.

윤규한(1995). 사회복지사의 자격제도에 관한 연구. 청주대학교행정대학원 석사학위논문.

윤기영(1997). 한국 사회사업 전문직의 윤리체계에 관한 연구: 윤리강령의 비교분석을 중심으로. 강남대학교 석사학위논문.

윤혜미(2009). 결혼이민자 가족을 위한 임파워먼트 기반의 사회복지실천연구. **한국사회복지학, 61**(4).

이근홍(2001). **케이스메니지먼트**. 대학출판사.

이근홍(2006). **사회복지실천 개별관리**. 공동체.

이무석(2003). **정신분석에로의 초대**. 도서출판 이유.

이상호・최경화・김재열・안성의・유인애・황성식・석재은(2010). **사회복지실천론**. 신정.

이영분・윤현숙・김기환・김성진(2001). **사회복지실천론**. 동인출판사.

이영실・나임순・정명희・황희숙・최정자(2010). **사회복지실천론**. 양서원.

이영실・나임순・정명희・황희숙・최정자(2011). **사회복지실천론**. 양서원.

이원숙(2008). **사회복지실천론**. 학지사.

이종복・전남련・김덕일(2007). **사회복지실천론**. 학현사.

이현지 · 유영준 · 김민수(2019). 사회복지사의 성찰적 실천과 직무만족과의 관계: 자기효능감의 매개효과. **한국케어매니지먼트, 제33호**, 79-94.

임은희(2004). **사회복지실천론**. 학지사.

임은희(2005). **인간과 사회환경**. 양서원.

장미혜 · 김혜영 · 정승화 · 김효정(2008). **다민족·다문화사회로의 이행을 위한 정책 패러다임 구축(2)**. 한국여성정책개발원.

장인협 · 이윤로(1999). **사회복지실천론**. 서울대학교출판부.

장인협(1999). **사회복지실천론**. 서울대학교출판부.

전선영(2005). 사회복지 가치를 매개로한 사회복지 교육과 옹호태도 및 전략의 인과관계 분석. **한국사회복지학, 57**(4), 35-65.

정순둘(2005). **사례관리실천의 이해**. 학지사.

정순둘(2008). **사례관리실천의 이해**. 학지사.

조원탁 · 박순희 · 서선희 · 안효자 · 송기범 · 이형하(2012). **다문화사회의 이해와 실천**. 양서원.

조효제(2020). **조효제 교수의 미래 인권강의 인권의 최전선**. 교양인.

조휘일 · 이윤로(2000). **사회복지실천론**. 학지사.

조흥식 · 이홍윤 · 박미은 · 김창곤 · 박경일 · 남미애 · 김윤수 · 서혜석 · 이윤수 · 오영훈 · 이대식 · 정효현 · 한태근 · 김근아 · 오정은(2013). **군사회복지론**. 동문사.

최도림(2012). 다양성에 대한 이론 및 연구동향과 한국에의 적용 가능성. **한국인사행정학보 11**(1), 111-129.

최명민 · 이기영 · 최현미 · 김정진(2009). **문화적 다양성과 사회복지**. 학지사.

최선령(2000). 한국 아내학대자의 학대행동 감소를 위한 인지행동 모델 적용에 관한 연구. 숭실대학교대학원 박사학위논문.

최승희 · 김성회(2009). 복지와 문화다양성 연구. **한국다문화복지학회, 11**(1).

최옥채(2008). **사회복지실천론**. 양서원.

최옥채 · 박미은 · 서미경 · 전석균(2007). **인간행동과 사회환경**. 양서원.

최옥채 · 박미은 · 서미경 · 전석균(2011). **인간행동과 사회환경**. 양서원.

최옥채(2011). **인간행동과 사회환경**. 양서원.

최원규(1996). 외국 민간원조단체의 활동과 한국 사회사업 발전에 미친 영향. 서울대학교대학원 박사학위논문.

최해경(2010). **사회복지실천론**. 학지사.

프로이트, 임홍빈 · 홍혜경 옮김(1996). **새로운 정신분석 강의**. 열린책들.

한국사례관리학회(2011). 사례관리전문가 양성 실무자 기초 교육자료집.

황철수(2009). **사회복지실천론**. 양서원.

2022 사회복지관 운영관련 업무처리 안내(2022). 보건복지부.
2022 아동분야 사업안내. 보건복지부.
2022 장애인복지 사업안내. 보건복지부.
2022 노인보건복지 사업안내. 보건복지부.

www.wee.go.kr
법제처 국가법령정보센터(https://www.law.go.kr/)
한국군사회복지학회(http://www.kamtsw.com/)
한국지역자활센터협회(http://www.jahwal.or.kr/)

Abraham Flexner. (1915). This Is a General Session Presentation on May 17 at he Forty-Second Annual Session of The National Conference Of Charities And Correction: Baltimore, Maryland May 12-19.

Bartlett, H. (1961). *Analyzing social work practice by fields*. New York: National Association of Social Workers.

Bowen, M. (1978). *Family therapy in clinical practice.* Northvale, NJ: Jason Aronson, Inc.

Brill, N. (1985). *Working with people: The helping process*. 장인협·문인숙 공역(1986). **사회복지의 원리와 방법**. 집문당.

Canda, E. R., & Furman, L. D. (1999). 김용환·김승돈·최금주 역(2007). **영성과 사회복지**(Spirituality in Social Work). 양서원.

Carrell, M. R., & Mann, E. E. (1995). Defining workforce diversity in public sector organizations. *Public Personnel Management, 24*(1), 99-111.

Chung, Rita Chi-Ying, & Bemak, F. P. (2012). 임상사회복지실천연구회(2020). **사회정의 상담**. 학지사.

Compton, B. B., & Galaway, B. (1999). *Social work processes* (6th ed.). Pacific Grove, CA: Brooks/Cole.

Connaway, R., & Gentry, M. E. (1988). *Social work practice*. Englewood cliffs, NJ: Prentice Hall.

Corcoran, K., & Vandiver, E. (1996). *Maneuvering the maze of managed care: Skills for mental health practitioners.* New York: Free Press.

Cournoyer, Barry R. (2000). *The Social work skills workbook, 3rd.* Cole

Publishing Company. 김인숙 외 역(2002). **사회복지실천기술연습**. 나남출판.

Cross, T. L., Bazron, B. J., Dennis, K. W., & Issacs, M. R. (1989). *Towards a culturally competent system of care*. Washington, DC, Georgetown University Child Development Center.

D'Netto, B., & Sohal, A. S. (1999). Human resource practices and workforce diversity: an empirical assessment. *International Journal of Manpower, 20*(8), 530-547.

Gardenswartz, L., & Rowe, A. (1998). Why diversity matters. *HR Focus, Vol.75*, 1-3.

Germain, C. B., & Bloom, M. (1999). *Human behavior in the social environment: An ecological view* (2nd ed.). New York: Columbia University Press.

Germain, C., & Gitterman, A. (1997). *The life model of social work practice.* NY: Free Press.

Goldstein, E., & Noonan, M. (1999). *Short-term treatment and social work practice: An integrative perspective*. New York: Free Press.

Hepworth, D. H., & Larsen, J. A. (1986). *Direct social work practice: Theory and skills.* Chicago: Dorsey.

Hepworth, D. H., & Larsen, J. A. (1990). *Direct social work practice: Theory and skills* (3th ed.). Pacific Grove, CA: Brooks/Cole Publishing.

Hepworth, D. H., & Larsen, J. A. (1993). *Direct social work practice.* Pacific Grove, CA: Brooks/Cole Publishing.

Hepworth. D. H., Rooney, R. H., & Larsen, J. A. (1997). *Direct social work practice: Theory and skills* (5th ed.). Pacific Grove, CA: Brooks/Cole Publishing Company.

Holt, B. J. (2000). *The practice of generalist case management*. Needham Heights, MA: Allyn & Bacon.

Hutchins, D. E., & Vaught, C. C. (1997). *Helping Relationships and strategies* (3rd eds.). Brooks/Cole publishing Company.

Johnson, L. (1982). *Social work practices.* Boston: Allyn & Bacon Inc.

Johnson, L. C., & Yanca, S. J. (2001). *Social work practice: A generalist approach.* Boston Person Education. Inc.

Johnson, L. C., & Yanca, S. J. (2007). *Social work practice: A generalist approach* (9th ed.). Boston, MA: Pearson Allyn and Bacon.

Lambert Maguire, 배태순·최명민·김영미 역(2009). **전문사회복지실천기술**. 시그마프레스.

Loewenberg, F. M., & Dolgoff, R. (1996). *Ethical decisions for social work practice.* Peacock.

Loewenberg, F. M., & Dolgoff, R. 서미경·김영란·박미은 역(2000). **사회복지실천윤리**. 양서원.

Luepker, E., & Norton, L. (2002). *Record keeping in psychotherapy and counseling: Protecting confidentiality and the professional relationship.* New York: Brunner-Routledge.

Maguire, 배태순·최영민·김영미(2009). **전문사회복지실천기술**. Cengage Learning.

Malcolm Payne, 서진환·이선혜·정수경 역(2001). **현대 사회복지실천이론**. 나남출판.

Miley, K. K., O'Melia, M., & Dubois, B. L. (1995). *Generalist social work practice: An empowering approach.* Needham Heights, MA: Allyn & Bacon.

Moore, S. (1990). A social work practice model for case management : The case management model grid. *Social Work* 35.

Moxley, D. (1989). *The practice of case management.* Newberry Park, CA: Sage Publications.

Moxley, D. P., & Buzas, L. (1989). Perceptions of case management services for elderly people. *Health and Social Work 14*, 196-203.

Moxley, 김만두 역(2004). **효과적인 복지서비스를 위한 케이스매니지먼트실천론**. 홍익제.

NASW (1996). NASW Standards for Social Work Case Management. National Standards of Practice for Case Management.

National Association of Social Workers. (1981). Mission statement. *Social Work, 26*, 6.

Perlman, H. H. (1986). The problem-solving model. In F. Turner (Eds.), *Social work treatment: Interlocking theoretical approach* (3rd ed). NY: Free Press.

Pincus, A., & Minahan, A. (1973). *Social work practice: Model and method.* Itasca, IL: Peacock Publishers.

Reamer, F. (1999). *Social work values and ethics.* New York: Columbia University Press.

Reamer, F. G. (1998). The Evolution of social work ethics. *Social Work, 43*(6), 488-498.

Reamer, F. G. (2006). *Social work values and ethics* (3rd ed.). New York: Columbia University Press.

Richmond, M. E. (1922). *Social Diagnosis.* New York: Columbia University.

Rothman. J. (1991). *Guidelines for case management: Putting research to professional use.* Itasca, IL: Peacock.

Saleebey, D. (1996). The Strength perspective in Social work practice: Extensions & Cautions. *Social Work, 41.*

Sheafor, B. W., Horejsi, C. R., & Horejsi, G. A. (1997). *Techniques and guidelines for social work practice.* Allyn & Bacon.

Sheafor, B., Horejsi, C., & Horejsi, G. 서울대사회복지실천연구회 역(2000). **사회복지실천기법과 지침**. 나남출판.

Stephen M. Rose., & Vernon L. Moore. (1995). Case management. In *Encyclopedia of Social Work*, 19th ed. pp. 335-340. Washington. DC. NASW.

Turner, F. J. (1995). Social work practice: Theoretical base. In Edwards, R. L. (Ed.), *Encyclopedia of social work* (19th ed.). Washington, DC: NASW press.

Walsh, J. (2000). *Clinical case management with persons having mental illness.* Wadsworth Publishing Company.

Wilensky, Harold L. (1964). The Professionalization of Everyone? *American Journal of Sociology, 70*(2), 137-158.

Zastrow, C. (1995). *The Practice of social work* (5th ed.). Brooks/Cole Publishing Company.

저자 소개

김용환

대구대학교 재활심리학과(석사)
대구가톨릭대학교 사회복지학과(박사수료)
경남대학교 사회복지학부 강의전담교수
경남복지정책연구원 원장
현) 대구가톨릭대학교 사회복지대학원 재직 중
[저서] 장애인복지론, 노인상담론, 영성과 사회복지실천 등 다수

김승돈

숭실대학교 사회사업학과(석사)
대구가톨릭대학교 사회복지학과(박사수료)
서울장애인종합복지관 부서장
인천장애인복지관 관장
현) 대구가톨릭대학교 사회복지학과 재직 중
[저서] 생애주기에서의 종교와 영성, 심리치료, 영성과 사회복지실천, 사회복지학개론, 사회복지법제와 실천, 사회복지행정, 장애인복지론 외 다수

박선태

대구가톨릭대학교 사회복지학과 사회복지학(박사)
현) 수성대학교 보건복지경영과 학과장
사회복지법인 인권지킴이 단원
지역사회보장협의체 대표위원
영천시 의료급여심의위원
[저서] 노인복지론, 인간행동과 사회환경, 사회복지법제와 실천, 가족복지론 외 다수

박지유

경성대학교 사회복지학(석사)
경성대학교 사회복지학(박사수료)
현) 성운대학교 사회복지계열 전임교수
[저서] 사회복지실천기술론, 사회복지행정론, 복지국가론 외

안외자

대구가톨릭대학교 사회복지대학원
현) 구미대학교 사회복지학과 교수

이덕희

신라대학교 사회복지학(박사)
한국사회복지상담학회 이사
법무부 소년보호위원협의회 소년보호위원
사회복지법인 효림원 운영위원
사회복지법인 황전 이사
양산시 보육정책위원회 위원
양산시 아동위원
자원봉사단체 엄마사랑 회장
전) 성운대학교 미래휴먼사회복지학부 교수
현) 동의과학대학교 미래융합학부 사회복지요양서비스과 교수
[저서] 지역사회복지론, 사회복지조사론, 사회복지개론, 사회복지법제론, 사회복지행정론, 사회복지실천기술론, 노인복지론 외 다수

사회복지실천론

초판 1쇄 발행 / 2022년 8월 31일
초판 2쇄 발행 / 2024년 8월 31일

•

공저자 / 김용환 · 김승돈 · 박선태 ·
박지유 · 안외자 · 이덕희

발행인 / 이 중 수
발행처 / **동 문 사**

•

서울특별시 서대문구 홍제원 1길 12
(홍제동 137-8)
Tel : 02)736-3718(대), 736-3710, 3720
Fax : 02)736-3719
등록번호 : 1974.04.27. 제9-17호
가격 : 22,000원

•

ISBN : 979-11-6328-461-1(93330)
E-mail : dong736@naver.com
www.dongmunsa.com